● 叶卉时 著

广府方言顺德话

GUANGFU FANGYAN SHUNDEHUA

顺/德/档/案/史/志/读/物

佛山市顺德区地方志办公室 编

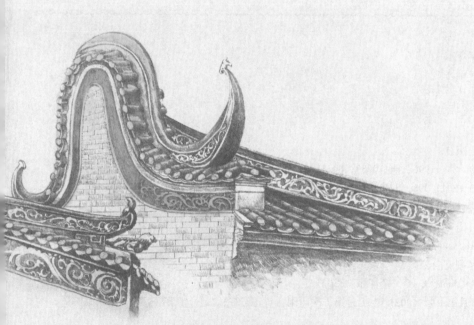

中山大学出版社 ·广州·

SUN YAT-SEN UNIVERSITY PRESS

图书在版编目（CIP）数据

广府方言顺德话/叶卉时著 . —广州：中山大学出版社，2021. 11
ISBN 978 - 7 - 306 - 07361 - 7

Ⅰ. ①广…　Ⅱ. ①叶…　Ⅲ. ①粤语—方言研究—顺德　Ⅳ. ①H178

中国版本图书馆 CIP 数据核字（2021）第 257387 号

出 版 人：王天琪
策划编辑：何雅涛　李海东
责任编辑：李海东　何雅涛
封面设计：林绵华
责任校对：赵　婷
责任技编：靳晓虹
出版发行：中山大学出版社
电　　话：编辑部 020 - 84111996，84110283，84111997，84110771
　　　　　发行部 020 - 84111998，84111981，84111160
地　　址：广州市新港西路 135 号
邮　　编：510275　传　　真：020 - 84036565
网　　址：http：//www. zsup. com. cn　E-mail：zdcbs@ mail. sysu. edu. cn
印 刷 者：佛山家联印刷有限公司
规　　格：787mm×1092mm　1/16　17 印张　330 千字
版次印次：2021 年 11 月第 1 版　2021 年 11 月第 1 次印刷
定　　价：96. 00 元

前　　言

为了发挥档案和史志工作为民服务、教化育人的作用，让养在深闺的档案史志掀开神秘的面纱，以适当的形式更好地呈现在大众面前，2015 年起，我们在完成规定的任务之外，有计划地自主开展"顺德档案史志读物"的编印工作。一是对当年的《顺德年鉴》再开发，制作年度简本；二是每年选取一两个专题，做或详或简的编研，几年下来已逐渐形成了系列。如《顺德风情》《顺商人物辑录》《顺德赞》《兰台悦读》《顺德祠堂图集》《探索与创新的历程》《兰台人抗疫日记》《顺德烈士影像集》等，已先后出版发行。这些图书丰富了本地档案史志文化，为党政机关、社会机构和市民群众提供更多了解顺德历史文化和本土地情的参考资料，引发人们学史用志的兴趣爱好，因而受到普遍的欢迎。

方言是地方文化的重要载体，对方言的记录是地方综合志书中不可或缺的内容。1996 年的《顺德县志》虽有关于方言的章节，但因篇幅所限，只能概述。2015 年开始广东省自然村落历史人文普查时，我们就注意对顺德各地方言的收集，对相关音频进行整理存档。在此基础上，我们展开"广府方言顺德话"这一课题的研究，不仅是把顺德方言的时空分布、语音语调、特色词语较为全面地展现出来，也是为新一轮修志做前期基础研究，更重要的是，让方言这种极具地方特色的文化得以留存下来。这是地方档案史志工作机构的责任。

佛山市顺德区档案馆

佛山市顺德区地方志办公室

2021 年 5 月

目　　录

绪　论

一、顺德话及相关研究

语言有三大要素，即语音、词汇和语法，其中语音是语言意义的载体，因而是最基本的要素。现代汉语各方言之间的差异表现在这三大要素的不同，其中语音方面最为突出，因为同样有汉字作为记录符号的汉语，各种方言之间的词汇和语法相差并不是很大，乡音的不同则反映了不同地区的语言特色，是区别不同方言的重要标志。

粤方言之于普通话，特征固然是语音问题为主。顺德话与广州话的差别，主要也是在语音方面。

顺德话，顺德人自我谑称为"德语"，意为顺德特有的语言。然而，如果谈话的对象是外国人，显然是不可能这样戏言的，只能老老实实地说是 Cantonese，或者"广东话"。

顾名思义，顺德话就是顺德通用的话；顺德是广东省范围内的一个县级行政区，因而顺德话属于广东话。但是，我们不能如此简单地看待一种语言的归属，望文生义的理解不可能得出科学的结论。例如，顺德话不能与汕尾话相比，汕尾虽然也是广东省的一个行政区，但汕尾话不属于广东话，而属于闽方言；顺德话不能与中山话相比，中山境内语音差异很大，甚至分属不同民系的方言类别，没有标准的或者统一的共同语音，石岐话并不能代表中山话；顺德话不能与龙门话相比，龙门话虽然也是一种比较接近于广州话的粤方言，可以代表龙门的语音，但并非在全县流行；顺德话不能与台山话相比，台山话通行范围远超台山一地，四邑地区以外的人却难以听懂台山话。顺德不同于南海，南海还有个别地方使用客家话；顺德话不同于广州话，但和广州话有着千丝万缕的关系。

这里所说的顺德话，是指通行于整个顺德以及以顺德为中心的周边一定范围的，相对于广州话在语音上具有明显特色的一种方音。其语音特色主要在于阳平声调值较高，以至与阴去声合流，而其他声调与广州话相同或相近。至于一些字音声韵的区别，在附近其他方音乃至更远地方的口音中，或多或少都能找到相似的例证，这与字音在时间和地域范围的发展变化有关。甚至根据 19 世纪的粤方言工具书可知，100 多年前广州话的发音也有相同或相似的情况。根据顺德与广州的地缘关系以及历史渊源，或许可以推演出，顺德话正是若干年前广州话的本色。如果这种说法过于武断，那起码顺德话也是构成广州话的底层成分，只是由于城市化的作用而使广州话发生较快的进化，而处在农村地区的顺德，语言发展较为缓慢，以至在今天还能保存较多过去的音轨。这与粤方言相对于普通话保留较多唐宋语音的痕迹是颇为相似的。

由于顺德地域不大，顺德话与广州话又比较相近，专家学者对顺德话的研究并不多。手头上能够找得到的研究顺德话的或者涉及顺德话研究的论文或专著，主要有以下 16 种：

（1） J. Dyer Ball （波乃耶）*The Shun Tak Dialect* （《顺德方言》），刊登在 1901 年香港出版的 *The China Review* （《中国评论》）上。该文介绍了顺德方言的一些情况。有学者认为这大概是最早对佛山地区的方言进行调查研究的一篇论文。[①]

（2）甘于恩《广东顺德（陈村）话调查纪略》，载于世界图书出版广东有限公司 2014 年出版的甘于恩《汉语南方方言探论》。该文介绍了陈村话的一些特点。

（3）李新魁《广东的方言》，广东人民出版社 1994 年出版。该书"粤语语音概貌"一节谈到顺德话的一些特征。

（4）詹伯慧《广东粤方言概要》，暨南大学出版社 2002 年出版。该书比较全面地介绍了粤方言点的情况，在"粤海片（广府片）粤语的特点""广东粤方言特点示意图""广东粤方言代表点字音对照表""广东粤方言代表点词汇对照表"等章节都列出了顺德话的一些特点。

（5）詹伯慧、张日昇《珠江三角洲方言调查报告》，新世纪出版社 1987 年出版。该书对珠江三角洲几十个方言点的语音、语料进行记录、汇集，其中包括顺德大良。

（6）林柏松《顺德话中的"变音"》，载于暨南大学出版社 1990 年出版的詹伯慧主编的《第二届国际粤方言研讨会论文集》。该文分析了顺德话的几种变音现象。

（7）陈小枫《顺德方音变化初探》，载于暨南大学出版社 1990 年出版的詹伯慧主编的《第二届国际粤方言研讨会论文集》。该文以 1980 年代老中青三个年龄层次的顺德人的口音作对比，对大良方音的历史变化和发展趋势作出分析。

（8）汤莹莹《顺德大良方言的语音研究》，华南师范大学 2011 年硕士学位论文。该文将大良话与中古音、广州话作了比较全面的对比和分析。

---

① 甘于恩：《汉语南方方言探论》，世界图书出版公司 2014 年版。

（9）陈秀婷《粤方言顺德话指示形式研究》，武汉大学 2020 年硕士学位论文。该文以陈村话为例重点讨论顺德话的指示结构。

（10）顺德市地方志编纂委员会《顺德县志》，中华书局 1996 年出版。该志第二十八编第一章"方言"比较系统地介绍了顺德话的概况。

（11）陈卫强、侯兴泉《佛山粤语中的勾漏片语音层》，载于《方言》2016 年第 2 期。该文所称的佛山粤语大多以顺德话为例，认为佛山粤语是老粤语与新粤语的两层叠合。

（12）麦伟坚、吴琬雯《影响顺德话发展变迁的因素探究——以容桂地区为例》，是《顺德历史文化保育青年人才培养计划 2018 论文集》中的一篇短文。该文通过调查容桂地区顺德话的发展现状以及不同年龄段本地人对顺德话的认识，分析出一系列顺德话发展变迁的影响因素。

（13）陈胜洪《广东顺德方言录》，花城出版社 2006 年出版。该书可称得上第一本以顺德方言为研究对象的专著，收集了 1000 多个顺德人日常使用的与普通话有明显区别的词汇，其中包括一些广州人没有使用或很少使用的词汇。

（14）陈胜洪《广东顺德方言趣谈》，中国文联出版社 2010 年出版。该书就顺德人口语中的一些词汇，通过 120 多篇短文予以通俗的解释，其中包括一些广州人没有使用或很少使用的词汇。

（15）叶卉时《顺德话调值的探讨》，载于《佛山史志》2019 年第 1 期。

（16）叶卉时《顺德话叠音词的调型》，载于《佛山史志》2019 年第 2 期。

此外，李健明、叶卉时等人在媒体上发表过一些关于顺德话的短文。

一些镇（街道）、村（社区）的志书也有关于方言的内容，但大多较为简单，而且以罗列一些词语为主。

以上所列中，《顺德大良方言的语音研究》《粤方言顺德话指示形式研究》和《广东顺德方言录》算是专注于顺德话研究的较大篇幅的汉语文献，但前者略显简单，次者研究范围较窄，后者所列的词语着重于与普通话的区别，许多词语是广州话也在使用的。波乃耶《顺德方言》则是英文著作，以英国人的眼睛观察顺德的方言，除了在音节方面较为详细外，研究范围也略为浅窄。由上可见，迄今为止，尚未见到对顺德话进行系统而深入研究的专著。

上述文献中，但凡涉及语音问题时，多数学者都以语音学的专业角度来作分析。语言出自普通百姓的口中，但普通百姓绝大多数没有语音学的专业知识，对相关的术语难以理解，只能对这些文章敬而远之，包括本为地方百姓百科全书的志书，方言语音的章节也变得少人问津。

本书把以大良口音为标杆的顺德话放在广府方言的框架之内，分析顺德话与广州话的区别，力求避免晦涩的专业术语，而采用简单易懂的语言，通俗地对顺德话作出较为全面而系统的介绍，以使得普通百姓对顺德话有比较深入的了解。

二、语音的标注

（一）语音标注的不同形式

1. 以字注音

要在书本上反映出顺德话与广州话语音方面的不同，就得先明确语音标注的形式。"直音"和"读若"是最直接的注音办法，就是用一个与被注字读音完全相同或近似的字来注音。这是民间口口相传的语言传承中最常用的、最有效的办法。在粤方言地区的中小学语文教学中，对生字的粤方言读音，教师就是用此办法教导学生。以前的识字教材也多用这种形式，如1907年《初学字辨尺牍》① 的"婴，音英""冷，勒上声"就是以"直音"和"读若"来注音。时至今日，即使是书面文章，对生僻字的解释也经常用以字注音的办法，甚至一些工具书也有采用，包括许多粤方言字典。但是，以字注音的办法显然存在诸多缺点。例如，有一些字是注音字与被注音字相互注音，如果不懂注音字的读音就无法懂得被注音字了。这样的例子并不鲜见，饶秉才《广州音字典》② 中，"蛇"与"佘"、"责"与"窄"就是相互注音（该字典同时用拼音法注音，故可弥补这样的不足）。

人们还创制了一种"反切法"来注音，就是用两个汉字给一个字注音，取前一个字的声母和后一个字的韵母、声调，拼合出被注字的读音。反切法因为考虑到声、韵、调三大要素，是汉字注音方法的一个巨大的进步，广为大众接受，直至20世纪初叶仍然作为主要的注音方法。对于方言字，反切法至今还有出现，上述《广州音字典》中，"咄"字就用"多律"来拼读，香港出版的一些字典也有使用反切法。不过，反切法本质上还是以字注音的办法，仍然存在许多局限。例如，有些窄韵字很难找到合适的切下字；又如，如果"咄"字用"律"作切下字，给"律"字注音时就只能以

---

① 《初学字辨尺牍》，文光书局光绪丁未（1907）年版。
② 饶秉才主编：《广州音字典》，广东人民出版社1983年版。

其他同韵字为切下字，因此相互注音的问题也不能避免。

以字注音的办法最大的缺点是只能在同一种方言系统内使用，如普通话就不能以"责"注"窄"，也不能由"多律"拼读出"咄"字。之所以难以全面准确确定字音，归根到底是没有确定一系列的标准音。

2. 音标

要在书面上准确地表达字音，必须采用音标，以固定的符号标示相应的音素，形成发音的系列标准，无论什么语言都能够在这个系列中找到对应的音素。

严格意义的音标是记录语音音素的符号，以"一符一音"为原则，即一个音素只用一个符号标记，一个符号只表示一个音素。国际语音学会音标（IPA, The International Phonetic Alphabet）是国际上统一标示所有语言的语音的标准符号，又称国际音标，共有 100 多个单独字母和附加符号，细致、忠实地反映了语音的原貌，在语音研究尤其是记录各种方言上发挥了极其重要的作用。这种记录音素的音标又称为音素音标、严式音标，表示方式是用方括号将音标符号括起来，如［p］。

但是，这 100 多个符号着实令人眼花缭乱。对于特定的语言来说，固有音素并不是很多，而且经过整理后有些音素在该语言中并无差别意义，即语音学上属于同一个音位，可以合并为用同一个符号来表示。这样，可以把标音符号数目限制在有限范围之内，显得简明清晰。这种简化的标音方法标示的是音位，称为音位音标、宽式音标，表示方式是用前后两条斜线将音标符号括起来，如/p/。

一些研究粤方言的书籍乃至地方志，通常使用国际音标来注音，例如《顺德县志》① 第二十八编有关于方言的篇章。无论是音素音标还是音位音标，对于一般读者而言都很难看得懂。一来是字母繁多而形状复杂，其读音如何并不完全知晓；二来一般人认识音标是通过英语学习开始的，用对英语音标的认识无法准确拼读，如英语音标并没有［pʰ］。中国人学习英语时所知的所谓"国际音标"实际上只是英语音标，是仅适用于英语的并且字母符号有所改变的音位音标，而且有英式英语和美式英语不同的体系，也有不同年份的版本体系。所以，我们不能简单照搬自己学习英语时的"国际音标"知识来理解标注粤方言的音标。

---

① 《顺德县志》，中华书局 1996 年版。以下所引各志书除非另有说明，均指改革开放后的新方志，具有唯一性，不另标注版本。

3. 汉语拼音方案

汉语的拼音方案的主要目的还是注音，因此其所用的字母实质上就是音标，只不过有别于国际音标罢了。

以前的所谓反切，其本身就是拼音。唐末守温为汉字的每个声类规定了一个代表字，即声母的代表字，谓之"字母"。"守温三十六字母"可以说是不太完整的拼音方案，只是走不出以字注音的樊篱。

反切法用汉字来表示声母和韵母，其作用仅限于给汉字注音，不能进一步发展成拼音文字而广泛使用，尤其是在不便使用汉字的场合和对外文化交流的时候，显得无能为力。后来人们不断探索采用非汉字字母拼写汉语的方式，早期探索者多为不以汉语为母语的人，如利玛窦（Matteo Ricci）、金尼阁（Nicolas Trigault）、马礼逊（Robert Morrison）、威妥玛（Thomas Francis Wade）、翟理斯（Herbert Allen Giles）等，这也说明汉文化要走向世界，建立广为外人所识的以非汉字字母作音标的拼音方案至关重要。中国人自己也有创制汉语的拼音方案。1918 年，北洋政府教育部发布了一套汉字笔画式的"注音字母"，后又改名为"注音符号"，这是我国第一套以国家名义制定的，采用声母、韵母和声调三拼的拼音方案。该方案脱离了以字注音的模式，但书写起来有时像日文假名，有时像汉字偏旁，有时又像一个完整的汉字，容易混淆。1928 年，国民政府大学院公布"国语罗马字拼音法式"，这是中国第一套法定的拉丁字母拼音方案。瞿秋白、吴玉章等人在国语罗马字的基础上也曾创制拉丁化新文字方案，其中包括粤方言。

1958 年，第一届全国人民代表大会第五次会议通过了《全国人民代表大会关于汉语拼音方案的决议》，"汉语拼音方案"正式颁布。这是在总结国语罗马字和拉丁化新文字的经验的基础上，参考民间数百个方案之后，从几个备选方案中择优而选的一个全新方案。经过多年来的广泛推行，汉语拼音的作用已经大大超越了为汉字注音的功能，除了在文化教育领域作出巨大贡献外，如今还是社会生活方方面面不可或缺的工具。汉语拼音的极大便利世人皆知，无可争辩，主要原因就在于该方案设计的精密、合理，易学易用。

4. 粤方言拼音方案

随着汉语的拼音方案的发展，粤方言的拼音方案也推陈出新。澳门东印度公司1828 年出版的马礼逊《广东省土话字汇》（*Vocabulary of the Canton Dialect*）是中国第一部汉语方言—英语双语词典。① 之后，以罗马字及相关符号给汉字标注粤方言读音的工具书不断涌现，如 1855 年的《初学粤音切要》②、1856 年的《英华分韵撮要》③、1862 年的《英粤字典》④ 等，虽说使用的拼音方案都不同，但如今还能通过浏览从中认知当时的字音。

进入 20 世纪，开始出现用现代语言学的理论、方法来研究粤方言的著述。1941 年黄锡凌的《粤音韵汇》、1947 年赵元任的《粤语入门》，都创制了粤方言罗马字拼音方案。"汉语拼音方案"对粤方言拼音的研究影响很大，王力在《广州话浅说》⑤ 一书中，依照中国文字改革委员会公布的《汉语拼音方案（草案）》编制了广州话拼音方案，因正式颁布的"汉语拼音方案"与草案有许多不同，因此《广州话浅说》的粤方言拼音也就不合时宜了。随后，广东省教育部门在"汉语拼音方案"的基础上制定了广州话罗马拼音方案，并于 1960 年公布，这是目前为止唯一的官方机构发布的粤方言拼音方案，至今仍为内地一些关于粤方言的出版物所使用。

此后，乔砚农、黄伯飞、刘锡祥等人也创制过粤方言拼音方案。改革开放后，粤港澳交流频繁，粤方言拼音方案也百花齐放，其中饶秉才、詹伯慧、欧阳觉亚、周无忌、邓钧等人以及香港教育学院、香港语言学学会等机构都有相当的研究成果。最为突出的，一是 1980 年代初期以饶秉才为首所编的《广州话方言词典》⑥《广州音字典》，在 1960 年广东省教育部门的"广州话拼音方案"的基础上作出修订方案，在内地广泛使用；二是 1990 年香港教育署语文教育学院中文系出版的《常用字广州话读音表》所拟的拼音方案（简称"教院式方案"），为香港教育部门所采用，2002 年詹伯慧主编的《广州话正音字典》⑦ 也沿用此方案；三是香港语言学学会于 1993 年制定的粤语罗马化拼音转写方案［简称"粤拼（Jyutping）"］，得到了香港教育界和计算机文字处理等多方面的支持，应用范围较广。

毋庸讳言，在以粤方言为主要交际语言的港澳地区，粤方言研究比较深入广泛。随着计算机技术的普及，基于各种粤方言拼音方案的电脑中文输入法也发展得相当成

---

① 元青：《晚清汉英、英汉双语词典编纂出版的兴起与发展》，http：//www. cssn. cn/zgs/zgs＿ zgjds/201310/ t20131025＿ 546713. shtml。

② 《初学粤音切要》，香港英华书院 1855 年活板印刷。

③ 卫三畏（Samuel Wells Williams）编译：《英华分韵撮要》（*A Tonic Dictionary of the Chinese Language in the Canton Dialect*），羊城中和行咸丰丙辰年（1856）梓行。

④ 湛约翰（John Chalmers）编纂：《英粤字典》（*English and Cantonese Pocket-Dictionary*），（香港）The London Missionary Society's Press，1862。

⑤ 王力：《广州话浅说》，文字改革出版社 1957 年版。

⑥ 饶秉才、欧阳觉亚、周无忌：《广州话方言词典》，商务印书馆 2009 年版。

⑦ 詹伯慧主编：《广州话正音字典》，广东人民出版社 2002 年版。

熟，成为粤方言文字表达的良好工具。相对而然，内地由于成功推广普通话，粤方言拼音的使用并不多见，所以尽管有官方发布的粤方言拼音方案，却被多数民众束之高阁。由此而产生的现象就是，粤方言地区拼音系统百家争鸣，未能树立一个统一的标准或者是普遍认可的方案，再加上香港地区和澳门地区历史遗留下来的用来转写人名、街道名、地方名等专有名词的不成文的拼法，造成一些不必要的混乱。

（二）语音标注形式的选择

既然以字注音是最直接最简单的语音标注形式，本书当然乐于采用，大量使用同音字，可使读者一目了然。为了准确表达字音，使不以顺德话为母语者也能知晓，标注国际音标是必不可少的。本书一般采用广州话的音位音标，这和大多数关于粤方言的文献一样，顺德话和广府其他地区的方言就能方便地进行比较。书中个别地方使用了音素音标，是因为广州话没有这个音素，如 [ɐ]。但国际音标字形奇特，书写麻烦，辨认也困难，正如前所述及，一般人难以看得懂，如 [ɐ] 就很生僻。为避免这种尴尬，本书广泛使用拼音，现在大多数人对汉语拼音都十分熟练，采用与汉语拼音方案相近的粤方言拼音方案，应该更容易为大众所接受。这正是本书与大多数关于粤方言的文献不一样的地方。

在众多粤方言拼音方案中，1960 年广东省教育部门的"广州话拼音方案"本应是首选，但该方案最大的缺点是使用了几个生僻的符号，让人难以认识，也容易产生混乱，在书写或打字时也甚为不便。现在大家都习惯了计算机键盘的 26 个英文字母，汉语拼音里的 ü 已经让人头疼，该方案还有 é、ê，实在不好处理，而且也容易与 e 相混。因此，该方案如今很少被运用。

香港的教院式方案和粤拼都只使用英文字母和数字来标注发音，并没有使用任何重音符号和特殊符号，易学易记、易写易用，近来较为流行。二者差别不大，主要的区别如下：

一是对 /ə/ 和 /œ:/ 这两个元音，粤拼分别以 eo 和 oe 表示，教院式方案则统一用 oe来表示；

二是对 /əy/，粤拼用 eoi 表示，教院式方案用 oey 表示；

三是对 /y/，粤拼用 yu 表示，教院式方案用 y 表示；

四是对 /ts/，粤拼用 z 表示，教院式方案用 dz 表示；

五是对 /tsʰ/，粤拼用 c 表示，教院式方案用 ts 表示；

六是对声调，粤拼表示的数字不用上标，三个入声分别用 1、3、6 表示；教院式方案的数字采用上标，三个入声用 7、8、9 表示。

上面之三至五，粤拼较为接近汉语拼音方案，之六的粤拼与"广州话拼音方案"相同。由此可见，相对而言，粤拼更容易为习惯汉语拼音者所接受，因而本书采用粤拼方案。

粤拼方案简要如下：

声母表

b	p	m	f		d	t	n	l
波	婆	摸	花		多	拖	挪	啰
g	k	h	ng		z	c	s	j
家	卡	哈	牙		支	雌	思	衣
gw	kw	w						
瓜	夸	蛙						

韵母表

aa	aai	aau	aam	aan	aang	aap	aat	aak
丫	挨	坳	三	山	烹	鸭	压	握
a	ai	au	am	an	ang	ap	at	ak
	矮	欧	庵	奀	莺	噏	不	厄
e	ei	*eu*	*em*		eng	*ep*		ek
爹	菲	掉	舔		厅	夹		叻
	eoi			eon			eot	
	居			津			卒	
oe					oeng		*oet*	oek
靴					香			脚
o	oi	ou		on	ong		ot	ok
柯	哀	澳		安	肮		渴	恶
i		iu	im	in	ing	ip	it	ik
衣		腰	签	烟	英	叶	必	式
u	ui			un	ung		ut	uk
姑	杯			搬	冬		阔	屋
yu				yun			yut	
于				冤			月	
	m	ng						
	唔	吴						

注：斜体字表示白读，其中 *a* 和 *oet* 是 2018 年粤拼系统修订时增加的有音无字的韵母。

声调表

1	2	3	4	5	6
芬	粉	粪	坟	愤	份
忽		发			佛

为方便语音的说明，本书有时也会列出普通话以作比较，所以汉语拼音不时有所出现。

如此多样的注音方式可能会因为相互比较而同时出现，故需作出明确的设定：

（1）以字注音——用文字说明，或者在同音字下面加波浪线，如班。

（2）音位音标——用前后两条斜线将音标符号括起来，如 /pan/。

（3）音素音标——用方括号将音标符号括起来，如〔paːn〕。

（4）粤方言拼音——用粤拼方案，罗马字体，如 baan1；当需要列明调值时，字母后面的数字改为上标两位数，如 baan^{53}。

（5）汉语拼音——用斜体字母，如 *bàn*。

（6）合音变调——用上标 ＊ 加在发生合音变调的汉字后面，如"班＊班人嚟帮手"，表示前一个"班"发生合音变调。

当只着重说明声母或韵母，不涉及声调时，音标及拼音均不标示声调符号。

为了真实地反映读音原貌，本书收录了一些例句或词语的音频，通过二维码的形式呈现。

三、关于字词句

（一）方言字

口语中的广府话有很多音难以用现代常用的汉字显示出来。从广府方言的发展过程来看，宋代的语音已相当成熟，现时的广府方言还带有不少中古汉语的特色，某些难以找到对应汉字的音或许唐宋时期中原汉语就有相应的字，只是中原汉语后来受北方语音影响而发生较大变化，那些字已逐渐退出人们的视野。但这样的音究竟对应怎样的字，不同的文献有不同的说法。例如：

表示"向下打"的 dap6，香港陈伯辉等的《生活粤语本字趣谈》① 认为本字为"揳"，同是香港的彭志铭在《正字审查》② 中则认为写"硂"为好，白宛如《广州方言词典》③ 也写作"硂"，但《广州方言志》和饶秉才《广州话方言词典》则写作"揞"。

表示"掌掴"的 kam2，《生活粤语本字趣谈》认为本字为"扻"，《广州方言词典》也写作"扻"，彭志铭在《正字正确》④ 中则认为是"冚"，《广州话方言词典》就写作"揞"。

表示"蹲"的 mau1，《生活粤语本字趣谈》认为本字为"猫"而非"踎"，《正字正确》虽然认可"踎"是后来的粤方言自创字，"但肯定，不是'猫'"。

表示"按"的 gam6，《广州话方言词典》和《正字正确》写作"撳"，《广州方言词典》写作"揿"，詹宪慈《广州语本字》⑤ 则写作"钦"。

表示"切割"的 gaai3，《广州话方言词典》写作"鍧"，《广州方言词典》写作"刉"，郑定欧《香港粤语词典》⑥ 写作"剁"，潘永强《广府俗语探奇》⑦ 认为本字就是"界"。

表示"全部"的 ham6 baang6 laang6，《广州话方言词典》写作"冚唪呤"，《广州方言词典》写作"咸俵□"，《生活粤语本字趣谈》认为应作"咸不剌"，《广府俗语探奇》认为是"合并"二字读音演变而成。

这样的例子不胜枚举。

由此可见，很多广府话常用的字音究竟用什么字来表示，虽然各有各的理由，但很不一致，有些学者甚至强调应使用古时候的字形和读音，这就不免造成一些混乱。文字，本来只是一个符号，只要让人们明白其所代表的音义就能达到目的。事实上，现代汉语中也不乏异体字、多义字、异形词等，但并不妨碍人们的阅读理解。以文字来书写粤方言，已经有不小的难度，如果一定要采用所谓的"本字"，因为大部分属于生僻字，字形奇特，不仅绝大多数人都看不懂，而且在计算机系统以及常用的工具书里也无法查找，那就失去文字记录方言的意义了。

---

① 陈伯辉、吴伟雄：《生活粤语本字趣谈》，中华书局（香港）有限公司 1999 年版。
② 彭志铭：《正字审查》，次文化有限公司 2007 年版。
③ 白宛如：《广州方言词典》，江苏教育出版社 2003 年版。
④ 彭志铭：《正字正确》，次文化有限公司 2008 年版。
⑤ 詹宪慈：《广州语本字》，中文大学出版社 2007 年版。
⑥ 郑定欧：《香港粤语词典》，江苏教育出版社 1997 年版。
⑦ 潘永强：《广府俗语探奇》，中华书局（香港）有限公司 2008 年版。

就文字的选用而言，本书采取"从俗"的原则：一是尽量采用大多数文献都认可的、坊间约定俗成的字，二是采用书面常用的、民众容易辨析的、与方言字音相同的、通过读音联系上下文能方便理解的字，三是采用一般计算机字库里有的字。

一些常用的方言字采用如下面所列（读音按广州话，但声母 n 归入 l，声母 ng 归入零声母）：

咁	gam3	这么	噉	gam2	这样
呢	lei1	这	嗰	go2	那
阿	aa3	那	噜	lou5	那
佢	keoi5	他，她，它	哋	dei6	们
啲	di1	些	唧	dit1	一点儿（啲多）
咩	me1	什么	乜	mat1	什么
冇	mou5	没有	咪	mai5	不要，别
唔	m4	不	咪	mai6	"唔系"的合音
喺	hai2	在	响	hoeng2	在
度	dou6	处（地方）	度	dou2	左右
边	bin1	哪	庶	syu3	处（地方）
点	dim2	怎么	系	hai6	是
畀	bei1	给，被	嚟	lei4	来，起来
嘅	ge2	疑问语气	嘅	ge3	的
咗	zo2	了，谓词形尾	晒	saai3	完全，谓词形尾
埋	maai6	谓词形尾	亲	can1	谓词形尾
喇	laa3	语气词	咯	lok3	语气词
嘞	laak3	语气词	噃	bo3	语气词
嗻	ze1	语气词	啫	zek1	语气词
啩	gwaa3	语气词	啰	lo1，lo3	语气词
㗎	gaa3	语气词	咋	zaa3	语气词
吖	aa1	语气词	喎	wo5	语气词
添	tim1	语气词	格	gaak3	语气词
睇	tai2	看	孖	maa1	孪生，一对
揾	wan2	找	攞	lo2	拿
呃	aag1	骗	瞓	fan3	睡

嚿	gau6	块（量词）	啖	daam6	口（量词）
嘥	saai1	浪费	掂	dim6	妥，竖
啱	am1	对，合适	痕	han4	痒
吘	au6	愚笨	齤	haai4	粗涩、毛糙
喐	juk1	动	嘢	je5	东西
贡	gung3	叠音词尾	仲	zung6	还

（二）词语

广府方言的词语很多，广州话的词典已经出版过很多种。

顺德话与广州话区别不大，但有些词语广州人没有或很少使用，尤其是个别词语带有顺德话不同于广州话的韵母，难以用广州话的同音字来表达。例如 et，顺德话有几个声调，分别表示不同的意义。顺德范围内不同的地区也有不同的词语，各具特色。一些顺德特色词语在本书除了有专门列表外，还可在各章节的例句里看到，其中许多是用同音字来显示的；没有同音字时，直接使用拼音来反映读音，如"hep3 醋"。

（三）句子

顺德话的语法与广州话基本无异，句法更是一致，因此本书没有专门针对句法的介绍。

本书的例句不只是存在于正文之中，还存在于一些表格之内，凡是方言的句子，其后皆以括注的形式列出现代汉语相应意义的句子。译句尽量采用直译，不便直译的采用意译。例如"丽是逗来"若直译为"红包拿来"似乎欠缺礼貌，因为顺德人的红包仅有祝福之意，给红包是一种礼貌的祝福仪式，故意译为"请赏红包"更符合顺德的风土人情。

书中的例句大多为笔者自拟，也有不少是平日与人交谈时留意记录的话语，少数是从文献中摘录的。

第一章　顺德话在广府方言中的地位

顺德话是粤方言，通过对粤方言发展历程、时空分布和顺德所处地理环境的分析，我们可以窥见其历史地位——粤方言的典型代表。

第一节　对广府方言的一些认识

一、广府方言的名称

广府方言从语言分类学角度讲是汉藏语系—汉语族—粤方言，不仅是我国七大方言之一种，而且属于国际承认并赋予语言代码的语言。但在民间，人们普遍称之为"白话"，在一般的书面表述中则有"广东话""粤语"等多种叫法。

（一）白话

据说岭南古百越的语言中，表示部落或人的词语的发音近似于现在的"白"或"百"。① 因此，有人认为"白话"就是指古百越人（"白"）所使用的语言（话）。其实"白话"一词并非岭南特有，自古以来汉语就有白话和文言两套并行的语言系统。白话是平常老百姓会话所用的语言，文言则是官方语言的表达形式，两者在语音、文体方面皆有不同。白话是口头语言，为白话音，即当地百姓的语音，没有统一的标准；记述白话的文字就是"白话文"。文言是"官话"，为读书音，语音、词汇、语法有一定的规范；官方和知识分子所用的文体就是"文言文"。不同地区都有自己的白话，例如"苏州白话"就是苏州地区老百姓使用的与官话发音不同的当地方言，简言之就是"苏州话"。由于词义太宽泛，各地都不再使用"白话"一词，现在大概只有粤方

---

① 叶国泉、罗康宁：《粤语源流考》，《语言研究》1995 年第 1 期。

言区的人还将自己的方言称之为"白话"；事实上，广西很多地方还使用名为"官话"实已沦为方言的语言，"白话"正好与之区别。所以，如今一些词典中，"白话"有特指粤方言的义项。

（二）广东话

广东话意为广东省的方言；但是，广东话既不是全广东通用的语言，又不是以广东人为绝对优势的使用主体的语言。因为广东省有近半地区使用的是客家话、潮汕话等其他方言，广东话的使用范围也远远超越广东省，在广西东南部、港澳地区都通用，海南部分地区、海外华人聚居地区特别是"南洋"一带也广为使用。《广东省志·方言志》称："2000 年广东全省人口 7706 万人，其中汉族 7590 万人。按三大方言区来统计，粤语区人口约 3400 万人"；《广东省志·总述》则介绍，1994 年统计资料表明，全世界使用广东话的人数约 7000 万，其中广东人约 3800 万。据此可以说，广东省人口中只有一半左右讲广东话，全世界讲广东话者身处广东的也只有一半左右。因此，作为一种语言的名称，"广东"二字的标签并非很科学。

（三）粤语

"粤语"一词 20 世纪 80 年代之前主要用于书面语，民间交谈时较少出现；现在则更多人使用"粤语"的说法，称"广东话"的逐渐少了。一般认为，人们交流有语言从简的习惯，广东简称粤，"粤语"就是"广东话"的简称，称"粤语"比较简洁而文雅。但"粤语"和"广东话"可以说有不同的含义。"粤"与"广东"相比，历史长远得多，范围也广阔得多；"语"与"话"相比，前者强调的是语言，包括语音、语法和词汇等方面的要素，后者强调的是说出来的声音。因此，正如"汉语"不等同"普通话"一样，"粤语"也不等于"广东话"。第一，白话由于起源与古代百越（"越"通"粤"）有关，可以说是范围超过广东的"粤地"的语言；第二，广东省外的人若自称使用广东的语言，在面子上总觉有点别扭，如广西人就不太愿意说自己讲"广东话"，即使在官方的文章中也多用"白话"这一名称；第三，这种方言不只是口音与普通话有较大的差别，在语法、词汇等方面与现代汉语也有所不同。所以，作为语言的名称，"粤语"比"广东话"更合理。

（四）广府话

广府话意指广府民系通行的语言。广府的渊源是广州。孙权黄武五年（226）将岭南地区交州拆分为交州和广州，《广东省志·总述》云："析交州东部的南海、苍梧、郁林、高凉四郡置广州，广州自此而得名。"《广州市志》卷二称："因州治由广信迁来，故州以'广'名。"该志又说："唐初……，武德五年广州设总管府，武德七年改大都督府。'广府'即广州都督府的简称。"唐代广州都督府行政界线南至宝安、中山，北至清远，西至四会、怀集，面积约 4.2 万平方公里。[①]《广州市志》卷二还介绍，明代设广州府，领"一州十五县，即：连州、阳山、连山、番禺、南海、顺德、东莞、新安（今宝安）、三水、增城、龙门、清远、香山（今中山——引者注）、新会、新宁（今台山）、从化等县"；清代"广州府辖十四县，即：番禺、南海、增城、东莞、新会、清远、香山、新安、顺德、新宁、从化、三水、龙门、花县"。可见，广府具有悠久的历史，它不是指类似"广州政府"这样的一个机构，而是指一个类似现在的"省"或者"州""地区"那样的行政区，古时候其范围远超出现在的广州。白话主要在广府的区域内通行，离开这个区域则语言混杂，逐步过渡到其他语言。《广东省志·总述》认为，自古以来，广东不同地区因为不同的历史背景、自然环境、文化基因和经济条件，在民族融合发展过程中，逐渐形成了广府、客家与潮汕三大民系，各自保持其生活习俗、文化意识和性格特征，"区别三大民系的重要特征是不同的方言"。因而将白话——广府民系的通用语言，称为"广府话"，更为准确。

这里需要注意的是，广府民系是指使用粤方言的族群，广府是指行政区域，所以也有不少人对"广府话"的称呼仅限于广府区域通行的话，或者称为粤语广府片，这可以说是"狭义广府话"。

（五）广州话

广州话俗称"省城话"，是广府话的标准语，就像北京话是普通话的基础音一样。广州最初不是城市名，而是州名，范围包括南海、苍梧等 4 郡，远及广西东部。如果说广州的人多说白话，则把白话称为广州话本是合理的。但当时广府民系尚未形成，

---

① 胡建勇：《广州城市空间发展模式——从集约到扩张》，《中国市场》2014 年第 24 期。

广州所及范围未有统一的语言，也并非以白话为主。后来广州的概念相当模糊，粤中地区或为南海郡或为番州或为广州，范围时大时小，自唐初有"广府"以来才稍为稳定。直到 1921 年成立广州市政厅，"广州"始有区域中心城市的地名意义，特指广东省治所在的这座城市。因此，现在人们心目中广州的概念，只限于广州市。但无论如何，这里作为广府的中心，具有悠久的历史，人流物流信息流汇聚于此，人们交流所用的语言必然趋同，为广府其他地区的人所能接受，遂逐渐成为白话的标杆。但是，广府其他地区的方言毕竟与广州话或多或少存在差距，就算是与广州近在咫尺的顺德，人们说话的口音还是能够与广州话明显区分开来，甚至原属广州郊县的从化、花都等地的语音也与广州话不尽相同。所以一般而言，广州话特指广州旧城区或者说是"省城"通行的白话。但放在更大的角度来看，既然广州话是白话的标准语，把讲白话说成讲广州话也未尝不可，尤其对于外人而言。因此，广州话有狭义（广州城的口音）和广义（白话）之分。

　　值得注意的是，Canton 虽然听起来像"广东"，但实际意义是指"广东之城"，即广州城。canton 原意有"行政区"或"州"的意思，在未有广州市以前，英文用"Kwong-tung Province"表示"广东省"，用"Kwong Chau Department"表示"广州府"，用"Canton"表示广东省城。Cantonese 直译就是"广东省城话"，那就是狭义的广州话；但从世界语言的广阔空间来说，应该是指广义的广州话。

（六）唐话

　　"唐话"一词，仅限于海外华人的传统说法，现在使用这种称呼的人已经逐渐减少。"唐"是唐朝的唐，本指中国，正如世界各地的"唐人街"就是"Chinese Town"，是华人聚集的区域一样，唐话本应指中国话。但由于以前的海外华人主要来自广东，说的多是白话，故唐话成为白话在海外的称呼。从中可以看出白话古老的历史及其在海外的地位。

　　综上，粤方言在民间称呼各异，"粤语"恐怕就是用得最多的。由于顺德人属于广府民系，他们所讲的粤方言，本书主要使用"广府话"或"广府方言"来称呼。至于"广州话"，这里一般就是指广州市城区通用的方言。

二、广府方言的起源

　　顺德处于广府的范围中，顺德话是广府方言中的一种，和各地的广府方言一样，源远流长。

许多学者对广府方言的来源作了深入的研究，现结合对地方志有关内容的理解，梳理如下。

（一）楚言影响时期

上古时期，岭南为"百越（粤）之地"，分散居住着不同的部落。部落之间各自独立，互不统属，因为山多林密，人口稀少，各说各话，未能形成一个统一的部族，也没有形成统一的语言。但是因为分散而居，各自地域不广，相互毗邻，某些语言彼此影响，在发音方法上有着共同的特征，一些词汇也有所雷同。例如，对自己的身份认同方面，他们可能都自认为是"越人"，或者居住的地方为"越"，所以才有"百越"之名。古百越语是两广地区语言的底层成分。《广东省志·方言志》认为，当时岭南各个土著部落所使用的语言，与太平洋各岛屿的"南岛语"同出一源，"古百越语不属于汉语任何一种方言，它跟汉语没有亲缘关系"。

在没有受到自然灾害、战争等太大的外力刺激的情况下，各部落安居乐业，很少与外人交流。越人与中原人的接触因为五岭的阻隔，更为有限。传说周朝时曾有楚人和吴人先后征伐越地，甚至在越地建筑城池。如此，经过漫长的历史过程，岭南不免受到中原文化的影响。《广东省志·总述》云："春秋战国时期，岭南与楚、扬越、吴、越（指长江下游地区——引者注）等也有一定的关系，并在一定程度上受其生产水平的影响。其中受楚国的影响为多，其时岭南有部分地区属楚国统属。"《广东省志·少数民族志》则说："至战国末年，部分越人已具有一定的中原文化水平。"语言作为文化交流的媒介，必定有所融合，尤其是楚方言和古百越语，但强度不大，因为没有大规模的人口迁徙，民族交融不多，不可能催生一种共同语言。

此时即使是在中原华夏，也还没有形成统一的语言。诸侯各国乡音不同，毕竟交通不便，诸侯国之间民间交往不是很频密，语言融合未有充分的基础。至于官方的彼此交流，使用的是形成于夏朝时期的"夏言"，因古时"夏""雅"相通，后来皆称"雅言"，以都城洛阳语音为基础。雅言虽说是诸侯各国的"普通话"，但只是"官话"而已。

（二）雅言影响时期

秦始皇时期，为开疆辟土，中原曾大规模征伐百越。由于五岭所隔，大部队运动多以水道从中原进入岭南，主战场就在今梧州附近的漓江、浔江和西江交界之间。秦军与越人对峙了五六年。多年的战争消耗巨大，秦军便在湘江与漓江上游之间开凿一条叫作"灵渠"的运河，也就是后来所称的湘桂水道，联通长江水系和珠江水系，以确保大量部队和给养的快速安全运送。秦军终于战胜，在百越之地设置南海、桂林、象三郡，在作为战略要冲的三江汇合处派驻重兵。为加强对岭南的控制，秦军又在湘江与贺江上游之间的富川修通一条富川之道，与湘桂水道一起形成沟通中原和岭南的大动脉。

为加快统一步伐，促进民族同化，秦推行"移民实边""与越杂居"的政策，故而通过富川之道与湘桂水道向南大量迁移人口，包括士兵、犯罪官吏、商人、农民和手工业者。不过，人地生疏，中原移民不敢贸然深入，主要还是停留在西江中部秦军控制处附近。据《广东省志·总述》，当时岭南三郡虽然划入中央王朝的管治之内，但"有别于普通州郡军、政、监分设之制，岭南三郡仅设南海尉（首任南海尉任嚣），统辖三郡，集军政于一身。这从一个方面也反映了秦朝在岭南地区强化军事管治的需要"。所以，那时候中原移民实际上以戍守屯垦为主，与越人交往不多，以至秦始皇需要应守军的要求，将1.5万名无夫家的妇女送到岭南作为戍卒的配偶，以繁衍生息。这些移民来自不同地方，又经常受官方制约，相互之间的交际必须使用雅言。

与此同时的南海郡治番禺（今广州）附近，是低洼潮湿、丛林密布的南海之滨，中原人视为畏途，却有不少越人聚集，西江中部部分越人为避战乱也逃亡至此，因此越人势力依然强大。南海尉赵佗实行"和辑越人"的民族政策，较少向此地迁入中原移民，而且入乡随俗，使用当地语言。秦末楚汉相争，中原战乱，赵佗趁机吞并桂林郡和象郡，建立南越国。为便于统治，赵氏更进一步尊重当地风俗，吸收越人参政，担任各级官员，因而雅言在此并不广泛流通。

《史记·吕嘉传》中有一段文字说明了南越国中当地人的分量："其相吕嘉年长矣，相三王，宗族官仕为长吏者七十余人，男尽尚王女，女尽嫁王子兄弟宗室，及苍梧秦王有连。其居国中甚重，越人信之，多为耳目者，得众心愈于王。"据传吕嘉是当地人，家在番禺城南百里左右的石涌（一说石涌旁边的金斗，均为今顺德境内大良与勒流交界处），在当地有举足轻重的地位。赵佗为了安抚百姓而拜访吕嘉，请他帮忙治理国家，后来委以丞相之职。直至南越国灭亡，吕嘉都在把持朝政，成为一人之下万人之上的显赫人物。显然，这样的人物在指挥手下时，当会使用自己的语言而非雅言。吕嘉即使不是越人，也会尽量使用当地语言，否则无法令"越人信之"，毕竟强推自己的语言只会引起他人的抗拒。

汉武帝平定南越国后，百越之地被拆分为九郡，再设"交趾刺史部"以镇监之，治所最初设在今越南境内，后迁至西江中部的苍梧郡的郡治广信（今封开与梧州交界处）。两汉相交时交趾刺史部改为交州，治所仍为广信。广信处于桂江、贺江与西江汇合之处，通过水路向东直指番禺，向西可往南宁，向北经漓江、贺江通湘桂水道或富川之道与中原沟通，这里逐渐成为中原南迁移民聚居之地，也成为岭南早期的商贸重镇，雅言通过商贸活动而对附近的语言产生较大的影响。另外，中原不少文人为避战乱移居此处，以文为生，开设学堂，以雅言教授生徒，中原汉文化更得以广泛传播。岭南越人本无文字，在先进文化的吸引下从被动接受汉文化的熏陶，到主动学习可以记录思想语言的汉字，雅言在越人中逐步流行开来。随着文化、商贸活动的不断融合，这一带的汉雅言也夹杂了部分当地百越语，成为粤语的雏形。广信从郡治到州治，历经300多年，自然形成了独具特色的广信文化，包括广信语言。可以说，这时广信通行的语言就是古粤语。

同一时期的番禺，受汉皇尊重风俗、注意与民休息、发展生产的政策所惠，社会经济发生了深刻的变化，成为国内几大商业都会之一和海上丝绸之路的起点，是岭南除广信外的另一个文化中心。这样的成就得益于越汉的不断融合，当然也促进了汉雅言与当地越语言的互相渗透。

正是强盛的汉朝以包容之心，广交包括百越在内的各个民族，中原华夏族得以与周边多个民族互相融合，逐渐演变成汉族，其主体的语言也渐趋同化而成汉语。

（三）中原通用汉语渗透时期

东汉末年军阀相争，引发中原人口大规模南迁。《广东省志·总述》云："这次南迁主要是经海路而来，不少中原人士携家带属从江东浮海至交州，其中多是直达交趾郡投奔士燮（交趾太守——引者注），亦有到较近的南海郡等地的。陆路南迁的多止于荆州。"但陆路入粤者也不少，《韶关市志·卷三》云："其时的入粤通道，多从桂林下梧州，自潇湘入贺州，或经桂阳到韶州。故此北人南徙至止岭南，多在此数州"，粤北人口因此增加。《广东省志·人口志》认为，当时虽然番禺地位重要，"但经济和人口分布的重心，仍在粤北和西江流域"。

赤壁之战后，东吴从湘桂水道南进夺取了交州。为了巩固后方，东吴将交州州治从广信迁移至番禺，岭南的政治、经济、文化中心随之转移到番禺，汉族移民的势力逐渐向西江下游及珠江三角洲一带扩展，番禺附近的语言也就深受广信文化的影响。

魏晋南北朝时期，中原地区长年战争，岭南却因五岭的屏障而偏于一隅，祸乱未及，局势相对安定，引来中原人口的大量移入。"永嘉之乱"时移民尤为高峰，大批中原人和江南人逾越南岭或者通过海道入粤，《广东省志·总述》载："以至东晋在新置的晋康郡（治今广东德庆县）设侨宁县，乃为岭北侨民而立；东晋末又在新置义安郡（治所今潮安县——引者注）立义招县（今大埔县——引者注），有义招流民之意，史载此乃'昔流人营也'。"

《广东省志·总述》称，南迁人口"多数分布于南海郡及五岭南麓的晋康、始兴、义安、苍梧等郡，其中又以南海郡为多"，他们为岭南带来了较先进的文化和生产力，推动了岭南政治、经济、文化的发展，也进一步促进族群融合。如此大量中原平民百姓来到粤地，也带来中原民间通用的汉语言，在社会生活各个方面给古粤语增加了更多更广泛的影响，拉近了南北语言的距离。此时西江下游和粤北地区发展较为兴盛，人口较多，相互杂居，语言融合强度较大，本地语言原来与楚语相近的因素逐渐消减，转而更多地接近中原汉语。

（四）粤语自成体系时期

唐宋时期，岭南与中原之间的交通状况已有很大的改善。唐朝开元名相张九龄重修大庾岭道后，南来北往更为方便。这一时期岭南人口进一步增加——隋唐之交的中原政局纷挠，大批民众向岭南迁徙；安史之乱后的藩镇之祸和黄巢之乱使中原民众大规模南迁，形成移民浪潮；宋朝北方民族混战，中原人纷纷南逃更形成历史高峰。此外，贬官被流放到岭南的现象日益增加。那时入粤的通道主要在粤北，人口由粤北向南逐渐迁移。据《广东省志·人口志》介绍，唐代"韶、连两州人口密度大增，居全省首位"，西江流域次之；珠江三角洲和潮汕平原一样，唐时人口稀少，宋时已成长为又一个人口稠密区，到元代则"取代粤北成为广东人口分布的重心，是全省人口最多的地方"。

这一时期，珠江三角洲以及连接番禺和广信的西江沿岸较为发达，无论是原粤北民众还是新移入粤的外地民众都喜欢在此大片地区定居。《广东省志·国土志》云："有不少江南籍富有水田耕作经验的移民，后来成为垦辟广东水乡农业的重要技术力量，尤其是对于珠江三角洲的垦辟开发"，使得珠江三角洲成陆面积不断扩大，进而更加吸引移民。《韶关市志》卷三云："他们大多砍竹扎排，顺流南下，经清远、广州到南海、番禺、顺德、新会、中山、东莞、鹤山、台山、恩平等地"，珠江三角洲在岭南的地位越发突出。中原精英与广大民众的到来，给岭南地区带来了崭新的技艺、开阔的眼界、丰富的知识和先进的思想意识，岭南地区尤其是珠江三角洲文化水平大为提升，原住民也大大加快了汉化的程度，岭北岭南百姓融为一体，彼此的口头语言交互使用，反复磨合，逐渐趋同。

唐宋是我国古代文明发展最好的时期，也是文化大融合的时期，社会、经济、文化生活活跃，南北往来频密，减少了粤语与中原汉语的差别。教育事业蓬勃兴起，文人墨客的优秀作品起到范文的作用，使粤语在吸收、接受中原汉语语音的过程中更为规范，形成与汉语的语音有着较大的对应关系，但又在语音、语法、词汇方面有着自身特点的一种成熟的方言，在人口比较密集的中心区域（珠江三角洲）和两大南北交通要道（灵渠和大庾岭道）之间流行开来，并成为这大片区域的共同语，也因此催生了具有强大生命力的广府文化。

粤语，或者说广府方言，发展到此阶段，可以说是脱胎换骨，自成体系。这一阶段也是粤语历史上与中原汉语最接近的时期。

这一时期还是广东另外两大方言——客家方言和潮州方言形成的年代。《广东省志·总述》云："由于南迁居民来源地不同，入粤时间不一，入粤后分布地不同，于是形成了不同的方言体系"，也因此形成不同的民系。广府民系主要由从灵渠至大庾岭道之间入粤的移民形成，受广信文化影响深刻，经济社会开发的历史较长，这是与另外两个民系显著不同之处，因而其语言也产生明显的差别。

（五）平稳发展时期

中国的北方，自"五胡乱华"以来，民族相争不断，中原汉语难免受到影响，特别是北方游牧民族入主中华，对原来的汉语言带来了巨大的冲击。元朝时蒙古人迁都于大都（今北京），并以当地话为官方语言，但当时当地话因受长年战火波及而与中原汉语产生差异，或者说有点儿被"胡化"了，所以当时的官话与中原通用汉语并不完全等同。元朝奠定了此后北京成为中国政治文化中心的基础，北京官话成为强势语言，中原汉语从此只得向北京官话靠拢。

反观岭南，政局一直保持较为安定，受北方影响不大。粤语由于已经成熟，在没有受到太大的外力作用下趋于稳定。虽然也有中原民众南移入粤，但因平原地区多已为先来者占据，而且粤语文化已经处于主导地位，新移民只好迁移至人口较少的山区和沿海荒地，他们身上的中原文化对粤语地区难以产生多大的影响，甚至反过来为粤语文化所同化。另外，广府地区的原住民已被汉化，难以接受汉文化者则多往广西、海南或山林、海岛等别处，百越文化的痕迹渐隐渐退，古老语言对已通行无阻的粤语不再产生作用。

元朝以后，粤语与中原汉语的差异化反而日渐增大。粤语虽然在某些方面还接受其他语言的影响，如在与国外贸易往来过程中吸收了一些外来语，但因此产生的变化不大，这种稳定的态势一直延续至今，所以现时粤语保持了不少中古汉语的特色。比照宋朝官方语言工具书《广韵》的发音，如今粤语仍能大致对应，朗诵唐诗宋词更可感受到平仄切韵，乃至对一些字词的理解相当顺畅。中原汉语由于受北方口音影响，自身发生了较大的变化，不少字词逐渐偏离了《广韵》。众所周知，发展至今日的现代标准汉语——普通话，已经是明明白白地定义为"以北京语音为标准音，以北方官话为基础方言"的中华民族通用语言。南北两个不同的发展方向，凸显了粤语的独特性，使之在世界语林中占据一席之地。

明清以后，广府地区政治、经济地位日渐提高，广府文化不断向外辐射，增强了广府方言的生命力和影响力。

由上分析，广府方言的渊源是古百越语，上古时期受楚方言影响，秦汉时期与雅言揉合，随着广信文化东移，之后不断接受中原文化，吸收了大量中原通用汉语，至唐宋期间发展成为一种稳定成熟的方言。尽管广府地区不同区域由于各有历史和地理的不同特点，原住民的遗存、移民的来源、受区域文化中心影响的程度等因素各不相同，因而存在不同的乡音，但总体而言可相互通话，语言发展轨迹大体相同。

顺德话作为广府方言的一员，其发展的主线也是一样的。

三、广府方言的分布

要了解顺德话的地位，就有必要分析广府方言的分布特点。

（一）海外分布

目前全世界各大洲都有使用广府方言的人群，主要是广府人的移民及其后代。在许多国家的唐人街，广府方言被称为"唐话"，给人的感觉就是"唐人的话"，可以通行无阻。

南粤濒临南海，历来政局也较为稳定，具有海上贸易和移民海外发展的便利条件，因此古代中国人最早移民海外者多为本地区的人群。

广府人移民海外的情况主要有四：

一是到海上交通比较方便而且贸易比较发达的东南亚地区港口附近开展通商贸易，由于各种原因滞留下来而成为侨民。明清以后广府地区经济发展较快，作为中国的主要门户，对外贸易比较发达，广府人接触外国商品、信息的机会较多，商品经济意识较强，有些富有人家为求更大的收益，仿效他国商人到海外投资，最终定居。顺德的资本主义萌芽较早，主动到海外投资定居的人不少。

二是投奔亲友或自费出洋打工谋生，从而移居他国，目的地主要还是东南亚，也有美洲、非洲等地。《广东省志·华侨志》说，这种以自由移民的身份移居海外的华工，在鸦片战争后的100多年间有300万～400万人，其中广东籍的占60%以上。《顺德县志》载，20世纪30年代"受世界性经济萧条的影响，蚕丝价格暴跌，县内大批缫丝女工失业，纷纷到广州、香港和东南亚当家庭佣工。到东南亚各地的约二三千人"。

三是作为劳工被"卖猪仔"到东南亚、南北美洲、大洋洲和非洲等地。这在19世纪中叶曾盛极一时，西方国家为了开发殖民地和本国资源，从广东沿海地区招募甚至拐贩了大批"契约华工"，也就是俗称的"猪仔"去当苦力。《广东省志·华侨志》称："据统计，1801—1925年到达海峡殖民地的华人（包括自此转运者），有近300万为契约华工。他们主要来自广东、福建两省，广东籍的约占60%—70%"，"珠江三角洲和邻近沿海地区首当其冲，破产农民和手工业者成为他们拐骗、掳掠、贩卖的主要对象"。《顺德县志》载，"同治十年（1871年）羊额何家禧被'卖猪仔'至马来亚怡保"。

四是因为政治因素或者因避战乱而移居海外，目的地主要是美洲、大洋洲和东南亚。太平天国、戊戌政变、辛亥革命以及中华民国期间，不少广府人被迫离开家园远赴海外以图生存。尤其是太平天国运动对两广地区影响很大，新会、广州等地都有很多人因起义失败而逃亡国外。《顺德县志》载："宣统三年（1911）'三二九'广州起义失败后，大批顺德籍的民军成员逃亡海外，仅投靠马来亚邑侨霍三开办的锡矿就有上百人。""民国28年（1939）顺德沦陷前后，县人联群结队涌向东南亚和东南非各国。太平洋战争爆发后，仍有人辗转到达越南。民国30年，马达加斯加有华侨3637人，其中顺德籍占75%。"

《广东省志·华侨志》估计："祖籍粤语系地区的华侨、华人约700万人（1980年代数据——引者注）"，"粤语系广府人，多聚居在北美和大洋洲，尤以美国、加拿大和澳大利亚为多，在东南亚地区的也不少"。《广东省志·人口志》称："广府籍的，在美洲最多，约占美洲华侨、华人的90%（1990年代初期的数据——引者注）。"由于东南亚地区的华侨、华人在积累了一定财产后向外拓展实业而实行再移民，港澳地区居民和当代珠江三角洲富有人家也有不少投资移民或推送子女出国留学就业，因而广府人主要侨居地逐渐从东南亚变为比较发达的资本主义国家。

身处外邦者，由于语言不通，沟通不畅，自然同声同气者集合在一起，相互照应。首先是同宗同乡聚居同一地方，保持着家乡的生活习惯、风俗文化和传统理念，期求离土不离亲的感觉；其次是同一民系紧密相连，以相同的语言交流沟通，排解离乡的寂寞，寻求互助互爱。至于不同民系或者不同省份的移民者，因为语言问题，相互联系的程度自然就不如前者，尤其是在普通话尚未普及的年代就移民国外的人士。

随着侨居地华侨社会的形成，华侨社团逐渐发展起来，最多的是以血缘或地缘关系为基础的宗亲组织、同乡会馆或各类联谊会。因为不时举办各种联谊、互助活动以及开办公益、福利、文教事业，个体对这些组织的归属感得以体现，从而保持了家乡意识，也确保家乡语言不致被淡忘。一些较大的侨团还兴办教育事业，帮助侨民解决子弟就学问题，这就为侨民后代认识家乡文化、学会家乡语言提供了沃土。正因如此，在广府移民聚居地广府方言通行无阻，并且得以一代一代地传播下去。马达加斯加顺德籍的华侨大多是19世纪末乐从地区的移民，100多年来几代相传，至今仍有不少人的广府话带有浓重的乐从口音。

由此可见，移民海外的广府人把广府方言带到世界各地。单就顺德话而言，在50多个国家或地区留有声轨。《顺德县志》列出了有关顺德籍侨民侨居地的分布，以管窥豹，可知广府方言在海外分布的广泛。兹抄录如下："侨居亚洲的分布在新加坡、马来西亚、越南、柬埔寨、泰国、文莱、印度尼西亚、菲律宾、印度、不丹、缅甸、日本；非洲的分布在毛里求斯、留尼汪（法国海外省）、马达加斯加、南非、塞舌尔、坦桑尼亚、东非、安哥拉、莫桑比克、塞内加尔、尼日利亚；欧洲的分布在英国、法国、比利时、荷兰、瑞士、瑞典、丹麦、葡萄牙、西班牙、阿尔巴尼亚；北美洲的分布在美国、加拿大、古巴、危地马拉、墨西哥、巴拿马、牙买加、特立尼达和多巴哥（千里达）、伯利兹、洪都拉斯、哥斯达黎加；南美洲的分布在智利、巴西、秘鲁、阿根廷、乌拉圭、委内瑞拉、厄瓜多尔、哥伦比亚；大洋洲的分布在澳大利亚、新西兰、斐济等地。其中人数较多的有新加坡、马来西亚、毛里求斯、留尼汪、马达加斯加、南非等国家和地区，一般为四五千人，多者逾万。"

当然，随着全球一体化步伐的加快，新生代广府侨民接受外界信息反应迅速，很容易融进侨居地的主流文化之中，日常交往时使用广府方言的机会会越来越少。近二三十年出国留学而后定居西方国家的人士，其后代大多是对广府方言"识听唔识讲"，再后一代恐怕是连听懂都感觉困难。但是，随着广府地区综合实力的不断提升，尤其是粤港澳大湾区战略的实施，广府人以强势姿态走向世界的频率不断增加，广府方言的声波仍将传播开来，及至全球每个角落。

（二）国内分布

广府方言在国内的通行区域主要是珠江三角洲、粤西、粤北、桂东、桂南、香港、澳门和海南的部分地区。从广府方言发展的历史可以看出，其轨迹最初是从西江中部的古粤语区向东推移，在珠江三角洲成型，再由珠江三角洲向外辐射。因此，广府方言分布的显著特点是主要沿江分布在西江中下游地区。

1. 西江干流及珠江三角洲区域

珠江发源于云南省，全长2300多公里，其不同河段历史上有不同的名称。一般将桂江汇入浔江后，梧州以下的河段称西江。梧州即旧广信地区，是广信文化的发祥地。广信文化由广信为起点通过西江向东发展；广府文化在珠江三角洲形成后，再沿着西江上溯施以文化反哺。因此，从梧州到云浮、肇庆、佛山、广州，再到珠江三角洲西翼的江门、中山、珠海、澳门以及珠江三角洲东翼的东莞、惠州、深圳、香港等地，都是广府文化的主流区域，通行广府话，而且其发音最具代表性，或者说最"白"。值得注意的是，珠江三角洲西翼属西江流域，通行的基本上就是广府话；但东翼主要是东江流域，受东江文化影响很大，因此东莞、惠州、深圳东部地区较多地使用客家话，有些地方甚至讲潮州话。香港是个例外，原来是一个小渔村，也是以客家话为主，后来发展成为一个国际大都会，主要靠以广州为中心的广府地区的移民，因此深受广府文化的影响。经过多年的演变，香港现在基本都说广府话，而且其语音与广州话基本相同。

本区域中珠江三角洲所通行的广府话，一般被称为"粤海方言"，也称粤语"广府片"，故可说是狭义广府话。粤海方言区域内各地的语音差异不大，彼此能够顺畅地交流，但也有一些差别。本方言区域主要包括以下几个片区：

（1）广州片。其中老城区的语音是公认的粤语（广府话）标准语音。

（2）南番顺片。包括佛山、广州南部、中山北部、江门东北部。

（3）香山片。包括中山和珠海的大部分地区。

（4）港澳片。包括香港、澳门。

（5）莞宝片。包括东莞、惠州、深圳中西部地区。

本区域中西江沿岸地区城市所通行的广府话都较为接近广州话，如梧州、云浮、肇庆市区的语音也属于粤海方言。

2. 浔江、郁江区域

以梧州为分界点，狭义西江的上游是浔江，再往上，南支是郁江、邕江、左右江，北支是黔江、红水河、柳江，其中浔江和黔江属于广义西江的中游。此区域原非中原人领地，中原语言并不通行，各民族包括古越族所衍生的民族语言复杂；但历史上广信地区的社会经济文化各个方面随西江上溯，对这一区域的语言产生一定的影响。清朝以后两广地区的商人多用白话（广府方言）交流，随后在民间发展。抗日战争期间，大批广东人为避战乱来到这一区域，白话逐渐成为沿河城市的主要交际语言。《南宁市志》说，宋代狄青南征屯戍的将士留居南宁后，其语言逐渐形成平话。后来平话也受到白话影响，许多发音跟白话趋同，甚至二者可以简单交流，因而有人将平话列入广府方言的系列中。

这一区域所说的广府方言，一般被称作"邕浔粤语"，其分布的最大特点是沿江性，主要分布在发达城镇特别是商业区和码头，一些近郊乡镇也有分布。本区域可以说是广府方言通行范围的最西端。

3. 桂江、北流江、南流江区域

从梧州往西北上溯有桂江、漓江，往西南上溯有北流江。桂江、贺江、西江三江之间的区域曾是广信作为岭南首府时期岭南的政治、文化核心区，时间长达300多年，汉越交融而成的广信语言有可能成为这一带的标准语言。后来政治中心东移，由广信语言发展而成的广府方言反过来对这一区域产生影响。《梧州市志·方言志》说："郊区居民，除部分远祖从中原南迁沿桂江以下外，较多是明清从广东和附近各县迁来的。"所以如今在梧州附近，包括北流江流域广为使用的广府方言保留了较多古粤语的痕迹，这种情况在农村地区更为明显，被学界称为"勾漏粤语"（该地区有号称"道教第二十二洞天"的勾漏山）。梧州城区等城市区域开放程度较高，所使用的语言则与广州话相当接近。

曾为南方丝绸之路的南流江流域则是后期所开发，其语音相对接近粤海方言，学界称之为"钦廉粤语",以钦州话和廉州话为代表。

4. 贺江、南江、绥江区域

梧州下游不远处的封开,有贺江汇入西江,贺江由北向南流经富川、钟山、贺州、封开。这里是广信文化的发祥地。封开下游紧接郁南,又有罗定江(旧称南江)注入西江。绥江穿过怀集、广宁、四会后汇入北江再与西江汇合。这一区域也曾是岭南海陆丝绸之路的重要对接通道,通行的广府方言被称为"罗广方言"。

5. 鉴江、漠阳江区域

发源于信宜的鉴江由北向南流经高州、化州、电白、茂名,由吴川注入南海。漠阳江发源于阳春,在阳东注入南海。

本区域范围包括湛江、茂名、阳江,在东汉时期设立高凉郡,南迁汉人与土著俚人文化融合,后来吸收了广府文化和闽南文化,形成高凉文化,后称高阳文化。高阳民系是广府民系在粤西的代表族群,所说的语言被称为"高阳方言",以高州话和阳江话为代表。

6. 潭江区域

潭江发源于阳东,自西向东流经恩平、开平、台山,在新会注入南海。

此区域的县志皆说汉族人口主要来自宋代的南雄移民。《鹤山县志》云,原住民为百越族,"先为避元兵,后遭明朝统治者的镇压,被迫隐瞒民族成分,瑶族人大部分他迁,小部分留下的则已与山下汉人杂处,逐步与当地汉人融合",说明此区域明朝时期还有未汉化的越人。《新会县志》载:"据现存族谱查明,今新会县居民的祖先,有70%以上是来自南雄珠玑巷和崖海之战的宋军的幸存者。原居住的新会的土著民族,大部分被汉族同化。"从南雄迁徙到珠江三角洲的移民是催生广府文化的主要力量,可见800多年前广府文化已根植本区域。由于地广人稀,此后外地贫民相继迁入,如《台山县志》载:"到了雍正、乾隆年间,从惠阳、潮州、嘉应州迁入赤溪的客家人达30万之众。"众多移民以及少量原住民多年融合,形成了一种共同语言——以广府方言为主体,兼有闽语、客家话成分的"四邑粤语",分布在江门五邑和斗门、中山的部分地区。

7. 北江区域

北江历来是中原进入岭南的重要途径,靠近广州市的部分更属于广府范围。宋元以后广府文化已经形成，在珠江三角洲起着主导作用，北方文化的影响力难以南伸，没有继续向南迁徙的移民就在北江流域定居，使粤北成为以客家为主的区域。由于北江的航运能力远不如西江，广府文化向北深入发展也有困难，因此早期广府方言也鲜有上溯至粤北。《韶关市志》云："粤方言在粤北的传播，最早是清代来往于曲江、连县等地的广府行商，在当地落籍"，"尤其于抗日战争期间，广东省府及部分机关、学校迁到韶关、连县、乐昌等地，广州话在粤北成了官场、机关、学校的通用语"。可见广府方言进入粤北的历史不长。因此本区域语音与广州话很接近，属于粤海片区，且主要分布在沿岸城镇。

8. 东江区域

东江是珠江水系干流之一，发源于江西省寻乌。与北江区域有些类似，这里是广府民系和客家民系的混合区，靠近广州市的部分属于广府范围，语音属于粤海片区。

9. 琼西北区域

海南岛的西北部濒临北部湾，靠近两广，历来是大陆移民在海南岛的最初落脚点。

海南原为百越之地，以黎文化为主。据《海南省志》，南北朝时期广东高凉的冼夫人将粤西文化带进海南，此后不断有大陆沿海移民入琼，被称为"新客"的移民就是道光以后从广州、肇庆府管辖的恩平、开平、高明、鹤山、新宁、阳江等地迁来的。由于广府移民多在西北部的儋州定居，久而久之形成了既保留着广府方言的一些特点，但也渗透了海南各地方言的一些共同特点的"儋州话"。《儋县志》说："儋州话属汉语粤方言系统，主要分布于本县中部、西部和北部地区的 22 个乡镇，50 多万人，约占总人口的 80%（1990 年代初期数据——引者注）。"

10. 水上区域

历史上，社会、经济、文化的发展多以江河为纽带。在江河水上穿梭往返作业的人群常年以舟为家，没有固定的居住区域，但有共同的语言。这种语言分布于江河或近海水域，不属于陆上任何片区，却沟通沿岸不同地方。

水上人家通行的语言称为"疍家话"。疍家存在的历史比较长，20 世纪 80 年代顺德还有水上子弟学校，学生主要就是疍家儿童，说的多是疍家话。疍家沿江河流动，虽然不上岸定居，但需要与陆上居民交流，所以疍家话也要随着陆上语言的发展而发展，习惯生活在哪一带水域就适应该水域沿岸的语言。因此，广府区域的疍家话与粤海方言可相通。

11. 其他区域

广府文化在广东省内毕竟具有强势地位，广府方言渗透至省内不同区域甚至邻省边界地区。客家话、潮汕话地区的城区中，不乏懂得广府方言的人群；曾为广东省所辖的海南，机关、厂矿、农场中也有说广府方言者。进一步而言，如今人口流动、信息传播和文化交融程度空前，全国各地都可见广府方言的踪迹。

从上分析，广府方言的分布基本上与水域有关，不同的流域有自己的流派。顺德处在珠江三角洲中部，西江与北江主流交汇处，融汇各路广府文化，顺德话理应属于广府方言的主流部分。

第二节　顺德话的地位

一、广府的中心南番顺

西江干流区域通行的粤海方言之所以说是狭义的广府话，是因为粤海与行政区划中的广府有大部分的重合。

（一）粤海的范围

粤海本指广东一带的海域，后又泛指广东或广州，有具体所指的是民国初的行政区划。《广东省志·总述》称："民国 2 年……全省设粤海、岭南、潮循、高雷、钦廉、琼崖 6 道。其中粤海道辖原广州府、肇庆府和罗定直隶州属下 30 县，道治广州（指番禺——引者注）。"《广东省志·政权志》详述："道治番禺。管辖：番禺、南海、顺德、东莞、从化、龙门、台山、增城、香山、新会、三水、清远、宝安、花县、赤溪（1953 年赤溪撤县并入台山——引者注）、高要、四会、新兴、高明、广宁、开平、鹤山、德庆、封川、开建（1961 年封川、开建合并成封开——引者注）、恩平、罗定、云浮、郁南、佛冈等 30 县。"可见，粤海道的范围主要就是珠江三角洲及西北江沿岸地区。

1. 南番顺地区

古时广州只是一个大行政区的名称，尚未成为建制城市。广义的广州或路或州或府，辖县有多有少，区域时大时小，但总离不开珠江三角洲珠江口附近一带，多数的情况是包括珠江三角洲及西北江下游地区；狭义的广州也不像现在的广州市那样有具体的边界，一般就是指政权驻地附近的区域，小范围的是指如西关、东山等地的建成区，大范围的是指南番顺地区。因此可以说，广州或广府的治所在南番顺。

南番顺是指南海、番禺、顺德地区，历史上就是不可分割的广府中心区域。《广东省志·总述》开篇有云："秦始皇三十三年（前214）平定岭南后，设立南海郡、桂林郡和象郡。省境大部分属南海郡，下辖番禺、四会、傅罗（晋改博罗——引者注）、龙川4县，郡治番禺。"自此，南海和番禺作为行政区域的名称一直如影相随。400多年后生出的"广州"一名，即与"南海""番禺"二词紧密联系，番禺既是广州的州治又是南海郡的郡治，如今说广州、南海有2200多年历史，其实就是指番禺的年龄。隋开皇九年（589）废郡改州，《南海县志》云，"十年（590）以番禺县地置南海县"，"南海县政区建置自此始"。此后，一方面，粤中区域时称广州，时称南海郡，或州或郡，南海县均为其属县；另一方面，番禺县时而分置，时而并入南海县。因此，现时广州市很多地方历史上有时属于番禺县，有时属于南海县。顺德也是如此。《顺德县志》载："顺德建县前的地域，春秋战国时为百越地，秦代起属南海郡番禺县，隋代起属番禺县分出的南海县，五代南汉时属南海县分出的咸宁县，宋初重新并入南海县，元代及明初一仍宋制。"胡建勇认为南汉时期"并在广州地区设置咸宁、常康二县，以模仿帝都长安"[①]，当时咸宁县的县城就在今北滘，可见现在顺德的地域在当时广州区域中的分量。

宋皇祐三年（1051），复析南海县地分置番禺县，广州东城为番禺地，西城为南海地，自此，南海和番禺两县并列共存。当时两县所管辖的地域范围大致是现在的广州（增城除外）和佛山（高明和部分三水区域除外）。此时正是广府话走向成熟的时期。

明景泰三年（1452）顺德县成立，范围包括南海县的东涌、马宁、西淋、鼎安4都37堡及新会县的白藤堡。现在的广佛核心区域由此分属南海、番禺、顺德3县。尽管后来南海和番禺分别析出三水、从化和花县，但能够与广州城政治、经济、文化紧

---

① 胡建勇：《广州城市空间发展模式——从集约到扩张》，《中国市场》2014年第24期。

密相连的仍然是南番顺三邑。

南番顺三邑地域发生重大变化是在民国之后。1921 年广州建市，这片区域的北部被划入广州市范围，南番顺则在民间被称为"三乡"，呈现一市三乡的格局。此后，随着广州市范围不断扩大和佛山市在 20 世纪 50 年代独立建置，南海和番禺的面积越来越小。近百年来，南海的县治自广州越秀搬至佛山再到桂城，番禺的县治也从广州越秀移往新造复去市桥，顺德则基本稳定，自身平衡发展各个城镇。由此可见，南番顺三地为珠江三角洲城市群的形成作出了重大贡献。

总而言之，南番顺是包括广佛在内的珠三角中心区域，是广佛一带在地缘、历史、文化等方面的整体概念。从历史上看，南番顺有着共同的渊源，古时候就是一体；从地理上看，南番顺彼此相连，同处西江、北江下游河网平原；从政治上看，南番顺历来为岭南之都，南国门户；从经济建设上看，南番顺自古经济发达，商贸繁荣，既是鱼米之乡，又是对外开放之窗，缔造了广佛都市圈。诸多优势集于一身，南番顺孕育了广府文化，并使之发扬光大。

2. 南番顺外围和西北江下游地区

这一区域受南番顺的辐射影响很大，尤其是珠江三角洲地区。

从地理角度说，珠江三角洲是三水、广州、石龙、崖门之间的一片区域，由西江、北江共同冲积成的大三角洲与东江冲积成的小三角洲组成，是放射形汊道的三角洲复合体。《珠三角：与众不同的土地》[①] 一文介绍说，先秦时期这里还是近乎浅海的状态，随着珠江水系携带来的泥沙以星罗棋布的大大小小基岩岛屿为沉积核心逐渐淤积扩展，后来形成河网交错的陆地。其中江门以东、广州以南、虎门以西、中山以北是平原，也就是南番顺的区域，旧称粤江平原。在久远的过去，珠江三角洲只是一片寂寞与荒凉，顺德博物馆收藏的大块鳄鱼骨头可作见证。随着成陆面积不断扩大，吸引了大批中原人移民南来，面对密织的河网和洼地，人们就地取材，把低洼积水地深挖为塘，覆土为基，形成基塘种养系统和防范水患体系。唐宋以后，珠江三角洲的开发已初具规模，南番顺一派欣欣向荣，广州城已成为世界贸易大港，加上这里气候适宜，四季皆可耕种，作物收获颇丰，又吸引更多的移民，创造出巨大的物质财富，带动了各行各业，特别是商业和交通运输业的发展，为珠江三角洲边远地区和西北江下游带来了活力。经济的发达推动了文化的兴盛，广府文化在这块沃土上兴起。明代以后，

---

① 司徒尚纪：《珠三角：与众不同的土地》，《中国国家地理》2009 年第 10 期。

这里的农业生产商品化倾向日渐明显，既有多层次的经济结构，又有广州这个开放城市为依托，珠江三角洲已成为岭南最活跃、最具商品意识、最富创新精神的地区，对周边产生了巨大的辐射作用，带动了周边地区经济、文化的发展。

至于西北江下游，原是广信文化传输的走廊和北人南迁的通道，有着深厚的历史文化底蕴。人类的文明向来发源于江河流域，靠水而居不仅是生存的需要，也是社会发展的需要。西北江流量大，下游土地肥沃，植被丰富，是人类理想的聚居地，农业生产发展较早，是岭南土著文化的主要发祥地。古代交通主要靠水路，西北江航运条件好，特别是西江，自古以来就是黄金水道，承载着人类物质文明和精神文明来来往往，如《肇庆市志》云："东汉时，出现专门从事纺麻织品长途贩运的商人。"广府文化在以南番顺为中心的地区形成之后，影响力十分巨大，对西江则是沿江溯源，反哺西江中上游纵深地区。"元代，肇庆以水路为主的交通运输业有较大发展，创办从广州往返西江沿岸城镇的定期班船。至正年间开通往广州、江门、梧州等地水上客运。"（《肇庆市志》）正是由于发达的水上交通，活跃了西北江下游沿岸与珠江三角洲的交往，商业意识沿江而上，广府文化在沿岸城镇和商埠播种、生根、发芽，再向外渗透，推动了这一带区域的发展。

粤海的范围是南国最活跃的区域，粤海方言也在广府民系中最具优势，其语音成为粤方言的代表。

（二）粤海方言的代表

从上述分析可知，南番顺是粤海道的核心区域，也是广府文化的核心区域。那么，是否可以说南番顺地区通行的语言就是粤海方言的代表呢？答案应该是肯定的。

从广府话和珠江三角洲发展历程的梳理中，可知广府文化的基石在西江、粤北和南番顺三个点位，形成路线大致如下：

（1）秦汉时期，番禺地以土著越文化为主，南越王穿当地服装、讲当地语言，用当地人为官。如果南越国丞相吕嘉确属石涌或附近（今顺德境内）人士，石涌或附近的语音、习俗必然成为番禺都城一带的标杆。广信地则是以南迁中原人为主体，中原文化比例较大。

（2）魏晋时期，226年交广分治，广信文化沿西江逐步东移，在西江下游一带与土著融合；粤北的中原移民增加，形成人口聚集区；番禺虽为州治，但仍属低洼地，人烟不算多。但是，番禺是南国的优良港口，内河四通八达，经济腹地广阔，"此时已有外国商船到番禺进行贸易了"（《广东省志·总述》），中外文化已有交往。

（3）南朝梁天监六年（507），梁武帝把广州都督府设在高要，统辖岭南13州，直至557年建立陈朝时广州都督府仍治高要，前后长达82年（《肇庆市（县级）志》），使高要成为汉越文化交汇点。此时期"外国僧人在岭南或译经，或传教，使得当地佛教得到较大的发展。六朝时期，广州兴建有佛寺19所，始兴郡11所，罗浮山4所"（《广东省志·总述》），番禺与粤北佛教文化兴盛。

（4）唐代，624年番禺设广州都督府，"广府"作为一个政区称谓开始出现，但个性鲜明而又有影响力的自身文化尚未成型。开凿大庾岭新道后，中原移民增多，岭南得到了较大的发展，粤北和西江下游开发力度大，人口稠密。据《广东省志·总述》，"有交通便利优势的广州、韶州、连州等，从事商业的人很多，估计占当地总人口的百分之二十以上，经商成为重要的社会职业，甚至不少官吏也参与商业活动"。其中，广州治所所在的南番顺是对外贸易的中心，中外货物的集散地，朝廷专门设置市舶使管理外国船只，设有蕃坊作为外国商人聚居之地，外国人数以万计。佛教文化以韶州最盛，广州居其次；韶州、连州名人学士众多，整个唐代今广东境内登进士科者也以广、韶、连三地最多，"一定程度说明此三地社会经济发展水平相对其他州为高，文化教育也比较发达"。

（5）宋元期间，大量人口迁居岭南，规模超过了两晋和南朝，大大地促进了岭南的发展。北人南迁大多经大庾岭，以地当要冲的南雄为中转站，最后绝大多数迁徙至珠江三角洲各县（《广东省志·总述》）。南迁人口中江南籍所占比例较大，丰富了珠江三角洲的文化结构。粤江平原上南番顺地区人丁兴旺，农业、手工业发展迅速，商业发达——广州城作为全国最大的对外贸易港口，商贾林立，外商如云，中央管治力度加大；佛山设有广州市舶司的分处市舶务，成为广州城外的岭南第二大商贸中心；就算是"顺德南部的逢简，此时就是一个'市集辐辏，贸易得所'的墟市"（《广东省志·经济综述》）。可见，以广州城为核心的南番顺，其南国政治、经济、文化中心的地位甚为突出。

千百年的文明积淀，天南地北的文明汇聚，经过上述五个阶段，此时已演化成性格独特又颇具影响力的自身符号——广府文化，集中表现在以南番顺为核心的广府地区。正是由于南番顺地区曾经环境恶劣、人迹罕至，却又是西江、北江与南海的交汇点，不断创造出新的平原沃土，这样特殊的地理位置，远胜于粤北和西江地区，成为后来移民聚集、广府文化最终形成的温床，培育出特殊的地方文化。

首先是上承先秦时代的百越文明。恰恰因为珠江口附近沼泽荒芜，鳄鱼横行，烟瘴凄厉，风雨飘摇，中原部队不敢长驱直入，而越人敢于面对自然险阻，顽强地生存下来，并使其原始文明得以存续。基于这种远古的历史、地理的渊源，强悍的民性、冒险的气质成为广府文化的底层成分。

其次是西接沿西江而至的广信文化。汉越融合几百年的广信文化携带着熠熠生辉的、代表先进生产力发展要求的、有文字符号为载体的中原文明，沿着黄金水道顺势而下，给南番顺地区带来先进的文化，构成广府文化的基础部分。

再次是北纳自北江而下的移民文化。粤北作为千年驿站，迎来送往才子文豪、万家百姓、江南技艺、华夏光辉，无论是人力资源还是思想财富，都源源不断为珠江三角洲和西江下游增添动力，组成广府文化的主体部分，使广府地区深化了发展、优化了结构、丰富了内涵，实现了质的飞跃。

最后是南迎从南海飘来的海洋文化。广州是具有悠久历史的世界贸易大港，是中国面向世界的窗口，使得南番顺地区汇聚四面八方的商业，广纳天南地北的信息，混杂不同肤色的语言，包容各色宗教的传播。在这里，中外文化交互，东西文明碰撞，成为广府文化的特色之处。

正因如此层次丰富，结构多元，广府文化除具有中华传统文化的共同特征外，自身的个性相当鲜明：

乐观向上，不畏艰难，反抗性和斗争性特别强烈；勤恳拼搏，敢想敢干，敢为天下人先的精神到处可见——这或许是来自古南越的遗传。

精明能干，善于计算，作风务实而不张扬；重视流通，钻营生财，注重经济上的利益关系——这或许是西江黄金水道的痕迹。

报本追远，承前启后，家乡宗族意识强烈；团结协力，兼容并畜，勇于创新开发新生事物——这或许是南迁移民文化的延续。

视野宽广，思路开阔，以开放的思想包容中西文化；迷信命运，敬神奉鬼，不同宗教习惯皆有表现——这或许是海外文化的影响结果。

广府文化的特征在南番顺地区表现得淋漓尽致，在文化载体的语言上更能突出反映。古今词语同在，中外语音夹杂，熟语千奇百怪，经济气味浓郁。单以"水"为词素的方言词语就数以百计，体现了珠三角水乡特色：既有"西水大"的源头追踪，又有"浸咸水"的海洋成分，还有"水鬼缠大头"的鬼神形象，更有"以水为财"的众多经济隐喻。这些并非是其他地方所能比拟的。因此，南番顺的语言不仅是粤海方言的代表，而且当仁不让的是广府话的代表。

二、顺德话的贡献

　　顺德与广州都是粤海核心区中的一员，粤海方言中的顺德话虽不如广州话那样通行于广府地区，但广府人都基本能听懂。虽然顺德话与南番顺地区的南海话、番禺话、广州话有明显的区别，但正是这些区别，方显得顺德话的独特地位。一来，顺德话是全顺德通用的方音，顺德几乎没有一个角落不说顺德话，顺德各地所说的话基本一致，这是南海、番禺和广州所不能相比的。二来，尽管顺德各地的语音稍有差别，但都有着共同的声调特征，让人一听就知道是顺德话，凭着这个特征，人们可以知道顺德境外与顺德接壤的地区所说的话基本就是顺德话。可见顺德话并非是孤立存在，而是一种具有明显特征的、分布区域较大、使用人口较广的方音，以顺德为中心，对周围具有一定的影响力。这种影响力在粤方言漫长的演变过程中发挥过作用，甚至有助于今天广州话语音的形成。

（一）南越国的语音

　　如前所述，二千多年前南海郡尉赵佗尊重越人风俗，任用越人为官；南越国建立后家住今顺德境内的吕嘉长期掌握朝政，"相三王"，当以本地语言传达政令，以使"越人信之"。从历史角度看，不排除当时今顺德境内的乡音是南越国"国语"的可能性。虽然当时的语言与现在的顺德话不可同日而语，但也很难说没有遗传下来的基因。

（二）珠江三角洲的疍家话

　　珠江三角洲疍民的形成时间和来源虽然多样，但学者多认为是在汉代，且与南越国灭亡时越人为避战乱而往水域逃亡有关。《史记·南越列传》有"吕嘉、建德已夜与其属数百人亡入海，以船西去"的记载，阎根齐认为"岭南纳入汉政权后，有一支越人下海活动，形成后日的疍家，他们以船为家，航海为生，是疍民形成的开端"①。顺德此时正处于南海北岸，吕嘉等本地人善于水上作业，他们游离于近海与内河之间，神出鬼没，不易被官军擒获。作为疍民，他们有时需要靠岸，其语音在沿岸传播，也

---

　　① 阎根齐：《论南海早期疍民的起源与文化特征》，《南海学刊》2015 年第 1 期。

是很有可能的。

南粤的语音在不断地发展，西北江疍民的语音也在紧跟岸上居民语音变化的节奏，以便水陆交流，并反过来作用于沿岸。西江沿岸城镇语音大致相同，疍民不无贡献。南番顺是珠江三角洲河网最集中的地区，也是疍民云集之地，尤以顺德为盛。据《顺德县志》，康熙六十年编定全县丁口3.68万人，乾隆初年全县尚有疍民5000余户1.5万余人，疍民占比可想而知，顺德地方的语音通过疍民的媒介作用向外传播也应该有较大的影响力。例如，珠江三角洲疍家话和顺德话都以"闸即"表示"打横"，称"玩"为"反"，保留了许多以 ε 为韵腹的韵母。广西桂北疍家话的阳平声为33调①，北海市越南归侨渔民的阴上声为13调，与顺德话也有相似，虽然很难说是谁影响了谁，但也反映了二者具有一定的关系。

（三）广州城内的顺德人

顺德毗邻广州城，二者之间交往密切，语言多有交融。历史上广州城内的居民很大的比例来自"三乡"（南番顺），士农工商各个方面都有顺德人群体在发挥积极的作用，出现了许多顺德籍名人。到了19世纪，民族资产阶级兴起，广州城经济活动活跃，顺德人的身影更频繁显露。作为我国最早出现民族资本主义经济的地区之一（《顺德县志》），顺德以其发达的缫丝业对广州的繁荣一度起着极其重要的支撑作用，两地之间的人流物流资金流往来频密，大小船艇日夜穿梭，顺德商人散布在广州城的每个角落。直至民国末年，仍然有许多顺德籍的政商要人居住在广州市内，常常奔走在两地之间。20世纪50年代以前，顺德还有大量的妇女到广州做住家佣人，为许多广州家庭提供带小孩、做饭、清洁等家政服务。20世纪六七十年代，广州知青投亲靠友，来顺德下乡者为数不菲，反映了广州有许多原籍顺德的家庭。这些广州城里的顺德人或多或少带有家乡口音，由于其群体的影响力，顺德话与当地语音必有融合。

（四）沙田开发的顺德人

明清期间，珠江三角洲平原不断向南发展，尤以顺德以东以南为典型，人们通过人工干预，促使河沙集聚，沙坦快速成型，再垦殖为沙田。关于沙田的开发，学者研

---

① 白云：《广西疍家话语音应用研究》，上海师范大学博士学位论文，2002年。

究比较多的是西海十八沙和东海十六沙，这些沙田大多数在香山（今中山、南沙）境内，但充满顺德人的气息，特别是东海十六沙。大量的顺德人远赴新垦的沙田作业，建设新的居民点而定居，顺德话在此生根发芽。如今中山使用范围最广的沙田地区的方音，基本上就是顺德话，主要分布在中山北部以及南部的板芙、坦洲等地，地域几乎占了中山的一半。

（五）顺德文化的渗透

广州本土文化本质上是南番顺文化，顺德文化是其构成的重要部分。语言是文化的载体，顺德口音必然随着文化传输渗透到广州话中。以粤剧为例，这是广府文化的典型代表，在没有广播电台的时代其语言传播能力可谓首屈一指。作为粤剧之乡，顺德籍艺人表现出众，粤剧五大流派中独占其四，他们不仅在广州城内拥有大量的戏迷，而且经常到各地巡回演出。龙舟说唱是以顺德腔为特色，不仅在戏曲舞台上独领风骚，而且每逢节日在大街小巷中传唱。又如饮食文化，素有"食在广州，厨出凤城"之称，大小酒楼多有顺德人讲饮讲食的语言，通过酒楼这种公共场所散发出顺德话的味道。

三、旧日广州话的语音遗存

（一）从古籍研究来分析

古代广府方言究竟是怎么样的，因为没有录音机记录，我们没法直观地知道，但研究人员可以从当时的一些文献中间接地获得一些了解。刘镇发、张群显认为，最早有关粤语语音的记载，目前有流传的是清初的《分韵撮要》，并推测其所记录的是1700 年左右的广府话。[1] 笔者所能查到的是壁鱼堂梓行的《分韵撮要》（单行本，年代不详）和佛山镇福文堂道光十八年（1838）重镌的《江湖尺牍分韵撮要合集》的电子书影。岑尧昊在《〈分韵撮要〉版本与音系新论》[2] 中认为，单行本系统显然较合刻本出现早，至少在1782 年以前；壁鱼堂梓行的《分韵撮要》可能是目前存世的最早

---

① 刘镇发、张群显：《清初的粤语音系——〈分韵撮要〉的声韵系统》，詹伯慧主编：《第八届国际粤方言研讨会论文集》，中国社会科学出版社 2003 年版。

② 岑尧昊：《〈分韵撮要〉版本与音系新论》，《中国语文通讯》2020 年第 1 期。

版本。因此，从《分韵撮要》中可以窥见二三百年前广府方言的大概字音。

事实上，《分韵撮要》问世以后，曾经影响深远。一来不断被翻刻刊印，甚至增补删减，及至1941年黄锡凌在《粤音韵汇》一书中仍说该书"现时坊间随处可买"①，可见其流传时间之长；二来在这一二百年间，该书不仅成为广府方言的工具书，被视为粤语发音的典范，而且广为西方传教士所研究，许多以罗马字及相关符号给汉字标注粤方言读音的工具书，如1855年《初学粤音切要》、1856年《英华分韵撮要》和1859年编纂的《英粤字典》等，都以《分韵撮要》为依据。因此，岑尧昊认为该书"历史意义重大"。

1. 顺德话基本符合《分韵撮要》

黄锡凌《粤音韵汇》对《分韵撮要》意见颇多，他认为这本书是顺德周冠山的作品，"大概根据南海顺德的方音而编的，不能代表广州最通行的音"，并指出了与广州话不相符的地方，如：

（1）几纪记一韵，混入时知衣始倚市志试异等字音，是［ei］与［i］混。

（2）诸主著一韵，混入居虚举女去处等字音，是［œy］与［y］混。

（3）孤古故一韵，混入苏粗好老告步等字音，是［ou］与［u］混。

（4）魁贿诲一韵，混入崔摧雷腿对碎等字音，是［ui］与［œy］混。

（5）金锦禁一韵和甘敢紺一韵，又其入声急韵和蛤韵，广州话同韵，而分韵不同。

（6）登等凳一韵和彭棒硬一韵，及其入声德韵和额韵，在广州音有可相通者。

（7）师史四一韵，为舌尖元音韵［ɿ］而不甚通行于广州。广州人多读［i］韵，因此与分韵之几纪记一韵混同。

（8）虽水岁韵内之字，以广州音读之，有一部分与诸主著韵内字合。

（9）英影应一韵和其入声韵益，广州各分［iŋ］和［ɛŋ］，［ik］和［ɛk］，而分韵不分。

（10）没有［œ］韵，如"靴"字无所归。

上述10项，的确与今广州话明显有异，其中大多数恰恰符合今顺德话，尤其是顺德农村乡音的实际，这在本书后面的章节有所介绍。

---

① 黄锡凌：《粤音韵汇》，上海中华书局1941年版。

2.《分韵撮要》是清代粤语面貌的反映

黄锡凌提到的以上这些差别，究竟能不能全部归咎于《分韵撮要》著者的疏漏，正如岑尧昊所言，"呈现的是方音差异？历时演变？还是语言层次的更替取舍？"

首先，要弄清楚何为广州音。前已述及，清朝及以前并无广州市，《分韵撮要》写作时狭义上的广州其实就是广东的省城，分属南海县和番禺县所管辖，城中居民的语音当然是以南海和番禺语音为基础。很大程度上，一地的语音以该地的中心城区为标准，南海的语音以南海县城的为准，番禺的语音以番禺县城的为准，南海县城和番禺县城都在广州城内，那么广州音岂非就是以南海县城和番禺县城的语音为准吗？黄锡凌说"不能代表广州最通行的音"，这句话在1941年不假，但往前推移200年，南番顺方音相差不大，恰恰正是当年广州音的反映。

罗伟豪在《评黄锡凌〈粤音韵汇〉兼论广州话标准音》[①] 一文中说，据1929年中山大学语言历史学研究所周刊戴仲杰《粤音与国音的比较》一文的调查分析，广州市的语音也不是一致的。这是事实，因为南番顺语音虽然差不多，但并非完全相同，就算是今天，广州市那么大，各区语音也有差异，哪一个是标准音实在难说。城市不同于乡村，是由来自各地的人聚在一起，彼此之间的语言在不停地融合，关键是能够沟通，互不排斥。从这个角度来看，20世纪的广州音只是后来磨合的结果，说得夸张一点是以南番顺语音为主体的各地方言的"衍生物"。所以关于黄锡凌对《分韵撮要》的评论，罗伟豪虽然认同"不能代表广州最通行的音"的观点，但认为"大概根据南海顺德的方音而编的"不够准确，"从声韵的大致格局看，它可以算是清代的'广府话'的代表"。

其次，《分韵撮要》刊行时间那么长，不断被翻印出版，其原因是值得深思的。如果前面所说的10项差异表明该书不能正确反映广州音，那么为何100多年来除了个别的小修小补外没有人对此作出较大的纠正呢？这只能说明，这本书好用、实用、符合实际，总体感觉不错，与买书人买书时广州话的语音实际没有太大的背离；或者即使随着时间的推移，某些字实际语音有所偏离，但该书能告诉人们原来的字音是怎样的，起着"正音"的作用，因而被崇尚传统的"老学究"视为佳品。如果说是中国人过于守旧，那为什么诸多研究汉学、深谙语音知识的西方人士仍然以该书作为一系列词典的蓝本？当时那些西方人士都具有十分开放的意识和渊博的知识，喜欢到处游历，

---

① 罗伟豪：《评黄锡凌〈粤音韵汇〉兼论广州话标准音》，《广州大学学报（社会科学版）》2008年第11期。

研究不同地域的风土人情，马礼逊（Robert Morrison，1782—1834）、裨治文（Elijah Coleman Bridgman，1801—1861）、卫三畏（Samuel Wells Williams，1812—1884）、湛约翰（John Chalmers，1825—1900）等人都是大名鼎鼎的汉学家，对粤语颇有研究，在编制粤语辞书时不会对《分韵撮要》的"谬误"置之不理、"将错就错"。这只能说明，《分韵撮要》记录的语音与他们编纂辞书时广州话的语音相差不多。

最后，语言是在不断发展的，不能以现在的语音实际否定以前曾经出现的语音现象。从本书第八章可以看到，改革开放以来仅仅40多年，顺德话的语音已经发生了很大的变化，今天许多年轻的顺德人对祖辈的语言感觉生疏，乃至听不懂。小小的顺德尚且如此，更何况18—20世纪漫长岁月中的广州，而且这段时间正是广州东西碰撞、南北交流最为剧烈的时期。因此，18世纪《分韵撮要》记录的语音有一些不符合20世纪的广州音是正常的而且是应该的。岑尧昊在《〈分韵撮要〉版本与音系新论》脚注中认为黄锡凌等人"恐未谙语言演变之则而以时音律古，故有上述评价"，正是道出了这个道理。

彭小川《粤语韵书〈分韵撮要〉的韵母系统》[①] 最后一段是这样写的："综上所述，可以看出，《分韵撮要》韵母系统与现代广州话相比，有一定差异。1782年版的《分韵撮要》与1885年版的《增辑字音分韵撮要》之间也有一些差别。这正好如实地反映了这100多年来语音发展变化的情况。无论从静态的角度还是动态的角度来研究近代粤方言，这两个版本都是十分宝贵的资料。"

笔者认为，彭小川等学者的分析是符合历史事实的，《分韵撮要》反映了清代粤语面貌，它跟《粤音韵汇》的差异主要在于粤语随着时间的变化，而不是地方口音差异。

（二）从声韵调和词语来分析

1. 声母

彭小川、刘镇发、张群显、岑尧昊等学者对《分韵撮要》的声母系统作了研究，例如，彭小川认为"部分云、以母字声母当拟为h-"，这也符合现今老派顺德话的实际的。在顺德及其周边，老人家将部分古云、以母字读为h-的现象较为明显。彭小川《沙头话古云、以母字今读初析》说："沙头话古云、以母字今读4种声母：h-、f-、

---

① 收录于彭小川《粤语论稿》，暨南大学出版社2004年版。

j-、w-，……其中 h-、f-是一类，j-、w-是一类。"① 顺德话亦然。

顺德话声母的另一个显著特点是部分古全浊平声字念不送气，还有部分古非敷奉母字读 p-，如"粪"读"喷"，这些字多为口语的常用字，属于"古音现象的保留"②，可认为是比《分韵撮要》更早期的广州话的遗存。

2. 韵母

黄锡凌所说《分韵撮要》与今广州话明显有异而与顺德话大抵相符的 10 项，主要说的是韵母问题，前述已论及是广州话旧时的语音实际。

关于顺德话有别于今广州话的韵母，多数已被前辈学者论证为粤方言较早期的读法，如李新魁《广东的方言》关于顺德话的特点，多次指出是保留了粤语较早期的状态。

3. 声调

古籍并不能像现在那样标注字音的调值，因而无法确定以前广州话各声调的具体情况。现在看来，以顺德为中心，围绕顺德周边的南海、禅城、番禺、南沙、蓬江和中山的大片地区，乃至肇庆、清远的一些村落和一些地方的水上话都具有与顺德话相似而与广州话不同的声调特征。林柏松的观点值得参考，他在《顺德话中的"变音"》中提到，"今天顺德话中的变音，可能保留了较早时广州话的语言面貌"。事实上，广州话至今还有个别字像顺德话那样第 3 声和第 4 声相混的，如"斜"。结合上述声韵的特点，有理由推测，这或许可以说明顺德话这一声调特征正是粤海广府话的本色。

4. 词语

顺德，尤其是农村地区的一些词语，带有浓郁的农业生产生活气息，是现在广州话没有或很少使用的，但并不能说与广州话没有渊源。例如"软脍脍""薄祛祛"，现在广州话没有，但从波乃耶《顺德方言》一文中来看，100 多年前的广州话就有这样的词语。又如"下间"，波乃耶将其列为顺德方言，但白宛如在《广州方言词典》中则表述为"厨房的旧称"。事实上，许多旧词语在农耕时代即使是广州城也会使用，随着城市化进程的加快才慢慢地消失。

---

① 收录于彭小川《粤语论稿》，暨南大学出版社 2004 年版。
② 彭小川《沙头话古非敷奉母字今读重唇音》，《粤语论稿》，暨南大学出版社 2004 年版。

陈卫强、侯兴泉《佛山粤语中的勾漏片语音层》一文，把以顺德话为主要代表的佛山粤语①中不同于广府片的特点与勾漏片粤语尤其是粤西勾漏片粤语相比较，认为佛山粤语既有广府片粤语语音特点，又有勾漏片粤语语音特点，分别代表了新老粤语的两个语音层次，推测早期佛山粤语应属于勾漏片类型，反映了老粤语在珠江三角洲曾经存在的事实。该文指出，现在佛山粤语正处于老粤语向新粤语过渡的阶段。对此，笔者基本认可。结合本章关于广府方言的发展历史和地域分布特点的分析，以上观点进一步说明广府方言随广信文化东移而渐渐形成，在珠江三角洲城市中发展为现代粤方言②，再沿交通线上溯至沿途城市，使"新粤语"遍布广府地区各个城市中心。

从以上分析，可以大胆地推论，包括广州在内的南番顺地区乃至粤海地区，原来通行的是与顺德话大致相同的方音，随着城市发展、文化交融，广州城及人口聚集较多的城镇使用的方言才渐渐发展成现在的广州话，而顺德，因为距离广州城稍远，自身的经济、文化实力较为稳固，显示出较强的独立性，因而能够基本保持原来的方音。这好比普通话和广府方言的发展过程，广州话就像普通话，经广泛融合而成为广府民系的共同语；顺德话就像广府方言，受影响较少而保留着较多旧日的语音遗存。换句话说，现今顺德话的"土味"，其中不少恰恰就是广州话的"原味"。

---

①　这里"佛山粤语"的提法有待商榷。该文所说的"佛山"是指目前行政区划的佛山，包括 5 个区，而一般意义上的"佛山话"是指原南海县佛山镇的方言。今佛山 5 个区的语音各有特点，简单归并为"佛山粤语"并不科学。事实上，南番顺的语音无论过去还是现在都有更多的共同之处，文中所提的"不同于广府片"的特点，在番禺和中山北部等地的表现远比高明、三水更为明显。

②　在佛山市中心表现得甚为明显，禅城区设立之前，城区语音基本上与广州话相同，但石湾区语音更接近南海、顺德的方音。

第二章　顺德话概述

顺德话属广府方言粤海片，顺德人与广州人通话没有困难。顺德话与广州话相比，语法方面基本一致，词汇方面差别很少，相对而言语音方面个别之处有其自身特点。

《顺德年鉴2020》[①] 载，顺德2019年户籍人口为151万人，除了少数近年从外地迁入的人口外，基本上都说顺德话。顺德历来以大良为治所，大良口音成为顺德话的标准口音。

第一节　顺德话的特点

一、语音

（一）声母

顺德话声母共18个，分列如下：

b	/p/	巴波啤必	p	/pʰ/	趴破批撇
m	/m/	妈么咩灭	f	/f/	花科啡夫
d	/t/	打多爹跌	t	/tʰ/	他拖梯铁
l	/l/	喇箩篱力	g	/k/	家哥鸡机
k	/kʰ/	卡曲溪崎	h	/h/	虾呵哭希
z	/ts/	渣做遮知	c	/tsʰ/	差搓车痴
s	/s/	沙梭些诗	j	/j/	也优爷医
gw	/kʷ/	瓜果姑归	kw	/kʷʰ/	夸箍规昆
w	/w/	娃窝威屈	零声母 Ø		吖柯奥哀

---

① 《顺德年鉴2020》，广东人民出版社2020年版。

这里的零声母仅限于韵母为开口呼（即韵头不是/i/、/u/、/y/的韵母）的情形。韵头为/i/或/y/的，按声母为 j 处理；韵头为/u/的，按声母为 w 处理。

与广州话相比，最明显的不同是顺德话缺少 n 和 ng 两个声母。在顺德，即使是农村老人，如今声母 n 和 l，以及 ng 和零声母基本上混在一起，难以区分，鼻音成分脱落，分别归为声母 l 和零声母。

不过，《顺德县志》所载的顺德话的声母只有 16 个，原因是不把上列 gw 和 kw 作为声母来看待，而是分别归入声母 g 和 k，把其中的 w 处理为韵母的 u 介音。关于广州话中的 gw 和 kw 是否列为声母，学界至今仍有分歧；但对于顺德话而言，这里承认 gw 和 kw 声母的存在。比如"瓜""关"，普通话的嘴唇明显变圆，顺德话则和广州话一样，"发音时嘴唇并不呈圆形，而是相当展唇"[1]。顺德话和广州话从"奸"到"关"的嘴唇变化远不及普通话从"甘"到"关"那么明显。麦耘做过实验，说明广州话与北京话的"瓜"确有不同。[2] 所以，顺德话的 gw-和普通话的 g-u-是有区别的。又如顺德北部有些地方的"高"读作 gu^{53}，顺德话在逗婴儿时，会说"莺 gu^{53} gu^{53}"，在模仿鸟叫时也会有 gu 音，这些都与"姑""顾"的 gwu 明显不同，这更说明顺德话 gw 不能简单划入 g 声母，kw 亦然。

（二）韵母

顺德话韵母共 65 个，分列如下：

1. aa

aa	/a/	吖妈他沙	aai	/ai/	挨街斋徙
aau	/au/	坳跑矛梢	aam	/am/	啱担贪三
aan	/an/	颜班攀山	aang	/aŋ/	硬耕坑撑
aap	/ap/	鸭甲插圾	aat	/at/	压发扎杀
aak	/ak/	额百拍格			

2. a

a	/ɐ/	①②	ai	/ɐi/	矮鸡溪西

---

① 邵慧君：《论粤方言 i、u 介音韵母》，《暨南学报（哲学社会科学版）》2010 年第 6 期。
② 麦耘：《广州话介音问题商榷》，《中山大学学报（社会科学版）》1999 年第 4 期。

au	/ɐu/	欧兜偷收	am	/ɐm/	今音针心
an	/ɐn/	奀奔蚊新	ang	/ɐŋ/	莺崩灯生
ap	/ɐp/	噏粒急湿	at	/ɐt/	屹不突失
ak	/ɐk/	得刻			

3. e

e	/ɛ/	咩爹姐些	ei	/ei/	碑非地四
eu	/ɛu/	咬掉交抄	em	/ɛm/	*舐减咸斩*
en	/ɛn/	*烟扁片间*	eng	/ɛŋ/	饼厅井靓
ep	/ɛp/	*夹呷囡掖*	et	/ɛt/	*八箧刮挖*
ek	/ɛk/	劈尺笛石			

4. i

i	/i/	知黐诗医	iu	/iu/	标飘挑消
im	/im/	添兼尖闪	in	/in/	鞭天坚先
ing	/eŋ/	兵丁兴升	ip	/ip/	碟贴接摄
it	/it/	跌铁节泄	ik	/ek/	逼的剔色

5. o

o	/ɔ/	柯波么歌	oi	/ɔi/	哀胎该开
ou	/ou/	布铺租粗	om	/ɔm/	*暗磡甘*
on	/ɔn/	安看干潘	ong	/ɔŋ/	肮芒当刚
op	/ɔp/	*鸽盒*	ot	/ɔt/	葛喝
ok	/ɔk/	恶托索角			

6. oe

oe	/œ/	锯靴唾朵	oeng	/œŋ/	央张伤姜
oet	/œt/	③④⑤⑥	oek	/œk/	啄桌略脚

7. eo

eoi	/ɵy/	女追吹需	eon	/ɵn/	吨轮津询

eot　　　/ɵt/　　　律卒出摔

8. u

u　　　/u/　　　乌夫孤箍　　　　　　ui　　　/ui/　　　杯陪妹灰

un　　　/un/　　　本门欢官　　　　　　ung　　　/oŋ/　　　瓮东工中

ut　　　/ut/　　　活泼末渤　　　　　　uk　　　/ok/　　　屋卜福谷

9. y

yu　　　/y/　　　于珠处书　　　　　　yun　　　/yn/　　　冤专孙圈

yut　　　/yt/　　　月夺雪血

10. ［ɕ］

［ɕ］　　　　　⑦⑧　　　　　　　　［ɕm］　　　咁乓⑨⑩

［ɕp］　　　　　焰

11. 鼻音

m　　　/m̩/　　　唔　　　　　　　　　ng　　　/ŋ̍/　　　五

上面的斜体字表示白读音，带圈数字意义如下：

① "四十四" 的 "十"；

② "死就死啦" 的 "就"；

③表示嗳气的 "打 oet6"；

④表示鼻鼾的 "goet4goet2 声"；

⑤表示 "滑脱脱" 的 "wet6toet1toet1"；

⑥吃面条的声音 "soet4soet2 声"；

⑦处在句首的 "噉" 有时读作 ［kɕ］；

⑧处在句末的 "咋" 有时读作 ［zɕ］；

⑨表示 "酸溜溜" 的 "酸 ［tɕm］［tɕm］"；

⑩形容快速的 " ［lɕm］［lɕm］ 声"。

《顺德县志》所载的顺德话的韵母共有 88 个，与上面所列的有一些区别。原因一是该志计入介音韵母 30 个，其中 i 介音的 13 个，u 介音的 17 个，这里则参照《广州话拼音方案》《香港语言学学会粤语拼音方案》《广州方言志》等文献作无介音处理；

二是该志欠缺了几个韵母，如 a、ak、ep、oet；三是这里根据顺德人说话的实际，增加了 [ɵ] 系韵母。

（三）声调

以大良口音为准的顺德话的基本调值如表 2 − 1 所示。

表 2 − 1　顺德话基本声调

声调名	阴平	阴上	阴去	阳平	阳上	阳去	阴入	中入	阳入
粤拼标记	1	2	3	4	5	6	1	3	6
调值	53	13	33	33	13	21	5/53	3/33	2/21
音标	˧˥	˩˧	˧˧	˧˧	˩˧	˨˩	˥	˧	˨
例字	分	粉	粪	坟	愤	份	忽	发	佛
拼音	fan1	fan2	fan3	fan4	fan5	fan6	fat1	faat3	fat6

但是，以上只是针对顺德话单字读音的调值，若在词语或语句中，字音往往产生变调，平上去声和入声的调值分别如表 2 − 2 和表 2 − 3 所示。

表 2 − 2　顺德话平上去声调值

声调名	阴平		阴上			阴去	阳平		阳上	阳去
例字	（平）分	（记）分	（面）粉	（药）丸	（好）歹	（猪）粪	（山）坟	傻	（气）愤	（备）份
调值	53	55	13	44	35	33	33	11	13	21

表 2 − 3　顺德话入声调值

声调名	阴入		中入		阳入	
例字	（仿）佛	（油）漆	（办）法	（牙）刷	（神）佛	（结）核
调值	53	55	33	44	21	35

二、声韵配合表

参考《广州方言志》，编制顺德话的声韵配合表（表 2 - 4）。顺德不同地方的口音稍有差异，本表以老派大良口音为准。有关说明如下：

（1）本表每个方格代表所在行的声母与所在列的韵母相拼的一个音节，但不分声调。

（2）方格为空的，表示相应的声韵不能相拼，或者在大良口音中不存在这样的音节。例如声母 kw 和韵母 oek 对应的方格为空，是因为二者之间不能相拼。又如声母 f 和韵母 oeng 对应的方格为空，并不代表整个顺德都没有 foeng 的音节，大良城郊及其他地方其实是有不少人把"方"读作 foeng 的，这里只是说明大良城中的口音没有这个音节而已。

（3）方格中的字加方括号"【】"的，表示新派大良话，老派大良话没有该音节。如老派顺德话没有 baat 这个音节，但现在很多顺德人都把"八"读作 baat，故 baat 所在的方格为"【八】"。

（4）方格中的字若为斜体，表示对应音节为该字的口语读音。例如与 tyut 对应的方格是"脱"，但与 tut 对应的方格是"*脱*"，这是因为老一辈口语中有把"脱"读作 tut 的；又如与 met 对应的方格是"*篾*"，是因为"篾"的读书音是 mit，但口语中基本上都说是 met。

（5）有些音节有音无字，或者该字存在争议、不好显示，则该方格填写数字，表后再作解释。

（6）个别字出现在不同的方格中，表示该字的读音不止一个。例如"抹"，顺德话的口语既可以说 maat，又可以说 mot；叹词"喂（！）"，在打电话时多说 wei 或 wai，在当面叫人时则以 woi 为多。

表2-4　顺德话声韵配合表

声韵	aa	aai	aau	aam	aan	aang	aap	aat	aak
b	爸	拜	胞		班	棚		【八】	百
p	趴	派	豹		攀	烹		坡	拍
m	吗	买	矛		蛮	盲		抹	麦
f	花	快			饭			发	1-1
d	打	带		担	丹	1-2	搭	笪	特
t	他	太		贪	摊		塔	遢	
l	啦	赖	闹	篮	烂	冷	蜡	辣	勒
g	家	街	【交】	监	奸	耕	甲	夹	格
k	卡	楷	靠	槛		1-3			1-4
h	哈	鞋	考	陷	限	坑	荚		客
z	抓	斋	爪	湛	栈	挣	习	扎	窄
c	叉	钗	巢	杉	产	撑	插	察	拆
s	沙	晒	稍	三	散	省	圾	杀	塞
j	也	踩		蘸		掟	1-5		喫
gw	瓜	乖			关	逛		【刮】	掴
kw	夸					框			1-6
w	娃	歪			幻	横		斡	或
Ø	吖	挨	肴	岩	颜	硬	鸭	压	握

声韵	a	ai	au	am	an	ang	ap	at	ak
b		币	2-1	乒	奔	崩		笔	
p		批	掊		喷	凭		匹	
m		米	谋		文	萌		密	
f		费	否		分	揈		佛	
d		低	兜	扰	炖	灯	耷	突	得
t		梯	偷	氹	吞	腾	佮		
l		例	流	林	撚	能	粒	甩	
g		鸡	九	今	巾	庚	急	吉	
k		溪	求	琴	勤	鲠	级	咳（嗽）	2-2
h		系	后	憾	很	肯	恰	乞	
z		挤	周	针	真	增	执	质	
c		妻	秋	侵	亲	层	辑	七	
s		西	修	心	新	笙	湿	失	
j		曳	优	音	因	2-3	邑	一	
gw		归			军	轰		骨	
kw		规			坤	2-4			
w		威			温	宏		屈	
Ø	2-5		欧	揞	银	莺	噏	屹	

续上表

声韵	e	ei	eu	em	en	eng	ep	et	ek
b	啤	碑	包		扁	病		八	壁
p	3－1	披	抛		片	呼		坡	劈
m	咩	尾	猫			名		篾	擘
f	啡	非			翻			3－2	
d	爹	地	掉			钉	嗒		籴
t						厅		3－3	踢
l	(咖)喱	篱	撩	3－4		靓	凹		坜
g	嘅	【基】	交	减	间	镜	夹	3－5	
k	茄	企	3－6	减	见	3－7			剧
h	爷	嘿	敲	咸	闲	赢	呷		吃
z	姐	姊	笊	斩	盏	井	煤	3－8	脊
c	车		抄	惭		请	插	3－9	尺
s	些	四	筲	衫	闩	声	3－10		锡
j	嘢		(左)挠	蘸			3－11	掖	3－12
gw	3－13				惯			刮	
kw									
w	3－14	喂(!)			还			挖	
Ø	3－15	欸	咬		(黑)烟			3－16	
声韵	i		iu	im	in	ing	ip	it	ik
b	4－1		标		便	冰		必	壁
p			飘		篇	评		撇	辟
m	(妈)咪		苗		棉	明		灭	觅
f	4－2					掏		4－3	4－4
d	哋		吊	点	电	丁	碟	跌	的
t			跳	添	天	停	贴	铁	剔
l	哩		聊	廉	连	令	聂	列	力
g	几		叫	兼	坚	经	劫	洁	极
k	其		桥	钳	乾	琼		揭	4－5
h	气		晓	欠	献	兴	协	歇	吃
z	知		照	尖	煎	整	接	节	织
c	迟		俏	签	千	呈	妾	切	斥
s	时		笑	禅	先	胜	摄	涉	色
j	医		要	严	燕	英	叶	热	亿
gw	4－6					炯			隙
kw						4－7			4－8
w	4－9					荣			域
Ø	4－10				4－11	应			

续上表

声韵	o	oi	ou	om	on	ong	op	ot	ok
b	波		布		搬	邦		*砵*	博
p	婆		铺		潘	旁		*泼*（水）	扑
m	魔		无		满	网		*抹*	莫
f	火					方			霍
d	多	代	杜			当			踱
t	拖	台	土			堂			托
l	罗	来	路	（花）冧		郎			落
g	告	该	【告】	甘	干	钢	蛤	葛	角
k	柯	概				抗			确
h	何	海	好（坏）	含	寒	航	盒	渴	壳
z	做	再	租			装			作
c	（对）错	才	粗			仓			（交）错
s	扫	腮	苏			桑			朔
j	哟								
gw	过	（饭）盖				光			国
kw						狂			廓
w	窝	喂（！）				枉			（鱼）膜
Ø	奥	爱		暗	安	昂			恶

声韵	oe	oeng	oet	oek			eoi	eon	eot
b									
p									
m									
f									
d	朵	啄		啄			【对】	吨	柮
t	唾		6–1				【退】	盾	
l	糯	梁	6–2	掠			女	轮	律
g	锯	僵	6–3	脚			【据】		
k	6–4	强		却			【区】		
h	靴	乡		药			【去】		
z	6–5	张		着			追	津	卒
c		昌	6–6	桌			吹	春	出
s	6–7	伤	6–8	削			衰	询	摔
j	6–9	央		跃			锐	润	6–10
gw									
kw									
w									
Ø	6–11		6–12	约					

续上表

声韵	u	ui			un	ung		ut	uk
b		杯			本	泵		脖	卜
p		陪			拚	碰		泼	仆（低）
m		妹			门	蒙		末	木
f	夫	灰			欢	风		活	服
d		堆			端	东		夺	读
t		推			豚	通		脱	秃
l		雷			暖	龙		捋	六
g	孤					工			菊
k	箍					穷			曲
h	乌				圈	空		血	哭
z		最			纂	中		啜	祝
c		催			窜	冲			促
s		碎			酸	宋		雪	叔
j					冤	用			玉
gw		瘝			官			7-1	
kw		绘			拳			括	
w		煨			碗				
Ø						瓮			屋

声韵	yu	yun	yut	[ɐ]	[ɐm]	[ɐp]	m	ng
b				乒				
p								
m			嘛	8-1				
f								
d	端	夺		8-2				
t	团	脱						
l	联	捋	喇	8-3				
g	句	捐	橛	㗎	咁	敆		
k	距	权	决					
h	去	劝	血	8-4	焓			
z	猪	专	绝	咋				
c	处	穿	撮					
s	书	酸	雪					
j	于	冤	月					
gw				啩				
kw								
w								
Ø							唔	五

在表 2 - 4 中：

1 - 1 faak3，抽打、晃动，如"捉住支竹仔 faak3faak3 贡"。

1 - 2 表示清晰或液体很稀的"清 daang1daang1"。

1 - 3 表示麻烦、阻滞的"冷 kaang5"。

1 - 4 表示说话不顺畅的"laak1kaak1"，如"啲英语讲得 laak1laak1kaak1kaak1"。

1 - 5 jaap6，招手，招呼对方过来，又说"haap6"。

1 - 6 kwaak1，一个圈，如"一 kwaak1 钟"。

2 - 1 表示行为迟滞、臃肿的"瘘 bau6"。

2 - 2 "即刻"快速读时变成"zik1kak1"。

2 - 3 表示干涩的"干 jang1jang1"。

2 - 4 kwang3，触碰、阻碍，如"kwang3 手 kwang3 脚"。

2 - 5 a6，某些情况下的"十"，如"五十六"读作"五 a6 六"。

3 - 1 pe5，疲惫的样子，如"下半场个个都 pe5 嗮"。

3 - 2 表示鼻涕流个不停的"fet6fet6 鼻涕"。

3 - 3 tet1，趿拉，如"tet1tet1 鞋"。

3 - 4 lem5，舔。

3 - 5 get6，用胳膊夹住，如"get6 实个手袋"。

3 - 6 表示说话绕口、难听的"keu6leu1"。

3 - 7 表示灵验的"灵 keng3"。

3 - 8 表示地面湿漉漉的"湿 zet6zet6"。

3 - 9 表示很扁的样子的"扁 ci6cet6"。

3 - 10 sep3，楔、插入，如"sep3 好蚊帐脚"。

3 - 11 jeng5，依赖、推诿，如"啲工夫 jeng5 嗮畀家姐做"。

3 - 12 jek3，食油或含油食物变质变味。

3 - 13 癞 gwe1，一种皮肤病。

3 - 14 表示大声嚷嚷的"wi1we1 鬼叫"。

3 - 15 e6e1，二胡的俗称。

3 - 16 et6，挪、移动，如"et6 开啲张台"。

4 - 1 表示青翠的"青 bi1bi1"。

4 - 2 形容痛哭流涕或鼻涕流个不停的"fi6fi1fet6fet6"。

4 - 3 表示办法的"符 fit1"。

4 – 4 fik6，甩，如"fik6 开"。

4 – 5 kik1，头、脑袋。

4 – 6 表示大声嚷嚷的"gwi1gwet1 鬼叫"。

4 – 7 kwing6kwing1，月琴的俗称。

4 – 8 kwik1，点火，如"kwik1 火柴"。

4 – 9 见 3 – 13。

4 – 10 表示嘀咕的"i6i1am6am6"。

4 – 11 表示亲密、缠绵的"in1 韧"，也说"jin1 韧"。

6 – 1 表示滑脱脱的"滑 toet1toet1"。

6 – 2 表示滑溜溜的"滑 loet1loet1"。

6 – 3 儿语表示睡觉的"goet4goet4 猪"。

6 – 4 表示过于讲究繁文缛节的"koe1loe6"。

6 – 5 zoe1，以言语相逼。

6 – 6 形容快速的"coet6coet2 声"。

6 – 7 soe6，滑落，如"soe6 滑梯"。

6 – 8 soet2，快速的样子，如"soet2 落肚"，指像吃面条那样快速顺滑地吞下。

6 – 9 joe1，指责、言语相逼。

6 – 10 jeot1，折断。

6 – 11 oe6，表示应答、明白，如"oe6 咧"。

6 – 12 oet6，表示打嗝，如"啲嘢 oet6 翻上嚟"。

7 – 1 gwut1，吞下，如"gwut1 落肚"。

8 – 1 ［mɐm］，儿语的饭食，如"食 ［mɐm］［mɐm］"。

8 – 2 表示"酸溜溜"的"酸 ［tɐm］［tɐm］"。

8 – 3 形容快速的"［lɐm］［lɐm］声"。

8 – 4 表示热闹的"墟 ham6"，一般读作"墟 ［hɐm］"。

三、与广州话的区别

（一）字音

1. 声母

顺德话与广州话相比，除了缺少 n 和 ng 两个声母外，老派顺德话的一些声母也有所不同。

（1）广州话一些送气的声母，顺德话读作不送气或少送气。例如，"盆""棚"等，广州话为 p-，顺德话变为 b-；"田""藤"等，则是将广州话的 t-变为顺德话的 d-；"佢""盖"等，将广州话的 k-变为顺德话的 g-。又如"前""茶"是 c-变为 z-，"树""蚀"是 s-变为 c-，"煤""剩"是 s-变为 z-。但也有少数声母相反，变广州话的不送气为送气，如"郭""隙""解"等。

（2）部分广州话为 w-的字，顺德话读作 f-，如"胡""黄""会"等；但反过来，又有一些广州话为 f-的字，顺德话读作 w-，如"花""块""辉"等。

（3）部分广州话为 j-的字，顺德话读作 h-，如"已""完""贤"等。

此外，还有一些零星的不同，如"曲"读"哭"，"粪"读"喷"等。

2. 韵母

相对于声母，顺德话韵母与广州话的差别要复杂一些。

（1）广州话韵母为 aau、aam、aan、aap、aat 的字，顺德话或多或少都会有变化，分别变成 eu、em、en、ep、et，如"教""斩""盏""夹""八"。

（2）广州话韵母为 iu、im、in、ip、it、ik 的字，顺德话小部分会有变化，分别变成 eu、em、en、ep、et、ek，如"漂""嫌""片""楔""篾""只"。

（3）广州话韵腹为 a 的字，在顺德话变化较多，有变成韵腹为 e、o、aa 的，如"批"的 pai 改读 pei，"盒"的 hap 改读 hop，"踎"的 mau 变成 mou，"北"的 bak 变成 baak，等等。此外，个别字的韵腹 a 还会变为一个广州话没有的 [ɵ]，如"泵"的 bam 读作 [pɵm]。

（4）广州话韵母为 ei 的字，在顺德话较多地变成-i，如"记""其""希"。

（5）广州话韵母为 i 的字，在顺德话较多地变成-yu，如"子""次""丝"。

（6）半数广州话-ou 字顺德话读作-o，如"报""都""老"。

（7）小部分广州话-un、-ut 字在顺德话分别读作-on、-ot，如"搬"的 bun 变成 bon，"泼"的 put 变成 pot。

（8）广州话-yun、-yut 的字老派顺德话有的分别读作-un、-ut，如"端"的 dyun 变成 dun，"夺"的 dyut 变成 dut。

（9）广州话有部分-eoi 字在顺德话读作-yu 或-ui，如"去"的 heoi 变成 hyu，"碎"的 seoi 变成 sui。

此外，还有个别零星的变化，如广州话"腮"的 soi 顺德话读作 sui，"个"的 go 读作 goi，"糯"的 lo 读作 loe，等等。

3. 声调

以大良口音为准的顺德话与广州话相比，声调存在差异是其最明显的特征。单字字音声调最大的区别在于阳平声，广州话的调值是 11，顺德话是 33，与阴去声一样，因为调值 11 与 33 相差较大，这也成为顺德话最显著的特征；其次是阴上声，广州话的调值是 35，顺德话是 13，与阳上声相同。因此，在平上去声中，广州话有六种调值，顺德话只有四种。

但在实际语句中，顺德话字音变调的情况较多，平上去声共有八种调值，不仅涵盖了广州话所有的变化调值，而且有广州话没有的 44 调值；入声共有六种调值，也比广州话要丰富。

（二）词汇和语法

广州话的词汇顺德话基本上都可通行，但顺德话有些词汇广州人未必能听得懂。这些词汇中不少是带有乡土气息，与顺德原来农业社会的生产生活息息相关，广州作为以工商业为主的城市，很少用到这样的词汇，如"庆火"（萤火虫）、"地梛"（锄头）、"开基"（下农地）等。有些词汇可能有较长的历史，广州话以前也曾通行，但城市社会的发展变化比农村来得更快更猛烈，词汇不断更新换代而使一些旧的词语逐渐被遗忘，如"肴"（有肉类的菜）、"梯横"（活动的梯子）、"金塔"（放置尸骨的瓦罐）等。一些词汇是特定的时间产生在顺德特定的土壤中，离开顺德的环境就未必能生存，因而广州话未有将其吸收，如"围内人"（自己人）、"衰先"（率先碰壁）等。但总的而言，顺德话的词语与广州话相差不大，具有自己特色的词汇相对于浩瀚的广府方言词汇来说只占很小的比例。

语法方面，总体上顺德话与广州话几乎没有差别。

在实际语句中，反映出顺德话区别于广州话的，往往在于具有特定语法功能的一些词语。

（1）指示代词。远指指示代词广州话用"嗰"，顺德话用"阿"和"噜"；在指代名词时，顺德话经常使用"×嘅"（"嘅"读44调），如"个嘅"（这/那个）、"种嘅"（这/那种）；"盖"可看作指示处所的词，表示"这儿"或"那里"，但指示作用不是十分明显。

（2）动态助词。谓词完成体的标记广州话用"咗"，顺德话有用"咗"的，但经常用"heu1"；"开"在顺德话既是谓词始续体的标记，又是进行体的标记，而且是进行体的主要标记，广州话的进行体则以"紧"为主；"盖"可认为是表示谓词进行体或者持续体的助词，广州话没有这个助词。

（3）语气助词。顺德话有几个有别于广州话的语气助词，如"果""luk3""哩"等，反映句子的不同意义。

（4）否定词。用于句末的"无"、用于应答的"唔无"、用于谓词后面的"香"等都是广州话少用或不用的。

顺德话还会通过词语的字音变调反映一定的语法意义，与广州话相比，最明显的是表示完成体时大多通过动词高升变调来实现。如"加油喇"的"加"为 55 调值时，表示已经加油了，像广州话那样说"加咗油喇"的反而不多。

顺德话相比于广州话，名词性变调较为明显，合音变调的情况也多得多。一些合音变调的情况实际上隐含了某些具有特定语法功能的词语的省略。如上述"加油喇"的"加"因为省略了后面的完成体标记"heu1"才变为 55 调值。顺德话叠音词变调的形式较多，也有通过合音变调反映一定的语法意义的，如"睇*睇"是"睇一睇"的省略形式，第一个"睇"与"一"发生合音变调。句末字音调值的变化也有这种情况，如"我唔去喇，你自己去。"这句话句末的"去"发生高升变调，是因为省略了后面的"啦"。

（三）语调

顺德人与广州人相比，说话的腔调有所不同，话语中除了字音的声调固有的差别外，语句高低抑扬轻重快慢的配置和变化也有自己的风格。

顺德话有力、粗沉、充实，高低分明，干脆，不拖泥带水，给人的感觉就是发音较为短促，比较重而硬，带有"乡土"味。相对地说，广州话整体感觉比顺德话高一个调，尾音提高，将句子的节奏稍稍拉长，显得温柔、畅顺、平和，音韵起伏也比较自然悠扬，听起来会给人一种软糯的感觉。

一是字音的基本调值方面，顺德话的降调比广州话多而显著。顺德话第 1 声和第 6 声都是明显的降调，其中第 1 声的高降 53 调和高平 55 调区别十分明晰，所以更抑扬顿挫；广州话第 1 声高降调比较少，所以更平缓。即使是同样的高降调，如果广州话的调值是 53，顺德话对比起来可以说是 52 甚至 51（甘于恩对陈村话单字调上阴平标记为 51[①]），即降幅明显大于广州话，所以声音收得快，重、硬、直的感觉比较突出。顺德话虽然变调较多，但调值位于音高较高的区间，且基本调值只有四种；广州话则是六种调值高低起伏分明，因而旋律性较强。

---

① 甘于恩：《汉语南方方言探讨》，世界图书出版广东有限公司 2014 年版。

二是顺德人发音主要在于喉咙，较少依靠鼻腔，而且发音部位在喉咙较后处，也就是有点像"放开喉咙说话"，因而显得更洪亮，更豪放。广州人发音部位在喉咙较浅处，更多地在口腔的前部分用力，鼻腔作用有所体现（所以鼻音比顺德话要浓），因而发音相对绵长柔细，声音相对轻而浮（所以整体语调要提高一些，才能更好地发音），加上良好的旋律性，听起来像悠扬的歌曲。

三是顺德人面对的多是熟人，本乡本土的，不必过于客气，养成说话无拘无束、讲求效率、直肠直肚的习惯，重在信息直截了当的快速传达，因而话音显得平实、粗犷，通过大量的合音变调来减省音节。广州是个大都会，人们来自四面八方、不同阶层，交流的各方彼此都有所顾忌，因而比较客气、克制、谦让，养成说话和风细雨、斯文有礼的习惯，话音听起来就比较柔和，更舒服悦耳。

第二节　顺德话的分布

顺德话最显著的特征是阳平声的调值为 33，明显高于广州话的 11，其他声调与广州话差不多。人们一般以此特征为标志，判断南番顺地区哪里的口音属于顺德话。

一、域内分布

顺德全境范围内基本上都说顺德话。

大良的沙坑自然村村民的口音比较特别。沙坑村处在大良东端的五沙行政村。五沙原属中山县，大约 20 世纪 30 年代划归顺德，当地居民稀少。1953 年原南海县沙坑村因基本建设需要，部分村民被安置在五沙，形成新的自然村，仍名沙坑，因此该村的村民沿袭原来的口音，没有顺德话阳平声调值为 33 的特征。

原来顺德水域上的疍民很多，20 世纪 80 年代以后都上岸定居了。顺德的疍家话与顺德话差不多，也具有阳平声调值为 33 的特征。疍民上岸后与陆上居民杂居，现在的口音与当地话几乎无异。

其他户籍人口除了改革开放后零星迁移过来的，都是本土成长的居民，说的都是顺德话。

如果简单划分，顺德话可分为四个片区。

（一）中心片区

大致为顺德水道、李家沙水道、桂洲水道、东海水道和甘竹溪的闭合范围，包括大良、容桂、伦教、勒流四个街道和杏坛镇。其中大良、伦教和勒流共同组成第一联围，长期以来三地人民来往频繁，语言交融密切，形成以大良口音为标准的顺德话的主体部分。容桂街道虽然与第一联围之间有德胜河相隔，但容桂大片地区开发较晚，容奇又是顺德近代最重要的商埠，与大良关系紧密，因而口音与大良相近。杏坛镇与第一联围之间也有顺德支流阻隔，但该河道不甚宽阔，民众交往较多，声韵调相差不大，只是杏坛话保留较多的"土味"。

（二）北部片区

为顺德水道以北的北滘、陈村、乐从三镇。历史上此三地的行政区有分有合，相互间交往较多，其中陈村镇区原为顺德的重要商埠，其语音对附近地区有一定的影响。这片区域邻近番禺、南海、禅城，或多或少都有一些与大良话有所不同的语音特点：

（1）广州话不送气的声母变为送气的情况较多，如"挂"读 kwaa，"拣"读 ken，表示怎么样的"点"读 ting 等。

（2）一些广州话读 f-的字，变为读 p-，如"发"读 paat，"粉"读 pan 等。

（3）部分广州话读-eng、-ek 的字，变为以 i 为介音，如"病"读 bieng，"尺"读 ciek 等。

（4）广州话和大良话都读-ei 的字，变为读-i，如"四"读 si，"非"读 fi，"皮"读 bi，"企"读 ki 等。

（5）一些地方以 e 为韵腹的字较多，如"湾"读 wen，"鸭"读 ep，"鸽"读 gep，"盒"读 hep。

（6）部分广州话读-i 而大良话读-yu 的字，按广州话的韵母读，如"资""赐""丝"等。

（7）部分大良话读-o 的字韵母发生变化，如把"坐"读作 coe，把"锄"读作 zoe，把"高"读作 gu 等。

（三）龙江片区

处在顺德西部，为南顺桑园围顺德范围，与南海南部地区九江、西樵接壤，部分语音与此两地相似。与大良话相比，龙江话语音的主要特点为：

（1）广州话的 t-字，基本上都读作 h-，如"铁"读 hit，"贪"读 haam，"塔"读 haap。

（2）广州话的 k-字，部分读作 h-，最明显的是"佢"读作 hyu。

（3）广州话和大良话都读-ei 的字，多读作-ai，如"碑"读 bai，"未"读 mai，"肥"读 fai。

（4）广州话以 a 为韵腹的字，较多地变为以 aa 为韵腹，如"仔"的广州话读 zai，龙江话读 zaai；"走"的广州话读 zau，龙江话读 zaau。

（5）第 2 声阴上声的调值为 35，与大良话明显不同。

龙江片区分为龙江、龙山、里海三个片区，各自的话音也有不同之处。

（四）均安片区

处在顺德南部，位于东海水道以南，与中山和江门蓬江接壤。与大良话相比，均安话语音的主要特点为：

（1）部分大良话读 f-的字，读作 h-，如"慌"读 hong。

（2）大良话以 o 为韵腹的字，较多地改为以 aa 为韵腹，如"我""个""盖"的韵母大良话是-oi，均安话读-aai；"宝""刀""老"大良话读-o，均安话读作-aau；"安""干"大良话读-on，均安话读-aan；"割""渴"大良话读-ot，均安话读作-aat。

（3）部分广州话读-o 的字，读作-u，如"火"读 fu，"过"读 gwu。

（4）第 2 声阴上声的调值为 35。

二、域外分布

以顺德为中心，与顺德接壤的周边地区基本上都说顺德话。

靠近顺德东部的主要是番禺钟村、南沙大岗等地，这些地方的口音与顺德话几乎一样。南沙原属番禺，其方言在《番禺县志》中有记述。该志介绍番禺县粤方言大致可分为五个片：市桥片、沙湾片、沙田片、黄阁片和南沙片。沙湾片包括沙湾、沙头、钟村、潭洲等镇；沙田片包括榄核、灵山、大岗、鱼窝头、东涌、横沥等镇，还包括沿着珠江及沙湾水道旁边的一些沙田地带。这两片的语音差别不大，平上去声的六种调值除阳平声外都与广州话基本一样，阳平声的调值都是 42。市桥片包括市桥、大石、南村、新造、化龙、石楼、石基等地的民田地区，语音最接近广州话，只是阳平声的调值为 31。

与顺德的南部相邻的主要是中山和江门蓬江，这些地方的口音与顺德话也几乎无异。据 2018 年《中山方言志》，中山操粤方言者约 96 万人，其中带顺德腔的 53 万人，讲水上话的 19.2 万人。顺德腔主要分布在中山北部，也就是与顺德接壤的大片地区，包括小榄、东凤、黄圃、南头、阜沙、东升、港口、沙朗、横栏等地，阳平与阴去的调值同为 32；水上话与顺德腔"最为相似"，主要分布在珠江口和磨刀门，阳平与阴去的调值同为 33。蓬江荷塘与顺德均安历来关系密切，两地的方音差不多。

顺德的西部和北部周边主要是南海和禅城。据《南海县志》，南海方言可分为桂城片、大沥片、官窑片、沙头片和九江片共五个片。最大的是桂城片，含桂城、小塘、金沙、丹灶、西樵等地，最小的是沙头片，这两片的平上去声六种调值除阳平声外都与广州话一样，阳平声的调值桂城片是 42，沙头片是 44。大沥片毗邻广州，调值与广州话一样，但平洲话的阳平声调值为 42。禅城的南庄本属南海，其方音在《南海县志》划归桂城片和沙头片。禅城的其他区域原来也属于南海，对比《佛山市方言志》和《南海县志》，音系与桂城片一样，阳平声的调值也是 42。

《顺德县志》描述顺德话阳平声的调值也是 42，阴去声则是 32。调值 42 和 32 其实差不多，对比广州话，描述为 33 调似乎更合适（详见本书第五章）。由此可见，上述所列各地的方音，除市桥话外，阳平声都差不多，为中平或略带降调，且与阴去声相差无几，基本符合顺德话的声调特征；市桥话阳平声为 31 调，可以说是顺德话与广州话之间的过渡。

高要、佛冈的一些地方，以及某些区域的水上话也有类似顺德话的声调特征。

此外，顺德拥有 50 多万华侨华人和港澳台乡亲，其中华侨华人分布在 50 多个国家。海外乡亲彼此之间的交流大多保持用顺德话，特别是毛里求斯、留尼汪、马达加斯加等地，乡亲人数众多，在当地形成顺德话的"方言岛"。

第三章　顺德话和广州话的声母差异

我们知道，广州话有 19 个声母（如果包括零声母则是 20 个），根据粤拼标音系统，按发音部位和发音方法排列如表 3 - 1 所示。顺德话的声母与广州话相比，大多数是相同的，但也有个别情况具有自己的特色。

表 3 - 1　广州话声母表

发音部位	塞音		塞擦音		擦音	鼻音	边音	半元音
	不送气	送气	不送气	送气				
双唇音	b 巴 /p/	p 趴 /pʰ/				m 妈 /m/		w 娃 /w/
唇齿音					f 花 /f/			
舌尖音	d 打 /t/	t 他 /tʰ/				n 娜 /n/	l 喇 /l/	
舌叶音			z 渣 /ts/	c 差 /tsʰ/	s 沙 /s/			
舌面音								j 也 /j/
舌根音	g 家 /k/	k 卡 /kʰ/				ng 雅 /ŋ/		
圆唇舌根音	gw 瓜 /kʷ/	kw 夸 /kʷʰ/						
喉音					h 哈 /h/			

本章以广州话声母为基准，只讨论顺德话与广州话声母不同的地方，对声母相同之处以及韵母、声调问题不作论述，标注读音时也不添加调值符号。文中所谓的"变"，只是指与广州话相异之处，并非是指在广州话基础上后来发生的变化。

第一节　送气和不送气

一、变送气为不送气或少送气

麻子脸，广州话称为"豆皮"。对长着麻子脸的妇女，广州话称之为"豆皮婆"，顺德话也一样，但听起来却像是"逗痹播"，那就是"皮""婆"二字的声母从送气的 p-改为不送气的 b-，变成"痹""播"。

相对于广州话，顺德话声母这种变送气为不送气的情况，有下列几种：

（1）塞音 p-变为 b-，t-变为 d-，k-变为 g-；

（2）塞擦音 c-变为 z-；

（3）擦音本来是无所谓送气或不送气的，但擦音 s-所领的有些字顺德话就是要给它"塞"一下，变成送气相对少一点的塞擦音 c-，甚至不送气的塞擦音 z-。

以上情况虽然不是普遍存在，如 k-变为 g-的字数很少，但 p-变为 b-、t-变为 d-和 c-变为 z-都各有不少字。如下列例句中加点的字：

＜1＞佢天棚个篷跌*落嚟砸烂我哋哟的花盆，要佢赔先得。（他阳台上的雨篷掉下来砸烂我们的花盆，必须找他赔偿。）

＜2＞你揾*条一尺长度嘅绳嚟，绑住个茶壶盖同埋茶壶耳。（你找一条一尺左右的绳子来，把茶壶的盖子和把手绑在一起。）

＜3＞扒龙船饮剩阿埕酒挤*喺台底嚟，我未曾摸过。（划龙舟时没喝完的那瓮酒放在桌子下面，我没有动过它。）

又如下列一些词语，顺德话的读音是相同的：

扒头—霸斗　　钩塘—勾当　　鱼肠—鱼酱　　搭油—榨油

瓦埕—雅正　　电船—电钻

广州话的"呢筒白糖饼甜过头添"，顺德话就变成：

＜4＞呢冻白档饼店过*斗添。（这筒白糖饼太过甜了）

句＜4＞中带波浪线的"冻""档""店""斗"实际上分别是"筒""糖""甜""头"。

不过，同是塞音的 kw-则没有变为不送气的 gw-的情况。

表3-2列出顺德话相对于广州话而言变送气为不送气或少送气的一些常用字。

表3-2 广州话送气顺德话不送气或少送气的一些常用字

声母变化		例 字				
广州话	顺德话					
p	b	（下）巴	平（价）	牌（照）	赔（偿）	（雨）篷
		（算）盘	扒（艇）	棚（架）	频婆（树）	（两公）婆
		（猄）皮	菩（萨）	蒲（头）	刨（瓜）	（花）盆
		（近）排				
t	d	（鱼）塘	抬（轿）	头（痛）	糖（水）	（酸酸）甜甜
		（神）台	填（氹）	茼（蒿）	砣（衰家）	（一）条（鱼）
		（黄）铜	同（埋）	藤（椅）	桐（油）	（吹火）筒
		（禾）田	肚（饿）	调（味）		
k	g	（蟹）钳	岂（然）	佢（哋）	㴶（干水）	（菠萝）盖
		（大）概				
c	z	（好）似	柿（饼）	缠（住）	寝（室）	（一丈）长
		（饮）茶	裁（衫）	柴（火）	搽（药膏）	（鼻涕）虫
		（酒）埕	床（底）	墙（边）	肠（胃）	（一朕）嘈
		（未）曾	前（去）	蚕（房）	噪（闭止）	（一小）撮
		（银）钱	锄（头）			
s	c	（大）树	蚀（本）	噬（气）	蛇（餐馆）	（七八）成
		（锁）匙	崇（高）			
s	z	（找）赎	剩（饭）	煤（熟）	船（尾）	（红头）绳
		（口）唇				

注：表中"下巴"的"巴"广州话为pa，顺德话为ba；"蚀本"的"蚀"广州话读sit，顺德话读cit；"菩萨"的"菩"广州话读pou，顺德话为bui；"蟹钳"的"钳"顺德话读gom。"盘""刨""蚕""噪""柿""煤"等字的韵母也与广州话有异。

二、变不送气为送气

相对于广州话，顺德话也有声母变不送气为送气的，但例子并不多，主要有以下几种情况：

（1）塞音的gw-变为送气的kw-，如滚（珠）、郭（姓）、（空）隙、挂（衣服）、（马）褂；

（2）塞音 g-变为 k-，主要表现在普通话 j 声母的字，如（大）件、拣（择）、旧（年）、（一）嘠、减（去）、见（面）、降（落）、解（开）；

（3）零星口语词汇，如等（埋）、变（样）、挤（辫）。

例如下列句中加点的字：

<5>整整下变*佢嘅，见*人面都唔打招呼。（渐渐地像他那样，碰着熟人也不会打个招呼。）

句中"变"读 pin，"见"读 ken。

<6>等我睇*睇旧年你休过几日息。（让我看看去年你休息过多少天。）

句中"等"读 tang，但在"等级""等量"等词语中声母不变；"旧"读 kau，但在"新旧""旧历"等词语中声母依然为 g。

显然，顺德话声母变不送气为送气的情况大体与变送气为不送气的情况相对立：一是只有 gw-变为 kw-，没有 kw-变为 gw-；二是 g-变为 k-的较多，k-变为 g-的较少。

将上述例字和表 3－2 所列例字的声调稍作分类，分析统计出各声调的字数如表3－3。

表3－3　本节前述例字各声调的分布情况

声调		阴平	阴上	阴去	阳平	阳上	阳去	阴入	中入	阳入
字数	广州话不送气→顺德话送气	0	5	5	0	0	3	1	1	0
	广州话送气→顺德话不送气	2	2	3	54	3	7	0	0	2

该表虽然不能涵盖所有顺德话送气变化的字的数量，但也可以在一定的程度上反映出以下几个特点：

（1）广州话阳平声由于没有不送气的字，也就没有顺德话变不送气为送气的情况；相反，这个声调广州话送气而顺德话不送气的字最多，占了声母送气变化情况的绝大多数。

（2）广州话送气而顺德话不送气的情况多出现在阳声调类；反过来，广州话不送气而顺德话送气的情况多出现在阴声调类。

（3）没有哪种声调顺德话和广州话的声母在送气和不送气方面完全保持一致，即或多或少都有彼送气此不送气的情况。

当然，一些字音顺德话也是送气和不送气两可的，如"蛇""肚""减""见"

等。但即使是广州话，也有这种情况，如"剩"，有读 sing 的，也有读 zing 的；又如"馈"，有读 gwai 的，也有读 kwai 甚至 kwui 的。

学界普遍认为，广府方言大体遵循古全浊声母平声字转为送气清音，仄声字转为不送气清音的规律。李新魁认为"以平上和去入声为分界，前者（阳平、阳上字）变为送气清音"[①]。顺德话的规律性没有那么明显，或许是正处于这种变化过程中的反映。

第二节 声母 w-f 和声母 j-h

一、w-与 f-的变换

黄花湖是佛冈县的一处温泉旅游度假区，四周青山若黛，松林修篁，景色迷人。不过，在老一辈顺德人的口中，"黄花湖"读成"防哇符"，很容易让人联想到"天皇皇，地皇皇，我家有个夜啼郎，过路君子念三遍，一觉睡到大天光"那种祈望能平复婴幼儿半夜啼哭的招贴。

f-和 w-的发音部位相似，f-是唇齿音，w-是双唇音。广州话中一些声母是 f 的字，用老派顺德话来说声母变成 w，典型的字像"花"，广州话的发音为 faa，但顺德话的发音是 waa。但部分字刚好相反，广州话的声母是 w，顺德话的声母却变成 f。例如下列句子中带波浪线的字：

<7>咪嬲啦，至多我哋侵埋你反嘞。（别再生气了，我们请你一起玩就是。）

在这里，"玩"字的顺德音变成"反"。同理，"黄""湖"二字变成"防"和"符"，如例句<8>：

<8>上个礼拜六我哋去防哇符度假村反，不知几开心。（上一个星期六我们去黄花湖度假村玩，多么的开心。）

广州话 f 声母的常用字超过 150 个，绝大多数在顺德话都还是 f 声母的，改为 w 声母的只有十多个。广州话 w 声母的字稍少，顺德话还是 w 声母的也占多数，但改为 f 声母的也不少。

---

① 李新魁：《广东的方言》，广东人民出版社 1994 年版，第 83 页。

这种情况的字对应的普通话主要是声母 $h+u$-和声母 $k+u$-所领的字，还有个别是以 w 和 h 等为声母的字，如表 3-4 所示。

表 3-4 广州话和顺德话的 f-和 w-常用字与普通话 hu-或 ku-的联系

序号	普通话		广州话 f-		广州话 w-	
	hu-	ku-	顺德话 w-	顺德话 f-	顺德话 w-	顺德话 f-
1	hu		忽	乎 呼 虎 唬 琥 戽	核（口语）	胡 湖 糊 蝴 葫 瑚 户 护 沪 互 壶 狐 弧 浒 扈
2		ku	窟	库 裤 苦 枯	掯	
3			hua	花 化	话 华 桦 哗 骅 划 画 滑	
4	huai				怀 坏 淮 槐	徊
5		kuai	快 块 筷			
6	huan			欢 獾	环 还 患 幻 寰 嬛 宦 鬟 皖 浣 桓 豢	换 焕 唤 涣 奂 痪 缓
7		kuan		款 宽 髋		
8	huang			荒 慌 谎 肓 晃 幌 恍		黄 簧 璜 磺 潢 癀 皇 惶 遑 煌 凰 蝗 篁 徨 隍
9	hui		辉 挥 晖 徽	灰 恢 诙 悔 海	惠 卉 毁 慧 蕙 讳 秽	会 荟 烩 汇 回 茴 蛔 洄
10		kui		魁 奎		
11	hun		昏 婚 涽 荤		混 馄 魂 浑 珲 诨	
12	huo			火 伙 货 霍		活 获 祸 镬
13		kuo		阔		

从表中我们可以看到例字的读音有几个特点：

（1）广州话与"呼"或"忽"同韵的字（第 1~2 行），声母有 f 和 w 之分，但顺德话"呼"韵字都是 f 声母，"忽"韵字都是 w 声母。

（2）广州话与"花"或"快"同韵的字（第 3~5 行），声母有 f 和 w 之分，但顺德话都是 w 声母。

（3）在普通话 *huan* 和 *kuan* 的字（第 6～7 行）中，广州话与"宽"同韵的字，声母有 f 和 w 之分，但顺德话除少数字如"桓""浣"外，都是 f 声母；广州话与"环"同韵的字，顺德话与广州话一样都是 w 声母。

（4）在普通话 *huang* 的字（第 8 行）中，广州话的声母有 f 和 w 之分，但顺德话都是 f 声母。

（5）在第 9～11 行及第 4 行，广州话与"辉"或"昏"同韵的字，声母有 f 和 w 之分，但顺德话都是 w 声母；广州话与"灰"同韵的字，声母有 f 和 w 之分，但顺德话都是 f 声母。

（6）在普通话 *huo* 和 *kuo* 的字（第 12～13 行）中，广州话的声母有 f 和 w 之分，但顺德话都是 f 声母。

此外，还有几种情况广州话和顺德话的声母 f 和 w 是相异的。一是普通话 *w* 声母的字在广州话没有以 f 作声母，但在顺德话却有"玩""王""往""旺"等几个字以 f 作声母，如例 <7> 和 <8> 的"玩"与"反"同音。二是"和""禾"的声母普通话是 *h*，广州话是 w，而顺德话是 f。三是"熏"的声母普通话是 *x*，广州话是 f，而顺德话是 w，这也是别具一格的。

上述广州话和顺德话的声母 f 和 w 相异的字从声调的角度看，在广州话中，除极少的几个字外，属阴调（第 1～3 声、第 7～8 声）的字都是 f 声母，属阳调（第 4～6 声、第 9 声）的字都是 w 声母，但顺德话没有这样的区分。例如下面几组词语顺德话在读音上会产生混淆：

养护—养父　　　玩水—反水　　　化工—华工　　　花地—洼地

挥舞—威武　　　婚书—温书

广州话因为声母与声调的配合，一般就不会出现这种听起来容易误会的情况。

二、j-变 h-

在粤拼方案中，声母 j 相当于汉语拼音方案的 *y*，对应的国际音标为 /j/。

广州话 j 声母的常用字共有 300 多个，其中大约三成的字被老一辈的顺德人念作 h 声母。例如下面句子中带波浪线的字：

<9> 你欠呢个哇犬向光唔够咩?（你嫌这个花园的阳光不足吗?）

句中的"欠"实际上是顺德话"嫌"的发音，"哇犬"即是"花园"，"向"即是"阳"。

<10> 我哋啱啱喺大犬礼堂睇劝管献乐表显翻嚟。（我们刚刚从大院礼堂看完管弦乐表演回来。）

句中的"犬""劝""献""显"分别是"院""完""弦""演"的顺德话同音字。

这些声母变化的字中，与"原""余"同韵的字最多，与"药""羊"同韵的字也不少，广州话读起来都好像有 yu 的身影，这几个韵母的字占了六七成。其他韵母的字相对少一些，与"音""因""翁""丘""沃""一""泣""锐""润""热""也"同韵的字几乎没有声母变化的情形。现把广州话是 j 声母而顺德话为 h 声母的常用字举例如表3-5。

表3-5　广州话读 j-而顺德话读 h-的常用字举例

顺德话韵母 （粤拼）	例　字	普通话声母 （汉语拼音）
yun	原 院 园 圆 沿 缘 猿 袁 员 远 援	y
	县 悬 玄	x
	丸 完	w
	铅	q
yu	余 榆 渝 愉 俞 娱 虞 豫 庾 舆 羽 盂 雨 与 语 屿 宇 誉 驭 裕 预 御 谕 喻 癒 愈 逾 吁	y
	蠕 濡 蕠 孺 儒	r
oek	药 曰 悦 粤 越 钥 阅	y
	若	r
	虐 疟	n
	穴	x
oeng	样 疡 阳 羊 洋 扬 杨 仰 氧 痒 养	y
in	延 筵 演	y
	贤 弦 现 苋	x
im	盐 芫 炎 彦 焰 艳 验	y
	嫌	x
iu	舀 夭 尧 鹞 耀 遥 窑 姚 谣 瑶 曜	y

续上表

顺德话韵母 （粤拼）	例　字	普通话声母 （汉语拼音）
e	椰 爷 冶 野 夜	y
	惹	r
ip	业 叶 页	y
i	移 怡 姨 夷 贻 胰 以 已 异 易	y
ik	翼	y
ing	蝇 楹 萤	y
eng	赢	y

广州话 j 声母的字普通话以 y 为多，r 和 x 声母次之。从表 3 – 5 可以看到，广州话 j 声母而顺德话为 h 声母的常用字，依然遵循这样的规律。普通话 y-和 r-的字基本上在广州话中不读 h-，但普通话 x-的字约有 40% 广州话读作 h-，比例甚至高于读作 s-，可见普通话 x-的这些字顺德话读 h-是有一定的语音发展历史渊源的。

在声调上，除了少数几个字外，基本上都是阳声调。例如，"姨"字在广州话和顺德话都有两个声调。一是表示亲属关系时，除了称呼母亲的妹妹、表妹外，用阳平声即第 4 声，如"姨妈""姨婆""姨表""姨甥"等，这种情况下顺德话的"姨"改为 h 声母。二是称呼母亲的妹妹、表妹或不特定的长辈女性时所用的"姨仔""阿姨"等词语，无论顺德话还是广州话，"姨"字发音都一样，用阴平声即第 1 声，以 j 为声母。

表中还有一个特别的情形，就是"粤""越""阅""钥""悦""穴"等广州话韵母为 yut 的字，老派顺德话不但是声母改为 h，而且韵母也改为 oek，所以这几个字不只是简单地读作"血"的第 6 声，而是与"药""曰""若"同音。

还有个别广州话 j 声母的字老派顺德话读作零声母，如"大约"的"约"读作 oek3，表示亲密、缠绵的"蔫韧"读作 in1an6。这种现象其实广州话也有，比如"韧"在广州话口语里也读 an6，意为瓜果菜类种子的"仁"，无论广州话还是顺德话，口语也是 an4。

第三节　鼻音声母及其他

一、n-和 ng-鼻音成分的消变

广州话鼻音声母有 m、n 和 ng 三个，发音部位相距较大。古老的顺德话本来也是有这三个鼻音声母的，但后来除了 m-之外，n-和 ng-的鼻音成分都逐渐消变了。

（一）声母 n 和 l

广州话大体上与普通话差不多，比如"男""女"是鼻音 n 声母，"篮""垒"是边音 l 声母。顺德话本来也是两个声母有区别的，但逐渐归并到 l 声母。例如：

男男女女——男篮女垒——褴褴褛褛

这三个词语广州话的发音是有所不同的，但现在从顺德人的口中听起来都一样。如句<11>带点的"男篮"和"女垒"：

<11>呢度男男女女都钟意运动，男篮同女垒两支球队仲好出名添。（这里不论男女都喜欢运动，男篮和女垒两支球队还挺有名气的。）

正因如此，顺德人在某些词语上会出现歧义情况，需要另外解释。例如：

<12>吕老师唔系女老师，蓝医生唔系男医生。（吕老师不是女老师，蓝医生不是男医生。）

又如老人家聊起儿孙，如果听到人家说："琴日张姨得*个女孙。"就会问究竟是与男孙相对的女孙，还是与外孙相对的里孙，因为一般人的口中"女"和"里"同音。

声母 n 和 l 都是舌尖音，发音部位相同，发 l-音时调动的器官要少些，相对容易一些，因而 n-容易为 l-所替代而逐渐脱落。这种情况即使在广州及顺德周边地区也成为趋势。

（二）声母 ng 和零声母

"牙""毅""岩"等字原是 ng 声母，即是带舌根鼻音的声母，但在顺德如今绝大

多数人直接发韵母音而成为无声母音的零声母现象，如将"牙（ngaa）"读作"亚（aa）"。

广州话下面几组字前者声母是 ng，后者则是零声母，在许多词典里有明显的区分：

蚁—矮　　岸—按　　捱—挨　　勾—欧　　咬—拗　　恶—鄂

一般而言，广州话零声母的字为阴声调（第 1～3 声、第 7～8 声），ng 声母的字为阳声调（第 4～6 声、第 9 声）；但也有例外，如上面的"勾"和"欧"都是阴平声，却是不同的声母。如果要用中古影母字和疑母字来区分零声母和 ng 声母，恐怕只有语言专业的人才能做得到。对于普通人来说，只要沟通不存在障碍，零声母和 ng 声母就没有刻意区分的必要，因为二者的分别其实不是很明显。随意地用广州话和顺德话分别读一读下面两句话：

< 13 > 案上恶鸦殴野鸭，屋里黄莺暗悲哀。

< 14 > 巍峨卧牛岗，崖上雁鹅壮，傲然向山岳，我额高高昂。

显然，例 < 13 > 广州话和顺德话的区别不大；例 < 14 > 用广州话读时，鼻音感觉较重，用顺德话读则鼻音感觉较轻。读音过程中可以体会到，带点的字声调较高的使用鼻音发音不如直接按韵母发音那么省力，声调较低的借助鼻音发音更方便。例 < 13 > 带点的字属于调值较高的阴声调，不用鼻音就能很好地发音；例 < 14 > 带点的字属于调值较低的阳声调，自然就会使用鼻音，ng 声母起了作用。但在顺德话，阳声调的调值普遍比广州话要高，故上面句子除了调值较低的阳去声字"卧""雁""傲"外，其他 ng 声母的字都难以感觉鼻音。

类似于声母 n，由于不用鼻音发音更为省力，除了调值很低的字外，顺德人干脆弃用声母 ng 而以零声母代替。这种现象同样在广府地区逐渐蔓延，即使在使用标准广州话的广州、香港地区，许多年轻人凭着感觉说话，不会太在意是否使用鼻音发音。

至于声母 m，属于双唇鼻音，发音器官的动作比较特别，自然而然地发出鼻音，没有更简单的方法能发出类似的音，所以这个声母没有发生鼻音消变的现象。

鉴于此，下文涉及声母 n 和 l，以及声母 ng 和零声母的顺德话例字一般不作区分。事实上，对于某个字是 ng 声母还是零声母，有些学者也会给出不同的答案。饶秉才等的《广州话方言词典》认为大多数是 ng 声母，收录的零声母较少，如"捱"和"挨"、"牛"和"呕"都列为 ng 声母。可见，二者之间确实有时难以区分得很清晰。

二、从 kw-到 h-再到 f-

有学者指出，粤方言生活用字的声母有 kw→h→f 的演变历史。陈伯辉、吴伟雄在《生活粤语本字趣谈》一书中认为，"瞓"的本字是"困"，"眼瞓"就是"眼困"，"困"的声母是 kw，后来转化为 h，再变为 f。

广州话的"瞓"读 fan，顺德话则读 han。如此说来，顺德话的 han 要比广州话的 fan 历史更悠久。事实上，即使是广州人，在日常交流中如今仍然有说 han 的。至于用"瞓"来表示睡觉、躺下的动作，估计是后来词性变化所致。

类似的字还有"况"，普通话是声母 $k+u$-，广州话声母是 f，顺德话至今还有 kw-（旷）、h-（炕）和 f-（放）三种不同的声母（也有人读作 k 声母的"抗"，那是 kw 声母懒音现象，这里不作讨论）。

另外，有几个在顺德大多地方为 f 声母的字，在均安一些地方却是 h 声母的，如下列带波浪线的字：

皇帝：杭帝（均安话）—防帝（顺德话）

慌忙：康忙（均安话）—方忙（顺德话）

虽然"皇""慌"普通话的读音不是声母 $k+u$-而是近似的声母 $h+u$-，但这或许也是声母 kw→h→f 演变的痕迹。

三、其　他

与广州话相比，顺德话还有一些零星的声母比较特别，但普遍性不大。

（一）k-变 h-

例如"曲""麯"，在老派顺德话又有读作"哭"，但现在很少有。举例如下：

作曲—作哭　　头麯—斗哭

又如在龙江一些地方，把第三人称的"佢"读作"去"，"佢哋"读作"去哋"。

（二）f-变p-

例如把"粪"读作"喷"，最典型的是如今仍然十分流行的俗语"倒喷咁早"，其中的"喷"实为"粪"的发音。以前在城镇，环卫工人天未亮就穿街过巷把各家各户屎塔里的粪便倒进粪车或粪桶，以便民众清洁完后再上班，所以"倒粪咁早"就是指一大早。例如：

<15> 我倒喷咁早就行嚟排队，点知道原来有咁多人仲早过我。（我一大早就来排队，哪知道原来有那么多人比我还要早到。）

同样，"撞 *喷"是指撞着粪便，与"撞 *鬼"的意思相同，现在还有不少人这样说来表示倒霉。

此外，"一幅布""一幅墙"的"幅"读作puk1，"覆"在"覆满灰尘"中也读作puk1，但在"覆盖""翻覆"等词中仍以f为声母。例如顺德春节传统食品的糯米油角又称"粉角"，有些人就读作"牝角"。

广州话声母是f的字，在口语表达时变成以p为声母的情况，在乐从等一些地方有较多的表现，如"分""粉""发""飞""蜂""饭""佛"等。例如，老一辈把"分猪肉"说成"pan1 猪肉"，"佛山"说成是"pat6 山"，"食饭"变成"食 paan6"。

（三）t-变h-

顺德西部部分地区，如龙山片区，不少广州话t声母的字读作h声母，最典型的是五金店的"铜煲锑镡铁水桶"。例如：

铜煲—红波　　铁水桶—歇水孔　　头痛—喉红　　田鸡汤—献鸡糠

表示后退的"褪"，广州话读tan，龙山话读作hen，与表示睡觉的"痕"同音。比较下面两句话，"痕嚟痕去"意义完全不同：

<16> 你坐定啲好无啫，痕嚟痕去。（你坐好一点行吗，挪来挪去真讨厌。）

<17> 成晚慌失失，痕嚟痕去都痕唔着。（整个晚上慌慌张张的，睡来睡去都睡不着。）

除了上述三种情况外，还有个别地方存在声母变化的特例，如前所述，大良话部分f-的字均安有些地方读作h-，如"旺"读"项"，"慌"读"康"等。

第四章 顺德话和广州话的韵母差异

一般认为，广州话有 56 个韵母（个别有音无字的不算），按粤拼标音系统，不同的韵腹和韵尾排列如表 4-1 所示。顺德话的韵母与广州话相比，大多数没有变化，但也有一些地方，主要是韵腹方面有所不同。

表 4-1 广州话韵母表

单元音	复元音		鼻尾韵			塞尾韵		
	i	u	m	n	ng	p	t	k
aa 沙 /a/[a:]	aai 徙 /ai/[a:i]	aau 梢 /au/[a:u]	aam 三 /am/[a:m]	aan 山 /an/[a:n]	aang 撑 /aŋ/[a:ŋ]	aap 圾 /ap/[a:p̚]	aat 杀 /at/[a:t̚]	aak 百 /ak/[a:k̚]
	ai 西 /ɐi/[ɐi]	au 收 /ɐu/[ɐu]	am 心 /ɐm/[ɐm]	an 新 /ɐn/[ɐn]	ang 生 /ɐŋ/[ɐŋ]	ap 湿 /ɐp/[ɐp̚]	at 失 /ɐt/[ɐt̚]	ak 塞 /ɐk/[ɐk̚]
e 些 /ɛ/[ɛ:]	ei 四 /ei/[ei]	eu 掉 /ɛu/[ɛ:u]	em 舐 /ɛm/[ɛ:m]		eng 靓 /ɛŋ/[ɛ:ŋ]	ep 夹 /ɛp/[ɛ:p̚]		ek 石 /ɛk/[ɛ:k̚]
i 诗 /i/[i:]		iu 消 /iu/[i:u]	im 闪 /im/[i:m]	in 先 /in/[i:n]	ing 星 /eŋ/[ɪŋ]	ip 摄 /ip/[i:p̚]	it 泄 /it/[i:t̚]	ik 色 /ek/[ɪk̚]
o 歌 /ɔ/[ɔ:]	oi 该 /ɔi/[ɔ:i]	ou 高 /ou/[o:u]		on 干 /ɔn/[ɔ:n]	ong 刚 /ɔŋ/[ɔ:ŋ]		ot 葛 /ɔt/[ɔ:t̚]	ok 角 /ɔk/[ɔ:k̚]
oe 锯 /œ/[œ:]					oeng 姜 /œŋ/[œ:ŋ]			oek 脚 /œk/[œ:k̚]
	eoi 需 /ɵy/[ɵy]			eon 询 /ɵn/[ɵn]			eot 摔 /ɵt/[ɵt̚]	
u 夫 /u/[u:]	ui 灰 /ui/[u:i]			un 欢 /un/[u:n]	ung 风 /oŋ/[ʊŋ]		ut 阔 /ut/[u:t̚]	uk 福 /ok/[ʊk̚]
yu 书 /y/[y:]				yun 孙 /yn/[y:n]			yut 雪 /yt/[y:t̚]	
			m 唔 /m̩/[m̩]		ng 五 /ŋ̍/[ŋ̍]			

本章以广州话韵母为基准，讨论顺德话韵母和广州话的差异问题，对声调不作展开。文中所谓的"变"，只是指不同于广州话之处，并非指在广州话基础上后来发生的变化。

第一节　aa 和 a 系韵母

在粤拼系统中，aa 对应的国际音标是［aː］，a 对应的是［ɐ］，二者音位有所不同，最大的区别在于长短音之分。

一、韵腹 aa 变 e

广州话各元音的韵母系列中，aa（/a/）系韵母最齐全，-i、-u、-n、-m、-ng、-p、-t、-k 八个韵尾都有。除了-i、-ng 和-k 韵尾外，其他五个韵尾的韵母在顺德话都有韵腹 aa（/a/）变为 e（/ɛ/）的字例。这是顺德话很典型的韵母特征，1856 年卫三畏《英华分韵撮要》就有记载。

（1）广州话韵母是 aau（/au/）的字，顺德话大多数都是 eu（/ɛu/）韵母。如"爆""抛""猫""捞""罩""炒""筲""交""敲""拗"等，尤其是生活用字。一些不太常用的字或者主要用于文章的字，依然以/au/为韵母，如"豹""鲍""牡""校""胞""酵"，可能在以前的日常用语中较少出现。例如：

　＜1＞你唔使考我，按步骤梗系刨平块木先至装铰㗎啦。（你不用考我，按步骤当然是先把木块刨平再安装合页的。）

顺德人在说这句话时，"考""骤"依然是/au/韵，"刨""铰"则为/ɛu/韵。

又如"包"，用作动词时固然是/ɛu/韵，但用作名词时，却多读/au/韵，只有在指旧时已有的包装物如"包袱""麻包"等词语中，才读/ɛu/韵，说明这/ɛu/韵极具底层性。

（2）小部分广州话读-aan（/an/）的字，顺德话读作-en（/ɛn/）。

广州话的/an/韵字大多数在普通话和顺德话也是/an/（含普通话的-an 和-uan）韵，例外的情况主要有以下两点：

一是广州话和普通话均为/an/（含普通话的-an 和-uan）韵的字中，顺德话有少数是/εn/韵的，如"关""惯""弯""湾""挽""鲩""还""闩""返""翻""盏"等，这些字多为圆唇声母。例如：

<2>七叔公卖嗮啲 wen5 鱼就 fen1fen1 石 wen1 咯。（七叔公把鲩鱼都卖完之后就返回石湾了。）

其中一些字有两读，如：

关：唔关事—唔 gwen 事　　关公—gwaan 公

山：拜山—拜 sen　　山水—saan 水

又如下面句子中"环境"的"环"和"耳环"的"环"：

<3>睇嚟阿芳家闲环境唔错嘅，唔系做乜戴得咁靓嘅耳 wen2 吖。（看来阿芳现在的生活状况还不差，不然怎么能戴上这么好的耳环。）

即同样反映出文读和白读的不同，文章用词时还是/an/韵。

二是有十来个广州话/an/韵的常用字在普通话是/εn/韵（汉语拼音 ian）的，这些字在顺德话多数也是/εn/韵，且以 g 声母为多，如"间""简""碱""枧""茧""拣"等。例如：

<4>你如果去开龙en5 村，就帮我喺二婶 gen1 铺度买啲 gen2 水啦。（你如果去龙眼村，就顺便帮我在二婶那间商店买些枧水吧。）

广州话/an/韵字在顺德话的韵母变化举例如表4-2 所示。

表4-2　广州话/an/韵字在顺德话的韵母变化

普通话韵母	顺德话韵母	例　字
/an/	/an/	班颁斑板版扮办餐残灿产铲单丹诞旦但弹蛋藩帆番凡烦繁反梵饭贩范犯泛范拦栏兰懒烂馒蛮曼慢漫难攀盼伞散删栅汕瘫摊滩檀坛坦毯炭碳叹玩顽晚万赞
/uan/		篡患宦幻涮赚
/an/	/εn/	翻返山盏
/uan/		关惯还闩鲩湾弯挽
/εn/	/an/	艰奸悭雁限
	/εn/	间硷碱茧简柬拣闲眼颜研(磨)

（3）小部分广州话读-aam（/am/）的字，顺德话读作-em（/εm/）。如"馅""减""监""咸""衫""蚕""箩""惭""斩""蘸""眨"等。例如：

＜5＞你咪睇呢个衰仔牙 zem2zem2，实情系有乜 hem2，吓*吓就会 hem3 畀你睇。（你别看这个坏蛋出言狂妄，实际上没有多少能耐，被人吓一下恐怕还会骂给你看。）

人们对顺德人讲广州话带有土音的情况称为"唔咸唔淡"，并以"啲咸鱼好 hem"作为典型例子来取笑。就是说懂得对作为名词的"咸鱼"用广州话读作 haam jyu，但在对咸鱼的性状作出自己的评价时，自然而然吐出自己的土语"好 hem"，以致前后两个"咸"字读法不一，广州话与顺德话混搭成"唔咸唔淡"的味道。

（4）广州话读 -aap（/ap/）的字中，有几个日常生活用字顺德话读作 -ep（/ɛp/）。如"煤""掖""呷"等。例如：

呷醋—hep 醋　　囡起裤脚—lep 起裤脚　　笔插筒—笔 cep 筒

掖好衣服—jep 好衣服

其中有些字只有在特定的词语中才读 -ep，比如"甲"，只是在表示指甲时读 gep3，其他情况都读 gaap3。"夹"字比较特别，广州话也有读 gep 的，但只在于作为名词时的白读音，为调值 35 的新入声，这也是广州话中有 -ep 韵母的难得的例证。顺德话则不然，无论是名词还是动词都有白读音 gep，作动词时还有两个调。例如在"老鼠夹夹住老鼠"这句话中，前一个"夹"如同广州话，为新入调；后一个"夹"是动词，读阳入调。"夹馐"的"夹"也是动词，读下阴入调。

（5）广州话读 -aat（/at/）的字中，也有几个日常生活用字顺德话的韵腹有所不同，读作 -et（/ɛt/）。如"八""挖""刮""滑"等。例如：

＜6＞我哋已经定咗初 bet3 阿日 gwet3 鱼，做乜行得开嘫？（我们已经决定初八日那天在鱼塘捕鱼，哪能走得开啊？）

"gwet3 鱼"就是"刮鱼"，即用渔网来围捕鱼儿，像是用一把梳子刮过鱼塘的底部。

二、长短音变化

表 4-1 并没有列出单元音 a［ɐ］，但 2018 年香港语言学学会周年会员大会通过粤拼系统的修订时增加了该单元音（https://www.lshk.org/jyutping），所举例子包括"四十四"的"十"和"死就死啦"的"就"等。这种情况在顺德话也可以列出明显的例子：

＜7＞我爸爸今年七 a6 六岁。（我爸爸今年七十六岁。）

上述例字都是第 6 声（阳去），在多部广州话字典里都找不到同音字。与例＜7＞

比较相近的是表示占据空间的"杀"，但"杀"字是长音的（ngaa6），而句中例字都很短促。

判断句中例字是长音 aa 还是短音 a，一个简单的办法是用长音 aa 来替代例字的韵母，看看能否说得通。显然，可以说"七十六"或"七 a6 六"，但没有人说"七 aa6 六"的。至于"死就死啦"的"就"，人们以 a6 代替，但不会以 aa6 代替。以 aa 为韵母的助词如"啊""喇""嗳""㖭""咋"等，在日常对话中也会出现缩短韵母时长的情况，听起来韵母像是 a，但主要是现场语气运用的需要，若保持正常的韵母时长，并不会产生不同的意义。例如：

<8> 原来系啵 ga4，我整过先得。（原来是这样的，我重新做过才行。）

句中的 ga4 本为 gaa4（㗎），表示求证的语气，在语气弱化时通常缩短韵母时长成为 ga4 而不会引起歧义；反过来看，"七 a6 六""死 a6 死啦"中的 a6 就没有这样的特点。

因此，顺德话 a 这个短音确实存在，并不全是 aa 因为语气弱化而成。

在明确了这一事实之后，我们分析广州话以 a 为韵腹构成的韵母，就会发现顺德话有部分变短音 a 为长音 aa 的现象，1901 年波乃耶《顺德方言》也有提及。这主要有以下几种情况：

（1）广州话的-au（/ɐu/）字中有少数几个在顺德话读作-aau（/au/），而且集中在声母 m 所领的字中，如"某""谋""谬""缪""贸""懋""亩"等。例如：

<9> 村委会准备擢三牡土地出嚟整*个农貌市场。（村委会准备拿出三亩土地建一个农贸市场。）

上面句子中带波浪线的"牡"和"貌"实际上分别是顺德话"亩"和"贸"的同音字，韵腹都是 aa。

-au 读-aau 的情况在某些地方显得更多，如陈村、桂洲一些地方的"头""流""呕"等。

（2）广州话的-ak（/ɐk/）在顺德话大多数读-aak（/ak/），如"北""麦""唛""默""墨""陌""脉""瘴""特""则""侧""鲫""仄""塞"等。鲫鱼是顺德农民养殖历史较长的鱼类，基本上都说"zaak1 鱼"而很少有人说"zak1 鱼"。

（3）广州话的-at（/ɐt/）有少数在顺德话变为-aat（/at/），如"侄""蛭""窒""桎""疾""嫉""蒺"以及表示脱落的"甩"等。

其实广州话中，/ɐ/发音变长而成/a/的情况也很多，尤其是在韵尾为 ng 和 k 的口语字音中。常见字如表 4-3 所示。

表4-3　广州话/ɐ/变成/a/的情况下顺德话的读音

例　字	读音		
	广州话文读	广州话白读	顺德话
朋 争 挣 生 牲 行	-ang（/ɐŋ/）	-aang（/aŋ/）	文白同广州话
勒 簕 肋 测 恻 黑 克 刻 握 幄 厄 扼 呃	-ak（/ɐk/）	-aak（/ak/）	-aak（/ak/）

例如"争斗"，无论广州话还是顺德话，正式场合朗读文章时一般会读作"zang1斗"，但平时聊天则都读作"zaang1斗"；又如"肋骨"，广州话文读时按标准音读"lak6骨"，但平时说话则说"laak6骨"，顺德话不管什么时候都说"laak6骨"。

此外，广州话的-ai（/ɐi/）字中有少数字在龙江某些地方读作-aai（/ai/），如"礼"读"乃"。

顺德话也有变长音aa为短音a的情况，但只有零星例子，如"嗒"，广州话读daap1，顺德话读dap1；"踏"，广州话读daap6，顺德话读dap6，"一沓钱"的"沓"也是这样；"坺"，广州话读paat6，顺德话读pat6。无论广州话还是顺德话，"鸽""敆"都可读gaap3或gap3。

三、韵腹a变e或o

在广州话a（/ɐ/）系韵母中，顺德话还有以下一些变化情况。

（一）韵腹a变e

一是前面提及的"死就死啦"，人们一般以a6代替其中的"就"，但顺德话多数是以e6来代替，实际发音是在［ɐ］与［e］之间，例如：

<10>得e6得，唔得e6翻顺德。（行就行，不行就回顺德。）

说得快时像是［ə］，说得慢或者强调时更接近［e］。

二是广州话的ai（/ɐi/）韵在顺德话有时会变成ei（/ei/）韵，但只涉及少数几个字，如"批""咪（不要）""劙（刻画）""痱""嚟""剺（削）""猕""砒"等，其中后面几个字广州话也有像顺德话那样读-ei的。例如：

过嚟—过离　　劙铅笔—披铅笔　　猕猴—微猴　　砒霜—披霜

正好相反的是，顺德龙江等地的话音把广州话的 ei（/ei/）韵变成 ai（/ɐi/）韵，如"卑""皮""美""肥""你""死"等。详见下一节的介绍。

三是个别广州话的 ap（/ɐp/）韵字在顺德口语中变成 ep（/ep/）韵，如"凹入去"说成"lep1 入去"。这种情况乐从岳步等地较为明显，"鸽""敆""盒"等字也读作-ep（/ep/），如"烧乳鸽"读作"烧乳 gep3"。

现在这种情况适用的字数很少，涉及的地域范围也不大，尤其是"鸽""敆""盒"等几个字大多数顺德人读作 op（/ɔp/），详见下面的介绍。

（二）韵腹 a 变 o

一是广州话的 am（/ɐm/），部分字顺德话的韵母变为 om（/ɔm/），如"甘""含""暗"等。再如下面句子中加点的字：

<11>正话去市场买鹌鹑，顺便买咗几个柑。（刚才去市场买鹌鹑，顺便买了几个柑子。）
"鹌"和"柑"广州话分别读作 am1 和 gam1，顺德话则读作 om1 和 gom1。

这种情况主要对应的是广州话 am 韵字中声母为 g、h 和零声母，且普通话的韵母是 *an* 的字。一些常用字列于表4-4。

表4-4　广州话/ɐm/顺德话读作/ɔm/的情况

广州话 （粤拼）	顺德话 （粤拼）	普通话 （汉语拼音）	例　　字
gam（/gɐm/）	gom（/gɔm/）	*gan*	甘 咁 柑 疳 赣 感 鳡 敢
ham（/hɐm/）	hom（/hɔm/）	*kan*	扻 嵌 坎 砍 勘 磡 堪 戡 㘭 瞰 龛
		han	含 晗 撼 憾 酣 憨
am（/ɐm/）	om（/ɔm/）	*an*	庵 鹌 暗 黯

此外，意为花蕾的"菻"，顺德话也会说是 lom1。

二是广州话的 ap（/ɐp/），少数几个字顺德话的韵母变为 op（/ɔp/），如下面句子中加点的字：

<12>我哋敆手敆脚嗵嗵声做晒啲工夫就去游水啰。（我们合伙快点干完活儿就去游泳吧。）

上例中"敆"，广州话读作 gap3，老派顺德话则读作 gop3。

广州话以 ap 作韵母的字本来就不多，顺德话变读作-op 的字就只有几个，配合的声母也仅限于 g 和 h，而且这些字普通话的韵母多是 e。参见表 4 - 5。

表 4 - 5 广州话/ɐp/顺德话读作/ɔp/的情况

广州话 （粤拼）	顺德话 （粤拼）	普通话 （汉语拼音）	例 字
gap（/gɐp/）	gop（/gɔp/）	ge	鸽敆蛤
hap（/hɐp/）	hop（/hɔp/）	he	合盒阖焓盍

广州话本来就有与/ɔm/和/ɔp/相近的/om/和/op/。1855 年的《初学粤音切要》、1856 年的《英华分韵撮要》和 1859 年的《英粤字典》都有这两个韵母，例字包括"甘""敢""绀""含""颔""憾""蛤""合"等。李新魁在《广东的方言》中认为，南海、顺德、三水等地以外的方言点原有的/om/和/op/已经消变为/ɐm/和/ɐp/，所以现在广州话没有读作-om 和-op 的字，表 4 - 1 也没有列出来。

三是部分广州话-au（/ɐu/）字顺德话读作-ou（/ou/）。例如，表示蹲下的"踎"，顺德人多说 mou1；表示寡淡的"淡 mau6 mau6"，顺德人多说成"淡 mou6 mou6"；"扭耳仔"变成"撸耳仔"；等等。这种情况在容桂地区较为普遍，如：

酒神—早晨 长袖—长造 手枪—数枪 臭味—醋味

把-au 读作-ou 的情况，主要对应 m-、n-、z-、c-、s-等声母的字，举例如表 4 - 6 所示。

表 4 - 6 广州话/ɐu/顺德话读作/ou/的情况

普通话（汉语拼音）		茂 mao	扭 niu	昼 zhou 酒 jiu	丑 chou	手 shou 绣 xiu
广府方言（粤拼）	广州话	mau	nau	zau	cau	sau
	顺德（容桂）话	mou	nou	zou	cou	sou

四、韵腹 a 的特殊变化

广州话 a（/ɐ/）系韵母中，老派顺德话有个别字的读音比较特别。例如"噉"和"咁"，广州话读 gam（[kɐm]），但顺德话的读音既不是 [kɐm]，又不是 [kɔ:m]，更不是 [kɛ:m]，而是大致为 [kɐm]。"噉"处在句首，起连词的作用，相当于"那""那么"时（如"噉好啦"），习惯上可省略韵尾［m］，读作［kɐ］。

又如"乒乓球"顺德话读作"乒［pɐm］球"，"水泵"读作"水［pɐm］"，而"乒"和"泵"的广州话都是以 a 为韵腹的。再如表示酸味浓厚的"酸 dam dam"读作"酸［tɐm］［tɐm］"，形容快速的"lam lam 声"读作"［lɐm］［lɐm］声"，意为炎热的"熻焰焰"可读作"熻［hɐp̚］［hɐp̚］"，"敨"也会读作［kɐp̚］，还有表示热闹的"兴兴［hɐm］［hɐm］"。

在表 4-1 的广州话韵母表中没有［ɵ］这个半开央圆唇元音，在各种粤语拼音方案中也没有代表这个音的拼音符号。

表 4-1 出现一个特殊的韵腹［ʊ］，但只存在于韵母-ung 和-uk 中，并无单元音［ʊ］。［ʊ］是个介于闭后圆唇元音［u］及半闭后圆唇元音［o］之间的次闭后圆唇元音，显然与［ɵ］不同，所以可以排除顺德话的［ɵ］实为单元音［ʊ］。顺德话的［ɵ］是不是［ɐ］的懒音现象，则有待考证，因为［ɵ］一方面主要出现在广州话读-am 和-ap 而顺德话读-om 和-op 的字，如"焰"顺德话也有读作 hop 的，表 4-4 和表 4-5 的"暗""含""盒"等字有时也以［ɵ］为韵母，尤其是语速较快时；另一方面也出现在某些情况下以 aa 为韵母的一些句末语气助词的口语中，如"咋""嘞"等，参见本书第七章关于助词的讨论。

第二节　e 系和 i 系韵母

粤拼系统的 e 对应的国际音标是［ɛː］，i 对应的是［iː］。

高华年在《广州方言研究》[①] 中认为，广州话七个长元音可单独作韵母，对应的短元音必须有其他韵尾作配合才能形成韵母，除了［aː］和［ɐ］是长短元音对立外，"其他六个元音构成的韵母，都不是长短对立的"。就粤拼系统的 e 系韵母和 i 系韵母而言，e（些）、eu（掉）、em（舐）、eng（靓）、ep（夹）、ek（石）的韵腹均为长元音［ɛː］，i（诗）、iu（消）、in（先）、im（闪）、ip（摄）、it（泄）的韵腹均为长元音［iː］，这是学界的基本共识。问题是"四""星""色"韵母的主元音，各家有不同的见解。例如"四"，有人认为韵腹是［ɛ］，更多人认为是短元音［e］；"星"和

---

① 高华年：《广州方言研究》，商务印书馆 1980 年版。

"色"，韵腹有短元音 [i]、[ɪ] 和 [e] 之说。在这里，e 系韵母和 i 系韵母似乎有相当多的联系。

一、-ei 变-i 或-ai

广州话的-ei 读/ei/，虽然其韵腹不是长元音 [ɛ:]，但一般归为 e（/ɛ/）系韵母。广州话读-ei（/ei/）的常用字超过 100 个，在顺德往往读成-i（/i/）。例如改革开放前的经济困难时期，由于饲料紧缺，顺德农民只能用切碎的蕉树干来给猪充饥，所以经常会听到这样的说话：

<13> 等阵 gi 得托*碌蕉身翻屋 ki 离 hi 猪嘅。(待会儿记得扛上一段香蕉树干回家作为喂猪的饲料哟。)

上例的 gi、ki 和 hi 就是"记""企""饩"的顺德话读音，"饩猪"就是喂猪的意思。

（一）主流读音

顺德绝大部分地区都把广州话读 gei、kei 和 hei 的字读成同声母的 i 韵字。现把一些常用字列于表 4–7。从表中可知，这些字涉及的是普通话 *ji*、*qi* 和 *xi* 的字，而且顺德话的 gi、ki 和 hi 字大部分分别对应于普通话 *ji*、*qi* 和 *xi* 的字，如顺德的 gi，普通话大多数就是读 *ji*。

表 4–7　广州话/ei/顺德话读作/i/的常用字

声母 （粤拼）	例　字	普通话读音 （汉语拼音）
g-	几 饥 讥 机 肌 矶 玑 姬 基 箕 寄 己 纪 记 忌 既 技 妓 羁（伙）计 奇(偶)	*ji*
	杞	*qi*
k-	畸 冀 骥 暨	*ji*
	奇 崎 琦 骑 其 棋 期 旗 琪 祺 淇 麒 耆 鳍 祈 祁 歧 岐 芪	*qi*
h-	气 汽 岂 弃 器 起 欺	*qi*
	希 稀 唏 烯 喜 嘻 嬉 熹 禧 羲 曦 熙 牺 戏	*xi*

这种情况其实原来广州话也是如此，gei、kei 和 hei 只是后来的读音。1855 年《初学粤音切要》把"希""始""至"归为同一个韵母（该书的注音字母为 e），1856 年《英华分韵撮要》把"几""纪""记""宜""议""贰"归为同一个韵母（该书的注音字母为 i），就是例证。

（二）北部片区读音

北滘、陈村、乐从等顺德北部地区基本上把广州话的-ei 字都读作-i，除了 g-、k-、h-所领的字外，还包括广州话能和-ei 配合的其他声母所领的字，如"比""皮""眉""肥""地""你""理""四"等。因此，这一片地区可以说是没有/ei/这个韵母。

（三）西南部读音

在顺德西南部的一些地方，广州话的-ei 字多数读作-ai（/-ɐi/），最明显的是龙江地区。如：

四届—世界　　肥肉—废肉　　庇护—闭户　　大地—大弟

这种情况即使是广州话也有，最明显的是"利是"的"利"，无论广州还是顺德也读作"丽"。例如：

<14>恭喜发财，丽是逗来。（恭喜发财，请赏红包。）

二、韵腹 i 变 e

（一）-iu 变-eu

广州话 iu（/iu/）韵字顺德话绝大多数也是读-iu，但有少数生活用字读作-eu（/ɛu/）。例如：

漂白—peu3 白　　撩屎棍—leu2 屎棍　　饭焦—饭 zeu1　　嗅野—zeu6 野
空寥寥—空 leu1 leu1　　轻飘飘—轻 peu1 peu1
下面的例句就很有生活气息：

<15>今日蟳粥冇乜 leu6 seu6，leu2 嚟 leu2 去剩得啲菜干。（今天那锅粥没有什么东西，搅来搅去只发现一些菜干。）

上例中的 leu2 就是顺德话"撩"的白读音。其实广州话也有将"空寥寥"读成"空 leu1 leu1"的，甚至像顺德话那样，以"冇 leu6 seu6"来表示没有内容、冇料的意思。

清末时广州话有一个十分常用的表示完成体的助词"哓"读作 hiu1①，顺德话则读作 heu1，只是现在广州话已经不再使用，但顺德话还是随处可听到。

（二）-in 变 -en

广州话的 in（/in/）韵字在顺德话有少数白读为 -en（/en/），如"贬""片""蚬""见""牵"等。例如：

两片树叶—两 pen3 树叶　　扁扁哋—ben5ben5 哋

牵牛上树—hen1 牛上树　　边度—ben1 度

看看下面的例句：

<16>你睇*睇二叔吖，en2 住个肚腩，卜住口烟，成个大老细噉。（你看看二叔吧，突起个肚子，叼着那香烟，像个大老板的样子）

句中的 en2 是表示身躯前挺的"躯"在顺德话的白读音，零声母。"躯"在广州话读 jin2，j 是半元音，所以实际上也是零声母，白宛如的《广州方言词典》对其标音就是 /in/。

类似的还有表示烟气的"烟"，广州话读 jin1，顺德话白读为 en1。例如民间广为流传的一句歌谣：

<17>石 wen1 好多 en1，en1 亲我只 en5。（石湾很多烟，熏着我的眼睛。）

句中的 wen1 和 en5 分别是指"湾"和"眼"，这是韵腹 aa 变 e 之故，前面已有介绍；en1 则是指"烟"，其中第一个 en1 是名词，第二个是动词的用法，意为被烟熏。

对于烟草的"烟"，顺德话仍然采取文读，与广州话一样为 jin1。

（三）-im 变 -em

广州话的 im（/im/）韵字数量不多，其中个别字在顺德话白读为 -em（/em/），如"嫌""舔""欠"等。例如：

---

① 杨敬宇：《清末粤方言语法及其发展研究》，广东人民出版社 2006 年版。

< 18 >你唔 hem4 麻烦就试*试咯。(你不嫌麻烦就试一试吧。)

句中的 hem4 就是"嫌"的白读音,"嫌"的广州话读音是 jim4,声母的不同是前面章节已提过的 j-变 h-之故。

(四) -it 变-et

广州话的 it(/it/)韵字的数量更少,其中个别字在顺德话白读为-et(/et/),如"瘪""篾"等。例如:

< 19 >车辘 pet3 嗮喇,唔知点算。(车轮瘪了,不知道怎么办。)

又如绳子的结,广州话的口语是 lit3,顺德话有说是 let3 的。

(五) -ip 变-ep

广州话的 ip(/ip/)韵的个别字在顺德话白读为-ep(/ep/),如作为动词表示插入的"楔",广州话为 sip3,顺德话有读作 sep3 的。例如:

< 20 >有张假银纸 sep3 喺中间,差啲畀个衰公害死。(有一张假币插在中间,差点被那个坏蛋害了。)

又如广州话表示凹的 nip1,顺德话也有读作 nep1;广州话的"夹"又读 gip2(名词)和 gip6(动词),顺德话则可读作 gep2 和 gep6。

(六) -ik 变-ek

个别广州话读作-ik(/ek/)的字在顺德话白读为-ek(/ɛk/),如表示躲藏的"匿"读 nek3,表示油脂变质气味的"臆"读 jek3。又如表示卡住的"撠",广州话读 kik1,顺德话有读 kek3 的,例如:

< 21 >啲嘢摆到成地都系,kek3 嗮脚。(那些东西满地都是,走路也绊脚。)

此外,龙江一些地方的"食"有时会读作"石"。

能够与主元音 i 结合的韵尾共有 7 个,除了上述 6 个外,还有的就是-ng。观察广州话-ing 的字,似乎没有在顺德话变为-eng 的,其实是因为广州话有大量的-eng 韵字与-ing 韵字相对应。从上面所列各个韵尾配合下韵腹 i 变 e 的字来看,基本上都属于生活用字的白读音,包括广州话-eu 韵唯一能够写出来的常用例字"掉",也是与读书音的 diu 相对应的口语音。由此可以推测，这些字本来就是以 e 为韵腹，后来在语音发展过程中逐渐过渡到以 i 为韵腹，但是一些日常生活经常使用的字音在百姓中，尤其是少受外来语言干扰的农民中根深蒂固，长期保留着原来的韵腹。例如，广州话上述 6 个韵尾与 i 配合形成的韵母差不多已经完全取代了与原韵腹 e 配合而成的韵母，但在广州城郊的顺德，原韵腹痕迹还能依稀可见，所以仍有少数字维持主元音 e 的特征。至于-ng 与 e 配合的-eng，涉及的多是与生活息息相关的字，如"饼""柄""病""鲮""靓""颈""井""镜""厅""艇"等依然顽强地坚持原韵腹不变，"顶""订""钉""叮""盯""听""惊""精""净""灵""零""领""岭""名""命""平""轻""青""请""星""成""城""声""省""醒""赢"等字则在文读为-ing 的同时保留着以 e 为韵腹的白读音。这种保持很有可能是广州城与周边地区相互协调、影响的结果，因此顺德话与广州话读-ing 和-eng 的字能够基本一致。

三、-i 变-yu

处暑，是二十四节气中的第十四个节气；刺史，是汉代的职官。处暑与刺史本无关联，但在顺德，"刺史"的发音听起来就像是"处暑"，因为许多广州话读-i（/i/）的字在顺德都读成-yu（/y/），例如：

滋悠—猪油　　紫色—主色　　厕所—处所　　一次——一处

师生—书生　　大事—大树

广州话读-i 的字顺德话大部分还是读-i 的，但出现上述韵母差异的情况大约有 1/3，比例也不算小。以下通过表 4 - 8 来分析这种发生韵母变化的情况。广州话-i 字基本上集中在 z-、c-、s-、j-四个声母所领，其他声母几乎都没有与单韵母 i 配合的，就算有也只是一两个字，如 d-的"嗲"、n-的"呢（～度）"、m-的"咪（猫～）"等，甚或是有音无字的拟声词，如"wi（～哇鬼叫）"等，对此，表 4 - 8 予以忽略。

从广州话角度可以看出以下一些规律：

（1）广州话读 zi 的字，若普通话为 zhi 的，顺德话基本上也读 zi（例外的如"稚"）；若普通话为 zi 或 si 的，顺德话读 zyu。

（2）广州话读 ci 的字，若普通话为 chi 或 shi 的，顺德话也读 ci；若普通话为 ci 或 si 的，顺德话读 cyu。

（3）广州话读 si 的字，若普通话为 shi 的，顺德话读 si 或 syu；若普通话为 si 的，顺德话读作 syu。

表4-8　广州话-i字在顺德话和普通话的读音

广州话 （粤拼）	顺德话 （粤拼）		例　字	普通话 （汉语拼音）
zi	z-	-yu	孳辎咨恣资姿兹滋子姊自字梓籽孜紫仔(细)	zi
			巳祀寺饲嗣	si
			稚	zhi
ci	c-		此雌次瓷茨慈糍磁词伺祠辞刺赐	ci
			似	si
			厕	ce
si	s-		斯撕丝司思私泗驷	si
			师狮史使事侍士仕	shi
zi	z-	-i	知蜘之芝支枝吱肢脂止趾址旨指纸只治智置至致志(人)质	zhi
ci	c-		痴池持迟驰侈耻齿翅(汤)匙	chi
			始矢恃	shi
si	s-		诗施尸时示氏市是试视嗜(锁)匙	shi
ji	j-		伊衣依医夷姨胰咦宜谊贻怡义仪议倚椅意薏移疑已以易异	yi
			拟	ni
			而儿耳尔二	er

（4）广州话读ji的字，顺德话也读ji。

（5）"厕"是最特别的，广州话、顺德话和普通话的韵母都不同。

如果对表4-8用普通话的角度来分析，那就更为简单，大体可以这么区分：

（1）普通话是zhi或chi的，广州话和顺德话都分别读zi或ci；

（2）普通话是zi或ci或si的，顺德话则读-yu；

（3）普通话是shi的，顺德话读ci或si或syu。

从19世纪中叶的《初学粤音切要》和《英华分韵撮要》来看，表4-8的字当时的广州话也是分为两个不同的韵母的。如《初学粤音切要》的"词""子""士"的韵母记为ze，与"希""始""至"的e不同；"师""史""四""词""似""自"的韵母在《英华分韵撮要》中记为z'，也与"宜""议""贰"的i不属同一个韵母。所以，广州话二者合流当是后来的事，但顺德话较好地保留了原貌。

第三节　o 系和 u 系韵母

在粤拼系统中，韵母 o 对应的国际音标是［ɔː］，u 对应的是［uː］。o（歌）、oi（该）、on（干）、ong（刚）、ot（葛）、ok（角）的韵腹均为长元音［ɔː］，u（夫）、ui（灰）、un（欢）、ut（阔）的韵腹均为长元音［uː］，但是，ou（高）、ung（风）uk（福）的主元音却是［oː］。

一、单元音韵母-o 的变化

广州话以 o 为韵母的字，个别情况顺德话的韵母有所不同。

（1）"我"和"个"广州话都读-o（/ɔ/），部分顺德人读作-oi（/ɔi/）。

"我"和"个"这两个字使用频率十分高，如果不读-o，人们很容易就能发现说话者的口音并不普通，一些年轻人可能会因此而判别是乡间口音。不过，即使是在大良城区，一些老人也会读成-oi。显然，这不是城乡话音差别的问题，而是新老顺德话之间的变化对比。例如：

〈22〉唔该攞*goi3 袋畀 ngoi5，咁靓嘅苹果 ngoi5 买多几 goi3。（劳烦给我一个袋子，这么好的苹果我要多买几个。）

但是，顺德话把广州话的-o 字变成 oi 的情况并不普遍，现在只有"我"和"个"这两个字。

（2）广州话中有几个韵母是 o（/ɔ/）的字，在老派顺德话的读音是-oe（/œ/）。举例如下：

糯—noe6　　接（搓洗）—noe4　　朵—doe2　　螺—loe2

还有广州话表示烧焦气味的 lo3，顺德话读作 loe3；"啲多"有时也会说成是"啲doe1"。

在顺德一些地方，还有把"坐"读作 coe5，把"锄"（锄头）读作 zoe4 的，这在北部地区尤为常见。

（3）部分广州话韵母是 o（/ɔ/）的字，均安地区读作-u（/u/），如"过""果""火""课"等。例如：

火烧—虎啸　　入伙酒—入府酒　　果树—古树　　下过乡—下故乡

二、-oi 和-ou 的变化

（1）个别广州话的-oi（/ɔi/）字顺德话读成-ui（/ui/），如"腮""鳃""袋""载""盖"等。例如：

<23> 咁多鱼 sui1，要揾*个大啲嘅 dui2 嚟 zui3 先得。（这么多鱼鳃，要找一个大一点的袋子才能装得下。）

句中的 sui1、dui2 和 zui3 就是"鳃""袋""载"的顺德口音。

（2）半数广州话-ou（/ou/）字顺德话读作-o（/ɔ/）。

广州话-ou 字很多，常用字就有一百多个，顺德话主要读作-o 和-ou。通过表4－9可以方便地区分顺德话这两个不同的韵母。

表4－9　广州话/ou/韵字在顺德话和普通话对应的韵母

顺德话（粤拼）	普通话（汉语拼音）	例　字
-ou	-u	捕补哺部布簿埔怖步布粗醋堵睹肚度渡镀杜妒庐炉炉卢胪芦房鲁掳路露赂母姆拇暮募慕墓奴努怒铺葡蒲普谱浦圃数苏塑素诉徒途图屠涂土吐兔诬芜无舞武侮戊务雾租组祖
	-ü	驴（胡）须
-o	-ao	袄傲奥澳保堡宝抱报暴操糙曹嘈槽草刀叨倒蹈祷岛导捣道到悼盗稻高糕膏稿告毫号豪耗浩捞劳牢痨姥老毛髦帽珺冒恼脑袍泡骚嫂扫掏滔涛桃淘逃陶讨套糟遭早澡蚤造噪燥皂躁
	-uo	措做

广州话-ou 字对应的普通话韵母主要是 u 和 ao，如果普通话韵母是 u 的，顺德话基本上也读-ou；若普通话韵母是 ao 的，顺德话就读-o。至于普通话韵母是 u 和 ao 以外的，只有零星几个字：如果韵母带有 o 的，顺德话多读-o；如果韵母不带 o 的，顺德话基本上都读-ou。

也有个别例外的情况，如"好"，普通话的韵母是 ao，但顺德话上声是 hou（好坏），去声是 ho（爱好）。又如"甫"，普通话的韵母是 u，但顺德话在表示刚刚的意思时读作 bo6。再如"都"和"露"，普通话有 u 和 ou 两个韵母，顺德话"都"的韵母是 o，但“露”的韵母却是 ou；“模”，普通话有 *u* 和 *o* 两个韵母，顺德话的韵母都是 o。

顺德乡间有“今晚劏鸡你食 mou4?”的故事，这句话城里人听起来就是“今晚劏鸡你食毛?”，但实际上是说“今晚劏鸡你食无?”。在老一辈顺德人看来，“你食无”是不可能误解为“你食毛”的，就是因为顺德话“无”“毛”二字和普通话一样韵母不同，反而广州话将二者的韵母统合了，才有分不清的笑话。

（3）广州话中有个别-ou 字在顺德话读作-oe，如：

蟧蟧—蟧 loe2　　老泥（皮肤积垢）—loe5 泥　　镬 lou1（锅底积炭）—镬 loe1

（4）龙江一些地方，如官田，不少-ou 字读作-au，主要在舌尖音、舌叶音声母的字。如“度”读“豆”，“路”读“漏”，“祖”读“酒”，“做”读“咒”等。由于这些地方经常把声母 t 读作 h，所以不少广州话的 tou 读作 hau，相差比较大，如把“肚痛”读作“口红”。

三、部分人群的 o 变 oe

（一）-ong 变-oeng

在顺德一些地区，广州话读-ong（/ɔŋ/）的字较多地读作-oeng（/œŋ/）。这种情况虽然不是顺德话的普遍现象，但涉及的地方也相当广泛，很多镇街都能发现。例如大良城区内没有这么说话，但城区周边直至今天还会听到这样的口音，像桂畔海附近的云路、鸡州、逢沙等地就比较明显。例如：

<24>公司各部门嘅经理今日冚唪呤落晒去抢，检查安全生产。（公司各部门的经理今天全部都下到工厂去，检查安全生产。）

句中的“抢”是“厂”的读音。

以前顺德是经济作物地区，最常见的事物就是鱼塘、蚕桑、蔗糖，这三种东西的发音都离不开广州话韵母 ong，但在许多农村都变成-oeng，这使得-oeng 成为顺德城乡话音差别的明显标志。例如城里人模仿乡下人说话的一句话：

<25>差啲跌*落 doeng4，好在有旧伤斗 doeng2 住 doeng2，吓到我 foeng1*foeng1。（差一点跌到水塘里，好在有个桑树头给挡了一下，把我吓得一阵慌恐。）

句中的 doeng4、doeng2、foeng1 和“伤”分别是“塘”“挡”“慌”和“桑”的读音。

虽然普通话-*ang*字在广州话大部分都读-ong，但据粗略统计，也有约1/3的常用字广州话是读-oeng的，而广州话的-oeng字，除了个别字外普通话韵腹韵尾的结合都是*ang*。例如"场"，普通话和"厂"一样读*chang*，广州话则不读*cong*而读*coeng*。一些常用字的比较如表4-10。

表4-10 普通话含/aŋ/韵母常用字在广州话不同韵母的分布

普通话（汉语拼音）		广州话（粤拼）韵母		
韵母	声母	-ong	-oeng	其他
ang	zh sh y r		章彰漳障掌长张涨胀帐账丈仗杖上伤商尚赏裳响殇央秧殃泱鸯羊洋佯烊样恙氧痒漾养阳扬杨攘嚷壤让仰	
	ch	厂昶敞	昌倡畅唱肠场长常嫦尝偿	
	其他	帮邦绑膀榜傍磅螃乓蚌庞旁芒茫忙莽方肪坊芳仿彷纺访放妨房防当档挡荡党汤烫倘躺趟唐糖塘堂狼郎廊朗浪囊冈岗纲刚钢杠缸港康慷航杭炕抗行脏赃藏葬仓苍舱藏丧桑嗓王汪枉往旺亡妄忘罔望网昂肮		棒胖盲
iang	j	江讲降	将浆奖桨蒋酱匠僵疆	
	q	腔	强枪抢墙	
	x	降项巷	象橡像乡香享向响饷祥翔详相湘箱想襄镶	
	其他		酿两量粮梁凉良梁俩辆谅亮娘	
uang	sh	爽	霜 双	
	ch	疮闯创床	窗	
	其他	庄桩壮装撞状荒谎慌恍况光筐广旷矿狂皇煌蝗惶黄簧		逛

从表 4 – 10 可见，普通话以 *iang* 为韵母（含 *yang*）的字，以及以 *ang* 为韵母且声母是 *zh*、*ch*、*sh* 或 *r* 的字，大多数在广州话都读-oeng。不排除普通话更多含汉语拼音 *ang* 的字以前广州话有读-oeng 的可能。

（二）-ok 变-oek

韵腹 o 改为 oe 的情况，并非孤独存在于-ong，一些地方的某些 ok（/ɔk/）韵字也会变读为-oek（/œk/），如"觉"读"脚"，"确"读"却"，"学"读"穴（老派顺德话读音 hoek）"等。

在龙江苏溪，韵腹 o 变 oe 较为明显，其他一些农村地方也偶尔能发现，人群分布较散。

四、均安话韵腹 o 变 aa

在反映顺德农村乡音的熟语中，"均安大头菜，个个都咁大个"可以说是最多人知晓的。均安地处顺德最南端，一些字的韵母与广州话和大良话有所不同，最明显的是部分广州话以 o（/ɔ/）为韵腹的韵母，在均安地区则是以 aa（/a/）为韵腹。主要有以下几种情况：

（1）广州话读-o（/ɔ/）而大良话读-oi（/ɔi/）的"我"和"个"，均安话读作-aai（/ai/）。

"均安大头菜，个个都咁大个"中的"个"，均安话读作 gaai3，与"界"同音。均安话另一个明显标志是将"我"读作 ngaai5，现在因为声母 ng 多已蜕化为零声母而读成 aai5。

（2）部分广州话和大良话都读-oi（/ɔi/）的字均安话读成-aai（/ai/），如"该""盖""开"等。

广州话中的/ɔi/韵字除了"内"等个别字外，普通话的韵母都是 *ai*，均安话或者反映了这种对应关系的发展痕迹。表 4 – 11 把顺德话的"我 ngoi"和"个 goi"考虑进去作出比较。

表4-11 部分顺德话/ɔi/和均安话/ai/的对比

例字		我	个	海	该	改
普通话（汉语拼音）		*wo*	*ge*	*hai*	*gai*	*gai*
粤方言（粤拼）	广州话	ngo	go	hoi	goi	goi
	顺德话	ngoi	goi	hoi	goi	goi
	均安话	ngaai	gaai	haai	gaai	gaai

（3）很多广州话-ou（/ou/）字均安话读作-aau（/au/），这些字基本上普通话的韵母就是 *ao* 的，即表4-9中顺德话读-o的字。例如：

<26>下午三点钟集中喺操场打扫卫生，唔准迟到。（下午三点集中在操场打扫卫生，不准迟到。）

句中带点的字顺德大部分地区读-o，均安话读-aau。

（4）广州话的-on（/ɔn/）字均安话读作-aan（/an/），如"均安大头菜，个个都咁大个"中的"安"，均安话读作aan1。例如：

大汗—大限　　赶走—拣走　　寒假—闲假　　干笑—奸笑

这些字普通话的韵母就是 *an*。

（5）广州话读-ot（/ɔt/）的字均安话读作-aat（/at/），如：

收割—收 gaat3　　口渴—口 haat3

五、-un 和-ut 的变化

（1）部分广州话-un（/un/）字在顺德话读作-on（/ɔn/），如"搬""半""潘""番""盘""判""满""伴"等。例如：

番禺—pon 禺　　潘小姐—pon 小姐　　搬运—bon 运　　屎塔满—屎塔 mon

这些字普通话均为-an韵。

（2）个别广州话-ut（/ut/）字顺德话会读作-ot（/ɔt/），如"钵""砵""拨""泼""抹"和表示扇风动作的"拂"（pot）。例如：

<27>个炉唔够旺就 bot6 开 bot6 啲炭屎再用扇嚟 pot3*pot3 啦。（炉火不够旺就拨开炭灰再用扇子扇扇风吧。）

这些字普通话均为-o韵。

"盆满钵满"是典型的广东方言词语，借用盆和钵这两种容器被装得满满的，来形容赚了很多很多钱。顺德话读作 bun4mon5bot3mon5，可以说是对顺德话口语中这种韵腹由 u 改为 o 的特点比较鲜活的反映。至于网络上经常见到"盘满钵满"的字样，那是因为"盆"和"盘"二字广州话都读 pun，但普通话则不然，分别是 *pen* 和 *pan*，顺德话也有区别，所以不致"盆""盘"不分。

第四节　其他韵母

一、-eoi 变-yu 或-ui

（1）广州话有部分-eoi（/ɵy/）字在顺德话读作-yu（/y/），主要涉及 g、k、h 和 c 四个声母，现把一些常用字列于表 4 – 12。表中所列的字普通话都是为 *ju*、*qu* 和 *xu* 的字，所以韵母实际上是 *ü*，可见这些字顺德话与普通话的韵母是一样的，即/y/。在乐从等一些地方，可列出的例字更多，而且涉的声母超出以上 4 个，这些字普通话的韵母基本上就是 *ü*，如"女"，有些地方读作 lyu，与普通话差不多。

表 4 – 12　广州话读/ɵy/而顺德话读/yu/的常用字

粤方言声母（粤拼）	例　　字	普通话（汉语拼音）
g-	居据锯踞矩巨炬钜具惧飓句举车（象棋子）	*ju*
k-	拘驹距拒俱	
k-	区躯驱岖瞿衢渠蟝	*qu*
h-	去	
h-	虚墟嘘栩诩圩盱许煦	*xu*
c-	徐	

　　广州话有些字是-eoi 和-yu 两读的，如"除""厨""橱""蜍"，广州话的"蜍"甚至还可读 syu4。这几个字顺德话都读 cyu，但普通话为 *chu*，与表 4 – 12 的字有些不同。这涉及韵母/u/和/y/之间以及/ɵy/的发展变化问题。一来很多普通话 *zhu*、*chu*、*shu* 的字广州话都读-yu，如"住""处""书"；二来一些广州话读-eoi 的字以前就是读-yu。1855 年的《初学粤音切要》把"于""语""去"列为同一韵母（该书记为 ü），1907 年的《初学字辨尺牍》给"处"的注音是"炽去切"，也说明当时"去"的韵母是/y/，可见今天顺德话的"去"保留了传统的发音；广州话读 heoi 只是近百

年变化的结果，"除""厨"等字正处在这种变化之中。

（2）广州话有部分-eoi（/ɵy/）字在顺德话读作-ui（/ui/）。例如：

<28> 我话二婶整阿哟嘅煎 dui1 zui3 靓，切开后成成整整唔 sui3 嘅。（我说二婶制作的煎堆最好，切开后内馅不会碎的）

句中的 dui1、zui3 和 sui3 分别是顺德话"堆""最"和"碎"的读音。

这种韵母变化的情况，主要涉及舌尖前音 z、c、s 和舌尖中音 d、t、l 六个声母所领的字；但除了 d-和 t-所领的字基本上都有这种韵母变化外，其他四个声母所领的字发生变化的比例实在不高。现把一些常用字列于表 4 – 13。

表 4 – 13　广州话读/ɵy/而顺德话读/ui/的常用字

粤方言声母（粤拼）	例　　字	普通话（汉语拼音）
z-	最罪蛆椎	*zui/zhui*
c-	崔催摧	*cui*
s-	碎祟	*sui*
d-	堆兑对队	*dui*
t-	退腿推颓蜕	*tui*
l-	雷蕾擂镭	*lei*

《初学粤音切要》把"回""每""罪"列为同一韵母（该书记为 ooey），结合其他韵母的分布，看来表 4 – 13 中某些字 19 世纪中叶广州话也是以/ui/为韵母的。

二、韵腹 yu 变 u

广州话以 yu（/y/）韵腹带韵尾的韵母只有两个，即-yun（/yn/）和-yut（/yt/），部分字老派顺德话会把韵腹变为 u（/u/）。

（1）广州话-yun（/yn/）的字老派顺德话往往读作-un（/un/），如"端""豚""暖""孪""篡""窜""酸""冤""狷""拳""圈"等。例如：

<29> 后 hun2 阿翕籍杜官系我种嘅，梗系有 kun4 处置啦。（后院那棵籍杜鹃是我种的，当然有权处置它。）

句中 hun2、kun4 和"官"分别是老派顺德话"院""权""鹃"的读音。

（2）部分广州话-yut（/yt/）的字老派顺德话会读作-ut（/ut/），如"夺""脱""捋""啜""雪""橛""血"等。例如：

<30>水瓜 baan3 狗，唔见[*]一 kut6。（丝瓜打狗，丢了一截。）

句中的 kut6 是老派顺德话"橛"的读音。

广州话同样有 un 和 ut 两个韵母。在声韵配合方面，un、ut、yun、yut 可和 g 或 k 相拼，除此之外，un 和 ut 只能与唇音 b、p、m、f、w 相拼，yun 和 yut 则与其他声母相拼，这样配合的发音比较顺畅。所以，后来顺德话也逐渐向广州话靠拢，即 un 和 ut 在与 d、t、n、l、z、c、s、j、h 等声母拼合时发生主元音前移而变成 yun 和 yut。但是，因为 un、ut、yun、yut 都能和 g 或 k 相拼，所以这些字音即使是现在也往往分不清其韵腹是 u 还是 yu。例如，"缺"会读作"豁"，"卷"会读作"管"，如：

<31>你仲咁恶，信唔信我缺/豁你吖嗱？（你还那么凶，信不信我搋你呀？）

上句中"缺"和"豁"两个读音都有很多人说。

三、自成音节鼻音韵母的同化

粤拼系统中 m（/m̩/）和 ng（/ŋ̍/）是自成音节的鼻音韵母。

广州话中 m 这个音节只有一个字"唔"，读 m4，另外有表示申斥或禁令的叹词"嘸"，读 hm1。ng 这个音节的字则有"吴""蜈""吾""梧""嗯""五""伍""午""仵""伍""误""悟""晤""捂""焐""寤""迕"等字，还有表示怀疑、轻蔑的叹词"哼"，读 hng1。

m（/m̩/）和 ng（/ŋ̍/）的发音方法虽然不同，但听起来区别不大，所以现在顺德人对这二者没有严格区分。因为 m（/m̩/）音只需双唇闭合即可发出，相对比抬高舌根的 ng（/ŋ̍/）容易发音，所以现在更多人把 ng（/ŋ̍/）音都发成 m（/m̩/）音。例如：

<32>梧州唔系好远嘅咩，下午五点钟赶唔赶得到啊？（梧州不是很远的吗，下午五点钟能赶到吗？）

句中带点的字在顺德话读来并无发音部位或发音方法的区别，而且大多会双唇闭合发出 m 音。

当然，不同地方有不同的习惯，也有许多人反过来，喜欢把 m（/m̩/）音都发成 ng（/ŋ̍/）音，最明显的例子是"去唔去啊""制唔制啊"等是非选择的问句中，一些人（尤其是顺德北部的本土居民）经常会简化为"去去啊""制制啊"，这种情况在 100 多年前波乃耶《顺德方言》中已有记载。其中的"唔"之所以能减省，是因为发成 ng（/ŋ̍/）音，快读时很容易丢失。又如"系唔系啊"，同样是快速说话，陈村多说成"系系啊",大良则多说成"系 mai6 啊",后者的"唔"显然是双唇闭合的 m（/m̩/）音，与紧跟在后边的"系"合拼而成 mai6。

四、jyut 变 hoek

有几个广州话读 jyut 的字老派顺德话变为 hoek，如"越""粤""悦""穴"等，在表 3－5 中已有提及。这是很特别的情况，不但韵腹变了，韵尾也发生变化，而且是入声韵尾的变化。

第五节　顺德话韵母系列小结

一、系列比较完整

从表 4－1 可见，广州话 aa 韵母系列齐全；如果考虑到像例句 <7> 那样有音无字的 a 的存在，a 韵母系列同样齐全；因不存在复元音/ii/，i 韵母系列也可说是完整的；其他韵母系列就参差不齐了。比较而言，顺德话的韵母系列丰满得多，除了 aa 韵母系列和 a 韵母系列齐全外，o 韵母系列因为有 om（/ɔm/）和 op（/ɔp/），e 韵母系列因为有 en（/ɛn/）和 et（/ɛt/）而整齐呈现。

（一）e 韵母系列

广州话中以 e（/ɛ/）为主要元音的韵母不多，主要集中在/ɛ/（如 se"些"）、/ɛŋ/（如 teng"厅"）和/ɛk/（如 kek"剧"），而且较多属于口语音。顺德话则不然，不仅/ɛ/有复合元音 eu（/ɛu/），而且和各种韵尾配合都有一批字，包括广州话没有或者罕有的 em（/ɛm/）、en（/ɛn/）、ep（/ɛp/）和 et（/ɛt/）。em 和 ep、en 和 et、eng 和 ek 三组带韵尾的韵母相当齐整，如表 4－14。

表4－14　顺德话 e 韵母带韵尾的例字

韵母	韵尾特点	例　　字
em	双唇音	馅 减 监 咸 蚕 斩 嫌
ep		夹 煠 掭 嗒(糖) (笔) 插 呷(醋) (指)甲 凹(腮)
en	舌尖音	茧 闲 眼 关 惯 湾 挽
et		八 挖 刮 滑 抹 挟 箧
eng	舌根音	病 艇 赢 镜 请 轻 声
ek		劈 踢 沥 脊 尺 锡 吃

在前面韵尾为双唇音和舌尖音的两组广州话几乎没有的韵母中，我们可以发现一定的规律，就是顺德话的韵腹 e 对应广州话的韵腹主要是 aa，也有少量是 i，如"箧"和"嫌"。

比较一下，顺德话-en 和-em 的字，普通话的韵母几乎都是 ian 或 an，如表4－15。

表4－15　顺德话-en 和-em 与广州话、普通话韵母的对应

顺德话 （粤拼）	广州话 （粤拼）	普通话韵母（汉语拼音）		
		ian	*an*	*a*
en	aan	间 简 铜 菅 艰 奸 柬 拣 硷 碱 枧 茧 闲 眼 颜 雁 研(磨)	关 惯 弯 湾 挽 鲩 还 闩 返 翻 盏 山 环	
	in	边 扁 贬 片 蚬 牵 掀 见 躝 烟 虔(婆) 研(磨)		
em	aam	陷 馅 减 监 咸	衫 蚕 惭 斩 蘸 忏 惨 篸 (哭)喊	眨
	im	嫌 舔 (蟹)钳		
	in	苋		

（二）o 韵母系列

广州话以 o（/ɔ/）为主要元音的韵母缺少的是与双唇音韵尾的结合，顺德话则把这两个韵尾都补齐了。如表4－4 和表4－5 所示，顺德话的-om 对应广州话的-am 和普通话的-an，顺德话的-op 对应广州话的-ap 和普通话的-e。

或许，广府话/ɛ/和/ɔ/系韵母的字本来就很丰富，由于广州作为中国的南大门，与北方交流较多，官话使用频繁，广州话有些字的读音变化的速度较快，而使/ɛ/和

/ɔ/系韵母有所消减。

二、生僻韵母用例较多

其他韵母顺德话与广州话差不多，但广州话所领字音很少的 oe 和 ut 等生僻韵母，顺德话所领的字音相对较多一些。

（一）oe 韵母

现在的广州话正读-oe 的字很少，主要有"靴"和"噱"（吐气声），另外有不知怎么写的几个字，如表示吐的 loe1。此外，"锯"字口语中常读作 goe3。但顺德话读-oe 的字却不少，一是包含了广州话中所有-oe 的字，二是前面提到的广州话读-o 的"糯""揉""朵""螺"等字，三是前面提到的广州话读-ou 的"蟧（蟧～）""老（～泥）""（镀）loe1"等字，四是一些与广州话不好对应又难于写出来的生活用字。表 4 – 16 列出了上述第一和第四的难以写出来的部分字（音）。

表 4 – 16　部分顺德话读-oe 的字

	字（音）	意思	例　句
广州话/顺德话	loe1	吐	辣到佢即刻 loe1* 出嚟。（辣到他马上吐出来。）
	loe2	蹭、乞求	佢 loe2 住我要去动物园。（他不停地央求我要去动物园。）
	zoe1	言语相逼	一味畀佢 zoe1 住，甩唔到身。（被他缠着要论理，没办法脱身。）
	zoe1	男童阴茎	细路仔嘅 zoe1zoe1。（小男孩的鸡巴。）
	soe4	滑落	喺滑梯上面 soe4 落嚟。（从滑梯上滑下来。）
	soe4	半公开或暗中取走归为己有	我个耳机畀佢 soe4 咗啦。（我的耳机让他占有了。）
	soe4	警察或先生（英译词）	早晨，张 soe4。（早上好，张先生。）
	goe4	甘心、乐意	唔畀佢去佢梗系唔 goe4 啦。（不让他去他当然不服气了。）
	hoe1	起哄	佢咁讲法，成班人即刻 hoe1 起身。（他这么说，大伙马上起哄了。）

续上表

字（音）	意思	例　句
窝 doe2	圆平箕	攞*个窝 doe2 装住啲菜润。（拿一个圆箕来放好那些干菜。）
goe1	宰杀时用利刃锯的动作	劏鸡首先要 goe1 颈放血。（宰鸡时首先要在鸡脖子上抹一刀来放血。）
koe1loe6	拖泥带水不干脆	二叔尼个人好 koe1loe6 㗎。（二叔他总是拖泥带水的。）
kat1koe1	麻烦、不顺利	有乜 kat1koe1 我点算啊。（出了什么状况我怎么办？）
koe5	长物体拖至地面或揩到别处	块窗帘长到 koe5*地。（那窗帘长长的拖到地面。）
koe5	疲惫、软而无力	二叔琴晚饮到 koe5 嘞。（二叔昨晚喝到醉醺醺。）
一 koe6loe6	一团（乱麻）	啲连接线一 koe6loe6 嘅，有*排执。（那些连接线乱成一团，得花很长时间才能理清楚。）
hoe5	是的，用于回答	——大哥话要去广州咩？（大哥说要去广州吗？） ——hoe5。（对呀。）
oe6	好的、行，用于回答	——二哥负责扫屋，你去担水。（二哥负责清扫房屋，你去担水吧。） ——oe6 咧。（好的。）
loe2	用粉状或糊状物包裹	用面粉 loe2 住嚡猪肉尼炸。（用面粉裹着那块猪肉来油炸。）

（左侧竖排标注："顺德话"）

（二）ut 韵母

广州话读 -ut 的字只有十来个，老派顺德话要多一些，如"夺""脱""捋""啜""雪""橜""血"等，见例＜30＞。

（三）oet 韵母

表4－1并没有列出 -oet（/œt/），2018年粤拼系统修订时增加了该韵母，所列用例是三个拟声词：表示暖气的"打 oet6"、表示鼻鼾的"goet4goet2 声"和表示高速动作的"coet4*声"。顺德话的用例更多，如：

oet4 oet4 猪——猪只（儿语）

wet6toet1——很光滑，即"滑脱脱"

wet6loet1——滑溜溜

loet1 * 你棚牙——把你的牙齿都拔出来

soet4soet2 声——吃面条的声音、撕纸片的声音

soet4 * 落肚——像吃面条那样快速顺滑地吞下

（四）［ɐ］系韵母

包括［ɐ］［ɐm］［ɐp］等，是顺德话韵母系列中最特别的韵母，只用于个别口语，广州话没有这样的韵母，前面介绍韵腹 a 的特殊变化时已有陈述。

三、与广州话和普通话的对应关系

正如广州话是广府方言的标准语音一样，大良口音是顺德话的通用语音，其与广州话韵母之间的差别是有一定规律的。广州话、顺德话和普通话的韵母对比可用表4－17表示。但要说明的是，顺德话的韵母只是适用于部分字，多数情况下顺德话的韵母与广州话是一致的。例如"包"，作为动词，顺德话读 beu，但在"书包"一词中顺德话仍读 baau，"考""校"等字顺德话也是读-aau；广州话的-aam，顺德话只是少数字读-em，大多数还是读-aam；等等。

表4－17　部分顺德话韵母与广州话和普通话的对应

例字	顺德话（粤拼）		广州话 （粤拼）	普通话 （汉语拼音）
	韵母系列	读音		
谋　贸	aa	aau	au	*ou/ao*
桎　疾		aat	at	*i*
陌　特		aak	ak	*o/e*
嘛　咪	e	ei	ai	*i*
猫　交		eu	aau	*ao/iao*
撩　焦		eu	iu	*iao*
斩　减		em	aam	*an/ian*
嫌　舔		em	im	*ian*
苋		em	in	*ian*
盏　闲		en	aan	*an/ian*

续上表

例字	顺德话（粤拼）		广州话（粤拼）	普通话（汉语拼音）
	韵母系列	读音		
扁　片	e	en	in	*ian*
煤　甲		ep	aap	*ie/ia*
八　挖		et	aat	*a*
瘪　篾		et	it	*ie*
记　其	i	i	ei	*i*
宝　模	o	o	ou	*ao/o*
我　个		oi	o	*o/e*
感　含		om	am	*an*
半　潘		on	un	*an*
鸽　合		op	ap	*e*
钵　拨		ot	ut	*o*
螺　糯	oe	oe	o	*uo*
刚　糖		oeng	ong	*ang*
鳃　袋	u	ui	oi	*ai*
最　催		ui	eoi	*ui*
端　拳		un	yun	*uan/üan*
脱　橛		ut	yut	*uo/üe*
字　似	yu	yu	i	*i*
居　除		yu	eoi	*ü/u*

第五章　顺德话和广州话的声调差异

汉语与其他语言相比，很大的一个特点是每个字都有自己的声调，声调成为每个字不可或缺的组成部分，是区别于其他字的重要特征。也就是说，音节中所固有的声音的高低或者升降具有区别意义的作用。我们接触最多的英语、日语、韩语等外语，只有音节的重读与轻读之分，读来比较平缓；但汉语则不同，抑扬顿挫、高低变换，颇具旋律性。

普通话有四个声调，分别为第一声的阴平、第二声的阳平、第三声的上声和第四声的去声，四个声调的音高都不同。

粤方言的声调更丰富，而且细分为"声"和"调"两个方面。广州话一般可归纳为九声六调。其中的"声"，实际上是指调类，以调名陈述，如阴平、阳平等；"调"，则偏重于字音的调值，即语音高低升降的表现。在讨论顺德话与广州话声调的差异时，可以二者的"声"相同为基础，来分析"调"的变化。简单地说，就是看看对于同样的"声"，顺德话和广州话的调值有什么不同。

第一节　顺德话的基本调值

不同方言的差别，很大的程度上在于声调。一些电影作品刻意让领袖保持家乡口音，字音基本上都按普通话的声韵，只是声调上大体维持方言的特色，就既能让全国观众听懂，又可让观众知道领袖的家乡在什么地方。用石岐话、顺德话、肇庆话、广州话分别朗读文章，在没有口语的情况下，虽然都是广府话，但人们一听就能分辨出来，很大程度上也是因为声调的不同。例如：

<1>讲好普通话，并不排斥方言的传承。

如果用顺德话朗读上面的书面语句，句中每个字顺德话和广州话的声母、韵母是一样的，但顺德话的"排""言""传""承"的音高就显然比广州话要高，从而让听者立刻能够感觉到朗读者说的不是广州话。

一、顺德话音高的整体感觉

我们知道，广州话的九声分别是阴平、阴上、阴去、阳平、阳上、阳去、阴入（又称上阴入）、中入（又称下阴入）和阳入，其中阴入、中入和阳入的音长具有明显短促的特点，但音高分别与阴平、阴去、阳去相同，所以九声的实际音高变化就只有六种。也就是说，广州话在不考虑音长的情况下有六种基本调值，故称六调。这六种基本调值用五度制调值标记法来显示，分别是阴平（阴入）53、阴上35、阴去（中入）33、阳平11、阳上13、阳去（阳入）22。当然，在实际口语中还会出现其他的调值，这属于变调的问题。

用广州话读"芬粉粪坟愤份"六字，音节的高低升降是明显不同的，也就是从第1声到第6声的调值变化相当分明。但是若用顺德话来读这六个字，就会发现"粪""坟"两字并无差别。又如：

时（间）—试（验）　　排（队）—派（发）　　刨（花）—炮（弹）

题（目）—替（代）　　谈（话）—探（望）　　蚕（桑）—忏（悔）

弹（琴）—炭（火）　　残（废）—灿（烂）

上述 8 对例字中，前一个字为第 4 声，是广州话音高最低的一个声调，但在顺德话，与后一个字的第 3 声听来是一样的。

这样看来，顺德话第 4 声和第 3 声相同，似乎少了第 4 声①，这就是顺德话与广州话听起来最大的差别。正因为相对于广州话少了音高最低的第 4 声，所以顺德话整体给人的感觉就是音高比广州话要高，这在例＜1＞就有明显的感觉。

有一个"红荔牌红米酒"的电视广告，本来"荔""米""酒"三字顺德话与广州话的差别并不明显，但片中人物夸张地将"红"字读成近似"空"，接近广州话音高最高的第 1 声，使商品名称的整体声调显著提高，拉开了顺德话与广州话的距离，使观众感觉到浓烈的产地特色，以致后来外地人在笑谈顺德话的特别时，往往将该广告的语音作为经典例子。

二、顺德话与广州话六调的比较

顺德话整体音高高于广州话，这只是给人笼统的感觉，具体音高是多少，还得要

---

① 实际上顺德话也有第 4 声，见本章第二节。

逐个分析。但比较遗憾的是,方言学者有关研究顺德话的文献不是很多,而且不同的学者对以大良口音为代表的顺德话的调值有不同的分析,未能形成意见比较统一的顺德话调值表。当然,调值数字只是相对而言,没有绝对的音高,调值分析难以有统一的标准,往往因人而异,凭主观感觉,所以即使是对广州话,李新魁、詹伯慧和白宛如等学者的描述也有微小的差别。表5-1列出一些文献对顺德话作出的调值分析,以方便比较。

表5-1 一些文献对顺德话调值的分析

	调名	阴平	阴上	阴去	阳平	阳上	阳去	阴入	中入	阳入
	调序	1	2	3	4	5	6	7	8	9
	例字	芬	粉	粪	坟	愤	份	忽	发	佛
广州话调值	李新魁	53/55	35	33	11	13	22	55	33	22
	詹伯慧	53/55	35	33	21	13	22	55	33	22
	白宛如	53/55	35	33	21	23	22	55	33	22
顺德话调值	李新魁	53/55	35	32	42	13	22	55	33	22
	詹伯慧	53/55	24	32	42	13	21	55	33	21
	顺德县志	53	24	32	42	13	21	55	33	21
	汤莹莹(良)	53/55	35	32	42	13	21	55	33	22
	陈秀婷(陈)	53/55	35	33	32	23	22	5	33	2
	甘于恩(陈)	51/55	35	32	33	13	11	5	32	1

注:表中,"李新魁"指李新魁《广东的方言》所载的调值;"詹伯慧"指詹伯慧《广东粤方言概要》和詹伯慧、章日昇《珠江三角洲方言调查报告》所载的调值,陈小枫《顺德方音变化初探》的描述也是如此;"白宛如"指白宛如《广州方言词典》所载的调值;"顺德县志"指《顺德县志》所载的顺德话调值;"汤莹莹(良)"指汤莹莹《顺德大良方言的语音研究》所载的大良话调值;"陈秀婷(陈)"指陈秀婷《粤方言顺德话指示形式研究》所载的以陈村话为代表的调值;"甘于恩(陈)"指甘于恩《广东顺德(陈村)话调查纪略》(《汉语南方方言探论》)所载的陈村话调值。

关于顺德(大良)话,表中文献对第1声、第5声、第7声和第8声的调值与广州话相同持一致的意见,对第3声和第4声的调值都认为分别是32和42,但对第2声、第6声和第9声的调值有一些分歧。关于陈村话,两篇文章的描述有较多的差异,但都明显不同于顺德(大良)话和广州话。

顺德话各声调的调值究竟如何,以下结合实例逐个分析。

（一）第 1 声和第 7 声

顺德话与广州话第 1 声的基本调值都是 53，有一些文献出现 55 调值，属于变调细分的问题，这种情况在顺德话和广州话都有，而且大致相同，下一节将详细讨论。

陈村话的第 1 声和大良话差别不大，甘于恩将其调值记为 51，具有启发意义。顺德话语调风格比广州话要硬实和爽直，在音高较高的点位表现明显（这也是人们感觉顺德话音高整体比广州话高的重要原因）；当转为音高较低的点位时，降调的感觉就相当直接。因此，同样是 53 调，广州话听起来是在高音处平缓地下滑，顺德话是陡直地下降。这样的听觉感受，把顺德话第 1 声记为 52 甚至 51、41 调值，也不无道理。为与大多数文献相统一，这里仍以 53 调描述。

顺德话第 7 声再次体现降调明显的特征，例如"测""刻""逼"等，记为 53 调值较为合理。至于多数文献记为 55 调值，估计是受广州话的影响，这个问题在声调的细分中再作说明。当然，由于入声具有短促的特征，基本调值记为单点音值的 5 更直观一些。

（二）第 2 声和第 5 声

第 5 声的调值为 13，与广州话一致，这一点看来意见是统一的，问题是第 2 声。考察了将近 400 个广州话第 2 声的常用字，用顺德话来读时，绝大多数与第 5 声一样。例如：

斧（正）—妇（政）	口（实）—厚（实）	想（来）—上（来）
舍（弃）—社（戏）	哑（言）—雅（言）	隐（然）—引（燃）
萎（缩）—伟（叔）	（深）水—（心）绪	

上述 8 对例字中，前一个字为第 2 声，后一个字为第 5 声，广州话读来有明显的区别，但顺德人读起来前后两个双音节词的语音无异。

由此看来，顺德话第 2 声和第 5 声的调值都为 13。但是，与广州话相比，升调的感觉没有那么明显，实际音高在 12 与 13 之间。为与大多数文献相统一，这里仍以 13 来标记。

顺德话第 2 声在声调细分时也有 35 调值的，但基本调值应是 13。

（三）第3声、第4声和第8声

表5-1"粪""坟"两字顺德话的读音并无差别，本节一开始所举的8对例字也很好地反映了这个现象。为更好地作出比较，下面再列出几对例字：

控辩—雄辩　　汉语—韩语　　副手—扶手　　扣针—球针

老幼—老油　　无畏—无为　　圣人—承印　　唱词—场次

上面每组词前后的读音广州话是不一样的，但顺德话却是相同的。

考察了600多个广州话第4声的常用字，用顺德话来读时调值基本上都与第3声相同，而且与广州话第3声的音高差不多，因此顺德话的第3声和第4声的基本调值应该相同。如前所述，这是顺德话区别于广州话的主要特征。

由于顺德话比较爽直，音长比广州话稍短，听起来有点降调的感觉，所以有些学者将这两个声调调值记为32或42，不足为怪。考虑到多数学者都把顺德话第8声调值记为33，因为第8声是第3声短促的形式，因此顺德话第3声和第4声的调值标为33更合理，第8声则为33或3。

（四）第6声和第9声

顺德话第6声的音高最低，广州话则是第4声的音高最低。一般认为广州话第4声是低的平调，但稍有下降的感觉，故有记为21的，也有记为11的。笔者认为，广州话第4声与第6声的音高有明显差别，第6声记为22时，第4声记作11，则分析顺德话第6声的调值更为方便。

考察一下以下10组词语：

广州话第6声	顺德话第6声	广州话第4声
面（脂）	面（脂）	棉（枝）
荔（枝）	荔（枝）	黎（姿）
谚（语）	谚（语）	言（语）
务（须）	务（须）	无（须）
认（识）	认（识）	形（式）
孕（妇）	孕（妇）	人（妇）
（相）异	（相）异	（相）宜

（公）路　　　　（公）路　　　　（功）劳

（天）亮　　　　（天）亮　　　　（天）凉

（军）用　　　　（军）用　　　　（军）容

上面每一行字的音高从左至右逐渐下降，顺德话第 6 声的字音既似广州话的第 6 声，又似广州话的第 4 声，因此其调值应在 22 与 11 之间，而且顺德话的字音有降调的感觉，故其调值以 21 较为合适。比较之下，顺德话第 6 声的降调感觉比广州话第 4 声的要明显，这反过来说明广州话第 4 声的调值记为 11 似乎更符合听觉实际。

顺德话第 9 声是第 6 声短促的形式，故其调值应为 21，但因为太过短促，后面的 1 基本上听不出来，所以与广州话第 9 声的感觉差异不大，调值记为 2 则显得较为直观。

（五）六调的归纳

从上述分析可见，按照广州话九声六调的提法，顺德话的基本调值可以归纳为表 5-2，与表 5-1 文献的标记有所不同。

表 5-2　顺德话基本调值

调名	阴平	阴上	阴去	阳平	阳上	阳去	阴入	中入	阳入
调序	1	2	3	4	5	6	7/1	8/3	9/6
例字	芬	粉	粪	坟	愤	份	忽	发	佛
调值	53	13	33	33	13	21	5	3	2

五度坐标								

口诀1	三	九	四	零	五	二	一	八	六
口诀2	西	海	振	华	吕	地	的	作	物
	搬	咗	去	环	市	路	七	八	日

注：虚线为广州话调值坐标。

看起来顺德话的基本调值变广州话的六调为四调，撇开入声不说，这和普通话有点相似，二者比较如表 5 - 3。当然，我们不能如此简单地进行类比，因为涉及平上去入各声复杂的分化演变的历史问题。

表 5 - 3　顺德话和普通话基本调值比较

	调名	阴平	阳平/阴去	上声（合阴阳）	阳去
顺德话	调值	53	33	13	21
	例字	芬	坟　粪	粉　愤	份
	调名	阴平	阳平	上声（合阴阳）	去声（合阴阳）
普通话	调值	55	35	214	51
	例字	芬	坟	粉　愤	份　粪

三、顺德西部阴上声的调值

前面分析的顺德话调值，主要基于大良话的口音。顺德大部分地区的口音的调值基本相同；但西部地区，主要是龙江、乐从、均安，阴上声即第 2 声的调值则有所不同，音高稍为高一些，与广州话一样调值为 35。例如：

＜2＞请马小姐想清楚至好写。（请马小姐想清楚才能写。）

例＜2＞不含第 4 声和第 6 声的字，用龙江话和广州话讲听起来都差不多，用大良话来讲则有一点区别。

＜3＞请林小姐想清楚至好写。（请林小姐想清楚才能写。）

用龙江话讲例＜3＞，虽然与例＜2＞相比只是"马"与"林"一字之差，但因为"林"是第 4 声，龙江话与大良话同样是 33 调值，整句话听起来与广州话的差异就明显比与大良话的差异大。由此可见，尽管顺德西部地区第 2 声的调值与广州话一致，但第 4 声调值提高的特征依然成为区别于广州话的鲜明标志，依然表现出顺德话与众不同的声调特点。

第二节　声调的细分

前一节讲述的是基本调值，但在实际说话中语音的调值种类比基本调值要多，广州话是如此，顺德话也是如此。这些增加的调值种类，可以说是从基本声调派生出来的，即一些基本声调在一定的条件下可能产生调值的变化，如要给予其名分，就要对声调作出细分。

一、广州话声调的细分

一些文献在标注广州话第 1 声即阴平声的调值时，往往写成"55/53"，表示阴平声有两个调值，如表 5 - 1 就有这样的反映。这看起来确实有些奇怪：说好的"六调"怎么有 7 个调值？

有些学者对广州话的九声六调作出细分，认为应该是十一声七调，如《广州方言志》认为"十一个声调单纯从音高上可归纳为七种"。

原因之一是因为阴平声有两个调值。比如"班"，在"一年班"中调值是 55，属高平调，相当于普通话"班 bān"的声调，音高最高；在"一班人"中调值是 53，属高降调，近似于普通话"办 bàn"的声调。这些学者认为，既然调值不同，普通话"班""办"分属不同的声类（阴平和去声），则广州话这两个不同意义、不同音高的"班"也应分属不同的声类，也就是把阴平声分成两个，前者为下阴平（55 调），后者为上阴平（53 调）。因此这里增加一声一调。

原因之二是广州话的入声本来有阴入（调值 55）、中入（调值 33）和阳入（调值 22）三个声调，但后来演变出一个调值为 35 的声调，这些学者称之为"新入"或者"变入"。例如"鹤"，在"鹤山"中读 22 调，与"学"同音，但在"灰鹤"中却读 35 调。因此这里增加一个"新入"声。

这样的细分符合人们的感觉实际，有其道理。然而，照此说法，广州话好像还应增加 1 个声。例如，阴入的"息"，在"利息"中的调值实际上高于在"休息"中的调值；"事迹"中的"迹"是高平的；"组织"的"织"似有降调的感觉。既然把阴平中的 53 调和 55 调分成上阴平和下阴平两个声类，那么阴入是否也要分成两个声类就值得推敲了。况且声调是指音节中所固有的，可以区别意义的声音相对的高低和升降，"息"在"利息"和"休息"中具有不同的意义、不同的音高，划分为不同的声调也有理有据。若然，广州话就有如表 5 - 4 所示的十二声七调。关于入声，阴入不能仿照阴平上下两类划分为上阴入和下阴入，因为现有文献的上阴入就是阴入，下阴入就是中入，所以表 5 - 4 把阴入划分为阴入甲和阴入乙两类。问题是"新入"，有些是中入的字变调而成的，如"（球）拍"，有些是阳入的字变调而成的，如"（灰）鹤"，因而不能确定其调序。

表5-4　广州话细分十二声七调

调值	平上去声			入　声		
	调名	调序	例字	调名	调序	例字
53	上阴平	1A	私（人）	阴入甲	7A	（休）息
55	下阴平	1B	诗（人）	阴入乙	7B	（利）息
35	阴上	2	史	新入	未定	（灰）鹤
33	阴去	3	试（验）	中入	8	锡
11	阳平	4	时			
13	阳上	5	市			
22	阳去	6	是	阳入	9	食

二、顺德话声调的细分

我们按上述广州话十二声七调的细分办法来罗列一下以大良口音为代表的顺德话有多少细分声调。文中的调序依然采用九声六调排列。

（一）第1声阴平

（1）阴平甲：53调，如"冤"，即上阴平。

（2）阴平乙：55调，如"鹃"，即下阴平。

（二）第2声阴上

（3）阴上甲：13调，如"阮"。

（4）阴上乙：44调，如"丸"。

（5）阴上丙：35调，如"院"。

顺德话第2声的字主要读13调，但例外的情况不少。如"椅"，顺德话不读作调值13的"以"，而是类似广州话的声调，但又不像广州话那样有明显的升调，其调值大抵是44。"稿""馆""卵""丸"以及"花旦"的"旦"也是一样。

此外，"岛""蛹""轿""歹""院"等字与广州话的调值基本一致，为35。

在词语和语句中，顺德话第2～6声的字都有可能因为变调而成44调或35调，将在第六章详细讨论。

（三）第3声阴去

（6）阴去：33调，如"怨"，与广州话一样。

（四）第4声阳平

（7）阳平甲：33调，如"元"。

（8）阳平乙：11调，如"傻"。

前已述及，顺德话好像少了第4声，但实际上也有一些字的调值与广州话的第4声相同的。例如"炎"，顺德话与广州话基本同音，调值为11，而非读作调值33的"厌"。又如"傻""爱""媛""援""垣""桓""缠""呆""哦"，以及表叹气的"咳"等。表遭受或拖延的"挨""捱"等字，顺德话虽然也有读如第3声33调的，但普遍读作调值11，即与广州话同音。例如：

＜4＞张姨挨更抵夜搏命揾钱，死慌对仔女挨饿噉。（张姨日夜操劳拼命干活攒钱，慌怕那双儿女要挨饿。）

"挨夜""挨饿""挨世界"的"挨"的调值是11，但也有人将"挨更抵夜"的"挨"读作调值33的"隘"。

顺德话11调的字很少，所以和21调的字有时难以区分。在形容白不呲咧的"白嗮嗮"中，这两个调值比较明显区别，"白"为21调，"嗮"为11调，能够很好地分辨出来。

（五）第5声阳上

（9）阳上：13调，如"远"，与广州话一样。

（六）第6声阳去

（10）阳去：21调，如"愿"。

（七）第7声阴入

（11）阴入甲：53调，如"（休）息"，与广州话一样。

（12）阴入乙：55调，如"（利）息"，与广州话一样。

（八）第8声中入

（13）中入甲：33调，如"锡"，与广州话的中入同。

（14）中入乙：44调，如"（球）拍"。

（九）第9声阳入

（15）阳入甲：21调，如"食"，对应广州话的阳入。

（16）阳入乙：35调，如"（灰）鹤"，与广州话的新入同。

考察顺德话的入声，调值的分化要比广州话明显得多。

首先，顺德话中入和阳入也都有两个细分声调。广州话中入和阳入中某些字若作为名词的末音节时调值变为35调，如前所述有学者称之为"新入"。顺德话也有类似的名词性调值变化现象，但中入的字变为44调，阳入的字变为35调，也就是说各自分化出不同的调值，这就不能都归入"新入"了，所以笔者这里把中入和阳入各自细分为甲乙两类。

其次，广州话的阴入虽可细分为二，但可能由于广州人说话的语调风格较为柔软，而入声又较为短促，53调的阴入甲在发出前音5之后，后音的3还没有来得及完整发出就已经被塞音韵尾阻却，因此听起来与55调的阴入乙相差其实不是很大，这大概是人们一般不考虑阴入一分为二的重要原因。顺德话则不同，色彩较为硬直，阴入甲在发出前音5之后，迅速转为后音的3，才被塞音韵尾阻却，因此听起来53调的特征较为明显。顺德话与广州话入声调的比较如表5-5。

表5-5 顺德话与广州话入声调值比较

声类	例 字			广州话		顺德话	
				调值	细分	调值	细分
阴入	的（确）	出（品）	曲（解）	53	阴入甲	53	阴入甲
	（目）的	（新）出	（粤）曲	55	阴入乙	55	阴入乙
中入	折（断）	角（落）	雀（鸟）	33	中入	33	中入甲
	（存）折	（主）角	（麻）雀	35	新入	44	中入乙
阳入	录（取）	笛（子）	额（头）	22	阳入	21	阳入甲
	（名）录	（风）笛	（名）额	35	新入	35	阳入乙

本来，第2～6声都有变调为44调或35调的情况，上文没有罗列出来。之所以对第1声和第7～9声的变调也纳入细分范围，是因为如前所述，已有学者对广州话除第2～6声外的4种声调做过细分的研究，并赋予调名，这里就不好撇开来不予理会了。按照这样的思路来算，顺德话的声调就十分复杂，别说把第2～6声变调的情况也考虑进来，即使只从上述9点分析来看，平上去声有10种声调，入声有6种声调，合共多达16种。调值方面，有升调的13和35两种，平调的55、44、33和11四种，降调的53和21两种，总共8种之多。表5-6列出顺德话各种细分声调。

表5-6 顺德话细分十六声八调

调值	平上去声			入 声		
	调名	调序	例字	调名	调序	例字
53	阴平甲	1A	冤	阴入甲	7A	（休）息
55	阴平乙	1B	鹃	阴入乙	7B	（利）息
44	阴上乙	2B	丸	中入乙	8B	（球）拍
35	阴上丙	2C	院	阳入乙	9B	（灰）鹤
33	阴去	3	怨	中入甲	8A	锡
	阳平甲	4A	元			
11	阳平乙	4B	傻			
13	阴上甲	2A	阮			
	阳上	5	远			
21	阳去	6	愿	阳入甲	9A	食

例如下面的句子，16 个字有 16 种声调：

销　魂　女　生　去　咗　火　神　岛　上，执　只　黑　鹤　白　鸽

调值：53　11　13　55　33　44　13　33　35　21　55　33　53　35　21　44

调序：1A　4B　5　1B　3　2B　2A　4A　2C　6　7B　8A　7A　9B　9A　8B

其实这种一字多个调值的情形（包括阴平分为上下阴平、入声细分为 6 个等）大多数都只是语音变调现象，不必分列出不同的声类，所以多个粤语（广州话）拼音方案都按九声六调来标注。

第六章　顺德话字音的变调

如果说顺德话共有 16 个声调，那就太过夸张了，实际上只是一字多个调值的情形比较多而给人的错觉。本章讨论顺德话的字音产生变调的主要情况，为简单方便地表述，以下不用阴上去入而统一用 1 ～ 6 来标示广州话和顺德话的声调，即第 7、8、9 声分别归入第 1、3、6 声。

第一节　名词性变调

广府话中有很多字如果用作名词或者转变为名词性词素时，经常有变调的现象——通过变调来突出名词特征，这就是名词性变调。最明显的是词的本身为非名词性质，末音节变调后具有名词性，如"收买"本为动词，"买"字从 13 调值的原调变为 35 调值后，词义就成为"从事收买行业的人"。不过，这种类型的例子不是很多，名词性变调多数的情形是末音节的字本身就是名词性的，变调后强化了名词的词性。

名词性变调的现象顺德话比广州话要多而且复杂一些。

一、调值的变化

（一）第 1 声的字的变调

顺德话和广州话一样，第 1 声的字都有高平调（55 调）和高降调（53 调）之分。

顺德话第 1 声的字绝大多数读 53 调，原调读 55 调的很少，且基本上都是名词性的，如"桔""妃""柑""竿""窗"等。

顺德话原调读 53 调的字如果用作名词（尤其是具有特指意义的）或者转变为名词性词素时，经常变调为 55 调。例如下面带点的字：

〈1〉将鱼剖开两边之后，你要硬边定系软边？（把鱼儿开膛成两半后，你要带脊骨的一半还是没有脊骨的一半？）

<2>个嘅所谓阿跛其实唔系真系跛嘅。（那个所谓跛脚的人其实不是真的跛脚。）

<3>行到成身湿晒，等阵经过冰室买*支冰镇汽水饮*饮先得。（走到满身是汗，待会儿经过冰室买一支冰镇汽水喝喝才行。）

例<1>的"边"在"两边"中是量词，读 53 调，但前面加上"硬"或"软"后就构成了名词性的词语，声调发生了变化，读 55 调。例<2>的"跛"本来是形容词，读 53 调，但"阿跛"却是指跛脚的人，变成名词性的词语，改读 55 调。例<3>的"冰"原本也是名词性的，一般读 53 调，但"冰室"的"冰"特指冰冻的饮料，变调为 55 调。

类似的情况比比皆是，现再举几个例子（如表 6-1）。由于第 1 声的字多为 53 调，而名词性词语的构成往往是具有名词性标志的词素在于词语的最后一个字，如"计算机"的"机"、"木塞"的"塞"等，当这个字为第 1 声时，经常会从 53 调变为 55 调，所以给人的感觉是第 1 声 55 调的字多在词语的末尾。

表 6-1　第 1 声的字名词性变调举例

原调（53 调）		变调（55 调）	
例字	词性	例字	词性
卡（住）	动词	（关）卡	名词
塞（住）	动词	（木）塞	
商（量）	动词	（客）商	
酸（辣）	形容词	酸（碱）	
（一）剂（药）	量词	（药）剂	
（再）则	连词	（法）则	
经（讨论）	介词	（道德）经	

由上可见，第 1 声的字的名词性变调，顺德话和广州话一样都是由 53 调变为 55 调。

（二）第 2～6 声的字变调规律

广州话第 2～6 声的字名词性变调后基本上都是 35 调，顺德话则有所不同，第 5、6 声的字变调后也多读 35 调，但第 2、3、4 声的字变调后基本上都是 44 调。这样的变调规律可从下列的一些情况来反映。

一是顺德话第2～6声的字作为单音节名词时，有不少变调的情况。例如下面带点的字：

<4>呢本书有好多蔗呀、鱼呀、豆呀等等农产品嘅旧资料。（这本书有很多关于甘蔗、鱼类、豆类等等农产品的旧资料。）

上面"蔗""鱼""豆"分别为第3声、第4声和第6声，原调调值分别为33、33和21，但在句中分别读作44、44和35调。

类似的还有变为44调的"篮""台""雀""螺""绳""绒""糖""钱""银""相"等，变为35调的"鹤""盒""帽"等。

二是有些字作为单音节名词时读原调，但在前面加上其他字组成名词时，却发生变调的情况（举例如表6-2）。从表中可看出，这些字广州话基本上也变调，但都只是变为35调。广州话第2声的基本调值就是35，一般而言，广州话第2声的字就没有所谓名词性变调的情况。顺德话第1～6声的基本调值都没有35调和44调，所以顺德话名词性变调是普遍的情况。

表6-2　第2～6声的字名词性变调举例

调序	例　字				单字调值	词中调值
2	（凤）景	（锣）鼓	（地）主	（派出）所	13	44
3	（竹）筷	（抹）布	（大）蒜	（金钱）豹	33	44
4	（禾）虫	（肉）球	（客）房	（荔枝）蝉	33	44
5	（猪）肚	（三）鸟	（牛）乳	（龙）眼（树）	13	35
6	（晒）地	（山）洞	（大）户	（生产）队	21	35

三是和第1声的字一样，有些字本身不是名词性的，前面加上其他字，通过变调而具有名词性。例如，"十二亩"作为数量词，"亩"为第5声读13调，但特指在大良的名为"十二亩"的那个地方时，变成地名名词，"亩"变读为35调；"扒"是动词，顺德话为第4声读33调，但在"牛扒"中变成名词，变调为44调。

（三）第2～6声的字变调特例

有一批第2～6声的字在名词性变调后，不是变为44调或35调，而是变为55调（举例如表6-3）。

表6-3　第2～6声的字名词性变调特例

调序	例　　字	单字调值	词中调值
2	（自）己　（家）姐	13	
3	（北）派	33	
4	（果）栏　（乞）儿　（乌）蝇　（玻）璃	33	55
5	（挨）晚　（师）奶　（手指）尾　（蠄蟧丝）网	13	
6	（黑）妹　（角）落	21	

有学者认为，这是用变调表示细小、轻微、次要、轻视的意思，与北方话的儿化相当。如赵冬梅《关于小称的基本认识》① 认为这是"小称变调"，"变音后一般带有指小的意义"，"可以表示亲昵、尊敬、轻松、诙谐、轻蔑、厌恶等感情色彩"。无论是广州话还是顺德话，这在原调为第4声的字名词性变调为55调时有较多的例子。例如，"竹笋"的"笋"按第4声来读，大家可以理解为容量比较大的笋筐；但若按55调来读，人们自然会想到是小竹笋。又如"虾毛"的"毛"、"五文"的"文"，已经固定为55调了，若读原调就没有人知道是什么意思；"茅寮"的"寮"、"一个人"的"人"、"捉伊人"的"人"等，也有很多人读55调。

现把顺德话和广州话各声调的字名词性变调的对比情况举例如表6-4。

表6-4　顺德话和广州话名词性变调的调值对比

调序	原调			变调		
	调值		例字	调值		例字
	顺德话	广州话		顺德话	广州话	
1	53	53	军（事）装（载）	55	55	（海）军（军）装
2	13	35	本（来）表（示）	44	35	（书）本（图）表
3	33	33	贩（卖）（松）脆	44	35	（小）贩（薄）脆
4	33	11	缝（补）（包）围	44	35	（裁）缝（大）围
5	13	13	码（放）五（个）	35	35	（铁）码（老）五

① 赵冬梅：《关于小称的基本认识》，《语文学刊》2002年第2期。

续上表

调序	原调		例 字	变调		例 字
	调值			调值		
	顺德话	广州话		顺德话	广州话	
6	21	22	焊（接） 料（理）	35	35	（风）焊 （材）料

二、人名和称谓的变调

顺德话中名词性变调的情况在人名和称谓上表现得相当明显。例如：

＜5＞你讲嘅"张仔"系唔系指我哋公司嘅张伟啊？（你说的"张仔"是不是指我们公司的张伟啊？）

＜6＞附近有乜人知道九叔嘅大名叫做陈九。（附近没有多少人知道九叔的大名叫做陈九。）

第一例中"张伟"的"张"是普遍性的，只是表明他的姓氏，"张仔"的"张"却是专指他这个人，更有特指性，故变为55调。第二例的"九"在"九叔"中是序数，念原调，在"陈九"中变调为44调；前者重音在"叔"，后者重音则在"九"。

人名或称谓上的变调主要有以下几种情况。

（一）姓氏

当以姓氏为称呼时，即只出现姓而省略名，姓氏被重读，突出名词性，则可能发生变调。如"小崔""小陈""老孙""老赵""阿钟""阿谭""关伯""卢仔"等。姓氏变调的特点为：一是这种称呼较多用于男性，较少用于女性；二是姓氏若为第1声的几乎都读55调，第4声的变调也不少，第6声的变调较少，其他三个声调更少，如"孔""宋""吕"等；三是姓氏在称呼的末尾（如"老～"）时较多变调，姓氏后加词尾（如"～仔"）的，姓氏本身变调较少，一般以词尾变调为多，如"叶仔"，虽然也有变"叶"而不变"仔"的，但更多的是变"仔"而不变"叶"。

（二）名字

当以姓名出现，或省略姓氏而仅以名字称呼时，名字的末音节可能发生变调，如

"张三""李四""王老五",如"桂强""丽云""伟文";若仅以名字中的一个习惯用字来称呼的,这个字也可能变调,如"阿麟""兰姐""添仔""屎塔满(绰号)"中带点的字。这种变调最多表现在名字末字或习惯用字为第 1 声的情况,如"刘玄德""张飞""方方""阿欣"等。

(三)亲属称谓

亲属的称谓中许多都有变调的现象,举例如表 6-5。

表 6-5　亲属称谓变调情况举例

调序	调值		例　字
	原调	变调	
1	53	55	(四)叔　(任)孙　(表)姑
2	13	44	(二)婶　(表)姐　(四)嫂　(细)仔
3	33	44	(姑)太　(任)婿
4	33	44	(太)爷　(家)婆
5	13	35	(奶)奶　(姨)母　(三)舅　(契)女
6	21	35	(姑)丈　(舅)父　(三)妹　(表)弟

(四)其他称谓

其他称谓变调的情况有:

一是表示职业的。如末音节原为第 1 声 53 调的"吴工""搬运工""总编",末音节原为第 2 声的"泥水""经纪""买手""地主""小丑",末音节原为第 3 声的"花旦""反角",末音节原为第 4 声的"大厨""裁缝""打荷""媒人""南无",末音节原为第 5 声的"收买""花脸",末音节原为第 6 声的"仵作""掌柜""候镬"等。

二是表示特征的。如"老坑""细蚊""豆丁""孤婆""阿驼""豆皮""孖指""阿崩""大眼""高佬""矮仔""肥妹""歪公"等。

三是表示属地的。如"顺德公""水上""外江佬""番鬼"等。

四是骂人的。如"曲街""死绝""病坏""冚家铲"等。

以上这些称谓,很多就是通过其他词性的词语末音节变调而变成名词的。

不过,有些字若音调不同,意义就不同,例如:

<7>你哋大伯父虽然未够五十岁，但睇落成个伯父噉。（你家的大伯虽然不到五十岁，但看上去像个老头。）

同为"伯父"，前一个意为父亲的哥哥，"父"读原调即21调；后一个意为老年男性，"父"变读为35调。

三、依习惯变调

名词性的字音变调与否，规律性不是很强，主要视乎人们的约定俗成和日常习惯。看看下面的例句：

<8>细滘嘅二嫂畀阿嗰佛手瓜仲未食完，扁滘嘅表嫂又攞啲番瓜嚟。（在细滘的二嫂送来的佛手瓜还没吃完，扁滘的表嫂又拿来了南瓜。）

上述例句的"滘""嫂""瓜"三字前后的调值都不同，前一分句的变调，后一分句的不变调。

首先，看看广州话的单字读音为55调的一些字。这些字与其他字组成的以此字为末字的名词性词语时，依然读55调。但在顺德话，这些字的单字读音既有55调又有53调，甚至平常以53调为多，组成名词性词语后有的读55调，有的却是53调。举例如表6－6。

表6－6　某些第1声的字名词性变调举例

例字	广州话55调			顺德话		
				53调		55调
丝	丝	（蚕）丝	（头发）丝	丝	（蚕）丝	（头发）丝
衫	衫（恤）	衫（衬衫）	（衬）衫	衫	（恤）衫	（衬）衫
瓜	瓜	（白）瓜	（哈密）瓜	瓜	（白）瓜	（哈密）瓜
街	街	（天）街	（长安）街	街	（天）街	（长安）街
鸡	鸡	（蒸）鸡	（田）鸡	鸡	（蒸）鸡	（田）鸡

其次，看看一些地名。"滘"是指分支的河道或者水相通之处。在水乡顺德，河滘遍布，带"滘"字的地名很多。大良新滘村的"滘"，一般是33调，但也有读44调的。扁滘和细滘是容桂辖下两个相距不远的村，可是在顺德人的口中，两个"滘"的音调不同，前者为33调，后者明显偏高，为44调，如例<8>所示。

同样是地名，"寨"在"旧寨"中是21调，在"坝口寨"中是35调；"良"在

"大良"中是33调，在"近良"中是44调；"洲（州）"在"登洲""非洲""广州"中是53调，在"三洲""亚洲""自治州"中是55调。

再次，看看人名和称谓。"阿辉"的"辉"变调与否皆可；"阿玲"的"玲"读11调、33调、44调甚至55调的都有；"光"在"郭建光"中为53调，在"黄继光"中却读55调。

表6-5只是反映变调的调值，实际上是否变调、如何变调就比较复杂。"嫂"在"表嫂"中只能用原调，在"大嫂"中变调与否皆有，但"家嫂""二嫂"的"嫂"就只有变调，如例<8>所示。"姐"的原调是13，只在"大姐""小姐"中使用，在"家姐"中可以是55调、44调或者11调。"契仔"的"仔"、"老爷"的"爷"不变调，"四叔"的"叔"可以不变调。有些字变调与否所指的就不一样，一定要分清。如"大舅"的"舅"若读作11调，指的是妻子的大哥；"大姑"的"姑"若读作53调，指的是丈夫的大姐。

比较一下顺德话称谓中"公"的调值就显得更为有趣。"老公"是53调，"我只公"（我的老公）是55调，因为指雄性动物的"公"是55调；指称所属地域的男性时，如"大良公"，是55调；指称所属职业的男性时，如"刣牛公"，是53调，如果读成55调就恐怕让人理解为屠宰公牛了。但也不尽然，如"兵公""贼公"也是指称职业的，但读作55调；同样反映特征的"盲公"和"胡须公"分别为55调和53调，"癫公""污糟公"则两读皆有。

有些字是否变调在不同的地方有不同的习惯，如"老师"的"师"在大良多读55调，其他地方多读53调。

从上面的各个例子看，似乎三音节名词的末音节变调的情况较多，但实际上没有这样的规律。例如：

<9>我想买*个球送畀佢仔玩，你个仔话买篮球好过买橄榄球。（我想买个球送给佢子玩，你儿子说买篮球比买橄榄球好。）

"球"字原调33调，在"买个球"中是单音节名词，变调为44调；前面加入其它字形成双音节或三音节名词时又读原调33调。"仔"字在"你个仔"中是单音节名词，读原调13调；前面加入"佢"字形成双音节名词"佢仔"时却变调为44调。"球"在某些双音节名词中也有变调，如"皮球""胶球""鱼球"等，"仔"在"你个仔"中也可读44调。

<10>呢个打铁公系伦教公，经常喺鸡洲或者三洲市场摆卖猪肉刀、水果刀之类。（这个打铁公是个伦教公，经常在鸡洲或者三洲市场摆卖猪肉刀、水果刀之类的东西。）

上面句子中"公""洲""刀"三字都是名词的中心语，并列的两个名词中只有后一个字（带点的）发生了名词性变调，前一个都没有变调，较好地反映了顺德话名词性变调在于人们习惯这一事实。

第二节　连读变调

"苏岗"作为顺德区政府所在地的地名，人们经常会提到。"苏""岗"二字分别读时，顺德话与广州话一致，前者为53调，后者为55调；但两字连读时，听起来顺德话与广州话在声调上会有较大的差别。之所以有这样的感觉，是因为顺德话和广州话连读变调时，变调的方式不一样。

所谓连读变调，是指两个或以上音节连读时，有些音节受前后音节的影响而发生声调变化的现象。普通话词语中两个第3声的字相连时就会发生连读变调，如"炒""粉"二字都是第3声，但"炒粉"一词的"炒"要变调为第2声。顺德话和广州话也有连读变调，这种变调主要发生在前音为第1声的词语中，但顺德话的连读变调要比广州话明显而多样。

一、后音节为第1声的连读变调

广州话的连读变调不是很明显，只是在53调和55调之间变化。主要是当一个词语中两个第1声的字相连，若第一字为53调，则经常会变为55调。格式是：

（A1）53 + 53 → 55 – 53

（A2）53 + 55 → 55 – 55

例如"飞""奔"二字都是53调，但"飞奔"一词的"飞"变成55调，形成格式（A1）的55 – 53的调型；"苏岗"中的"苏"为53调，但与55调的"岗"连读时也变为55调，形成格式（A2）的55 – 55的调型。

说实在，两个第1声的音节连读，不管前音节是53还是55，广州话听起来并不会感到有太大的不同；但同样是前后音节都是第1声，顺德话的连读变调就显得很鲜明了。

例如形容词"酸"为53调，组成表示醋腌蔬菜的名词性叠音词"酸酸"时，因为变成名词，发生名词性变调，后音节比单字"酸"稍高音，故其调值是55无疑。

对于广州话而言，53 调的前"酸"紧接 55 调的后"酸"，连读的结果是前"酸"也变成 55 调，因而形成 55 – 55 调型；但对于顺德话来说，前音节似乎比单独的"酸"稍低音，既非升调也非降调，故可视为 44 调，形成 44 – 55 的调型。称呼小孩的"乖乖"也是这种情况。

再来看顺德话的"苏岗"，还有"单身""蜘蛛""西餐""中间""秋天""空军""涌边"等，读起来同样是 44 – 55 调。

用顺德话和广州话比较一下下面几组词语：

衣车—车衣　　兵公—工兵　　天冬—冬天　　啲多—多啲

可以感觉到顺德话的变调要比广州话明显。这是因为广州话是 55 – 55 调型，正反方向读都一样；但顺德话是 44 – 55 调型，"车"在"衣车"中为 55 调，在"车衣"中为 44 调，反过来读就不一样了。这就是顺德话和广州话的"苏岗"听起来差别较大的原因。

再用顺德话和广州话比较一下下面几组词语：

苏岗—江苏　　西山—山西　　公家—加工　　职工—公职

每组前面的词语广州话都是 55 – 55 调型，顺德话是 44 – 55 调型，但后面的词语由于"苏""西""工""职"都是 53 调，按人们的习惯又没有实行名词性变调，连读时广州话为 55 – 53 调型，顺德话为 44 – 53 调型，顺德话的变调依然比广州话明显。顺德话"飞奔""艰辛""干冰""将军""军工""功勋""仙涌"等也是这样。当然，这种"明显"是相对的，或许有人感觉不到"干冰"的"干"和单独的"干"在调值上发生了变化，但如若后一音节的"冰"换成调值较低的"净"字，"干冰"与"干净"相比，后者的"干"就有从高至低的明显感觉，前者的"干"则调值稍低而平缓，这就是 53 调与 44 调的区别。

从上述各例可知，顺德话后音节为第 1 声的连读变调格式是：

（B1）53 + 53 → 44 – 53

（B1）53 + 55 → 44 – 55

下列句子除了一个音节"过"之外，其他音节都是第 1 声，若果用广州话说出，会觉得语调很平直呆板，但用顺德话讲就有了起伏波动的语感，原因就是连读变调较为明显：

<11 > 烧烤叉叉叉烧烧差过叉烧叉叉叉烧烧。（用烧烤叉叉着叉烧来烧烤，不如用叉烧叉叉着叉烧来烧烤那么好。）

二、后音节为非第 1 声的连读变调

广州话的连读变调仅表现在两个第 1 声的字相连的词语中，顺德话则不然，当第 1 声的字后面紧接第 2、3 或 4 声字时也可能会产生连读变调的情况。例如：

〈12〉个衣架喺家嫂正话坐嘅挨椅度。（那个衣架在嫂子刚才坐过的椅子上。）

在这句话中，"衣架""家嫂"和"挨椅"的前音节都是第 1 声，后音节原调有第 2 声的也有第 3 声的，用顺德话来说时，这三个词都发生连读变调，其中"椅"和 "衣"、"架"和"家"分别同音，且与"嫂""挨"同为 44 调，如果"挨椅""衣 架""家嫂"6 个字连续读，感觉就很明显。

表 6-7 举出几个后音节为非第 1 声的连读变调的例子。

表 6-7　后音节为非第 1 声的连读变调举例

声调组合	例　　词	调型
第 1 声 + 第 2 声	书本　甘草　公馆　番鬼　生滚	
第 1 声 + 第 3 声	封套　姜片　新滘　酸菜　开片	44 - 44
第 1 声 + 第 4 声	猪扒　新娘　官田　鸡肠　剀鱼	

表 6-7 中例词的后一个字虽然原为第 2~4 声，但实际上发生了名词性变调而变 为 44 调，所以表中的词语应是 53 调的字加上 44 调的字构成的。变调格式如下：

（B3）53 + 44→44 - 44

后音节为第 5、6 声时不会产生连读变调，就是因为第 5、6 声的字不会名词性变 调为 44 调。

这类连读变调的例子虽然不多，但显示出与广州话不同之处。

三、顺德话连读变调的特点

顺德话能够发生这种连读变调的情况都有一些共同的特点：

（1）一般仅限于词语内部，如"立冬天气"中的"冬天"二字就不会发生连读 变调。即使是在词语之中也不一定产生连读变调，叠音词就有很多例证。这与普通话 有明显的区别，因为普通话第 3 声的连读变调还及于句子内不同词语之间，同一词语

内部一定会产生变调。

（2）发生连读变调的词语前音节一定是原调为第 1 声 53 调，而且变调的也只是该第 1 声的字，后音节的字不变调，即使发生变调也不属连读变调的情况。

（3）变调的字的后面紧跟的字的调值较高，只能是 55 或 53 或 44 调。

之所以产生连读变调，一方面是因为前字 53 调从 5 降到 3 又要马上接上比 3 更高的调，为方便发音减少转折，就只降到 4。这种情况普通话也有，如"老师"的"老"为第三声 214 调，紧接的"师"是第一声 55 调，所以"老"只从 2 降到 1 就马上接上 5，因而变成 21 调。另一方面，53 调的 5 的实际音高比 55 调的 5 稍低。这可从第 1 声的入声即阴入的字的比较就会有明显的感觉（因为入声短促，一发即收，受尾音影响较少，更能反映调子起头音高的点位）。如"汁液"的"汁"是 55 调，"执拾"的"执"是 53 调，音高明显比"汁"低，如果以 1 位数字表示入声的调值，"汁"的调值为 5 的话，"执"的调值以 4 表示也不为过。正是因为这几方面的原因，造成连读变调时前字听起来相当于 44 调。

这也是连读变调的词语前音节一定是 53 调的原因。若是 55 调，不管后音节调值如何，高音的 55 调始终突出，没有迁就后音节的必要，所以不会变调。

广州话连读变调的字音之所以从 53 调变为 55 调而非 44 调，是因为一来广州话的上阴平实际音高比顺德话的要高，二来广州话语调风格较为柔软，音长较长，前字 53 调从 5 开始不及下降又要马上接上后面的 53 调或 55 调的字，以致 5 持续存在。广州话之所以没有后音节为非第 1 声的连读变调，是因为非第 1 声的字没有变调为 44 调的情况。

比较一下下面几个顺德话的例子：

中（53）山（53）—中山（44 - 55）—中山装（44 - 44 - 55）

飞（53）机（53）—飞机（44 - 53）—飞机师（44 - 44 - 55）

工（53）商（53）—工商（44 - 53）—工商行（44 - 44 - 44）

村（53）—陈村（33 - 53）—陈村粉（33 - 44 - 44）

由上可知，顺德话三字词语也会发生连读变调的情况。"陈村"一词本身没有连读变调，加上"粉"后"村"就产生了变调。

第三节　叠音词的调型

下面的句子有三个"尖尖"，意思有所不同，顺德话的读音也不尽相同。

<13>本来尖尖哋就得嘞啦，点知你批到支竹仔个尖尖尖尖。（本来稍为有点尖就行了，谁知你把那杆竹子的尖儿削得那么尖。）

像"尖尖"那样重复同一个音节所构造的叠音词，顺德话中有很多，因应不同的词性和意义，叠音字有不同的调值。

一、名词性叠音词

名词性的叠音词主要用于儿语。小孩子最初学习说话时最容易发出 baba、mama、dada 之类的简单叠音词，人们也是从这样的叠音词开始引导孩子发音，并以相应的人或物来表示意义。

（一）亲属称谓

亲属称谓的叠音词多数有变调的情况，例如"爸"本为第 1 声 55 调，"爸爸"的调型则为 11–55 或 11–11。常见的情形如表 6–8。

表 6–8　亲属称谓叠音词的调型

单字本调		叠音词调型					
调序	调值	本调重复	11–55	44–44	11–11	11–35	35–35
1	53	叔叔　姑姑 妈妈　哥哥 公公	妈妈　哥哥 公公　爸爸		爸爸		
2	13		姐姐	婶婶　嫂嫂		仔仔	
3	33	太太　伯伯				人人	
4	33		爷爷　婆婆		嫲嫲	爷爷　婆婆	

续上表

单字本调		叠音词调型					
调序	调值	本调重复	11 – 55	44 – 44	11 – 11	11 – 35	35 – 35
5	13				母母	女女　奶奶	舅舅
6	21					弟弟　妹妹	丈丈

注: 1. "叔叔""姑姑""妈妈""哥哥""公公"也有因连读变调而成 44 – 55 调。

　　 2. "奶奶"仅为已婚女性所说，不属于儿语。

　　 3. "人人"是对祖母的称呼。

不同的地方有不同的习惯，如"丈丈"，多数地方为 35 – 35 调，但乐从、北滘等有些地方是 11 – 11 调；"姐姐"，一般是 11 – 55 调，但也有念 53 – 53 调或 11 – 11 调的；"妹妹""女女""母母"也有 55 – 55 调的。

从表 6 – 8 可见，亲属称谓的叠音词变调的规律不明显，相对而言，前字 11 调的占多数，后字则以 35 调和 55 调为多。

对非亲属，祖辈男性称"公公"的多为 55 – 55 调，祖辈女性称"婆婆"的多为 44 – 44 调，而且声母多会从 p 变为 b。

（二）小儿人名

小儿人名本调为第 1 声的，叠音多为 55 – 55 调，如"青青""辉辉""军军"；名字本调为第 4 声或第 6 声的，叠音多为 11 – 35 调，如"玲玲""桐桐""盛盛""豆豆"。名字中本调是第 2、3、5 声的字很少采用叠音称呼。

（三）物品名称

婴幼儿对身体、动植物、日常用品等也会用叠音词称呼，其中不乏变调的情况，举例如表 6 – 9。从表中可见，名词性叠音词的调型除了重复本调的之外，以 44 – 44 为最多，这是因为顺德话口语中第 2、3、4 声的字作为单音节名词时常会变为 44 调。调值同为 33 调的第 3 声和第 4 声变调的情况明显不同。

表6-9　物品名称叠音词的调型

单字本调		叠音词调型					
调序	调值	本调重复	55-55	11-55	44-44	11-35	35-35
1	53		花花　猫猫 包包　桔桔				
2	13	宝宝　果果 碗碗　狗狗			橙橙　饼饼 铲铲　粉粉		
3	33	凳凳　裤裤 罐罐　盖盖			兔兔　布布 鸭鸭　垫垫		
4	33			毛毛　茶茶 牙牙　鱼鱼	房房　牌牌 球球　糊糊	牛牛　虫虫 鞋鞋　钱钱	
5	13	被被　耳耳 马马　蚁蚁	奶奶　尾尾				
6	21	鼻鼻　饭饭 肉肉　药药				豆豆　袋袋	巷巷　麦麦 笛笛　帽帽

注：第1声的字叠音时本为本调重复，但基本上变为55-55调，有时因连读变调而成44-55调。

还有一些名词性叠音词是通过重复单音节形容词而成的，如44-55调的"尖尖""酸酸"，11-35调的"甜甜""肥肥""横横"等。

二、形容词性叠音词

顺德话单音节形容词重复形成的叠音词变调的现象主要有以下几种情形。

（一）"AA哋"

像"红红哋"那样，叠音词后面加"哋"，表示稍为，修饰程度不大，甚至比单音节形容词本身还弱。变调情况如表6-10。从表中看出，变调的主要是叠音的后字，其中第1声的变为55调，第2～5声的变为44调，第6声的变为35调。

表 6 – 10　"AA 哋"结构叠音词的调型

调序	调值	例字	词语	意义	叠音词调型
1	53	尖	尖尖哋	有点尖	44 – 55
2	13	矮	矮矮哋	稍矮	13 – 44
3	33	臭	臭臭哋	有点臭	33 – 44
4	33	肥	肥肥哋	偏肥或偏胖	33 – 44
5	13	满	满满哋	比较满	13 – 44
6	21	笨	笨笨哋	有点笨	21 – 35

（二）"AA"或"AA 嘅"

纯粹的叠音词或后面加"嘅"的格式的形容词性词语，又有三种情况。

一是表示甚为，修饰程度很大，如例＜13＞的第三个"尖尖"表示很尖，"肥肥嘅"表示很肥或很胖，"笨笨嘅"表示相当笨拙。可以加"嘅"修饰后面的名词，如"靓靓嘅番茄""慌慌嘅嘅样"。这种情况的叠音词变调的是叠音前字。例如：

＜14＞饭堂啲肉片切到薄﹡薄，睇起嚟似乎多﹡多嘅。（饭堂的肉片切得薄薄的，看起来好像很多似的。）

各声调的字组成的叠音词变调情况如表 6 – 11。从表中可见，叠音前字的变调规律与"AA 哋"的叠音后字相同。值得注意的是，"尖﹡尖嘅"听起来是 55 – 44 – 44，实际上是后面的"尖"与 44 调的"嘅"相连产生连读变调的效果。

表 6 – 11　修饰强烈的"AA（嘅）"结构的叠音词调型

调序	调值	例字	词语	意义	叠音词调型
1	53	尖	尖尖/尖尖嘅	很尖	55 – 53
2	13	矮	矮矮/矮矮嘅	相当矮	44 – 13
3	33	臭	臭臭/臭臭嘅	很臭	44 – 33
4	33	肥	肥肥/肥肥嘅	很肥或过胖	44 – 33
5	13	满	满满/满满嘅	相当满	44 – 13
6	21	笨	笨笨/笨笨嘅	很笨	35 – 21

二是修饰后面的动词性词语时，带有谨慎或者悠然的色彩，修饰程度较大。如

"定定去"表示悄悄地去，"慢慢嗽讲"表示悠然地说。这种情况相当于用"AA 呐"来修饰动词，如"静静呐睇书"，变调形式也与"AA 呐"一样。有时叠音后字也可以变为 55 调，如"慢慢"的调型可以是 21 – 35 或 21 – 55。比较特别的是"轻轻"，"轻"的本调是 53，在表示稍为轻的"轻轻呐"中按前述规律读 44 – 55 调，在修饰动词时的"轻轻""轻轻嗽"或"轻轻呐"中读 21 – 55 调，前一个"轻"变为 21 调。例如：

<15> 啲萝卜糕要轻轻切先得。（那些萝卜糕要轻轻切才行。）

三是紧跟在某些特定名词（主要是天地、五官、四肢等）后面形成主谓结构，而且与名词形成较为固定的搭配关系，如"天暗暗""眼红红""手痕痕"等。这种情况的叠音词不变调（参见后面"ABB"结构的其他词语）。这种结构后面可以加"嗽"，如"眼红红嗽"，但叠音词也不变调。

（三）"咁 AA"

叠音词前面加"咁"，表示程度，意为就这么的，如"咁高高"。这类单音节形容词不多，主要是表示数量、尺寸等性质的，如高、矮、大、细、多、少、长、短等。也有两种情况。

一是当作为一般的描述时（如"咁长长"表示就这么长，"咁厚厚"表示就这么厚），叠音词的变调情况和"AA 呐"一样；但也有前后字都变调的情况，如"咁长长"的"长长"可读作 33 – 44 调，也可读作 44 – 44 调。例如：

<16> 你前日畀我条绳咁长长度啦。（你前天给我的绳子大概这么长吧。）

二是当表示数量或尺寸不足，或者带有嘲笑、不满的色彩时（如"咁薄薄"表示这么太过薄，"咁厚厚"表示这么薄），叠音的后字一般变成 55 调，有时前字也变为 55 调，如"咁长长"的"长长"可读作 33 – 55 调，也可读作 55 – 55 调。例如：

<17> 条绳咁长长，点绑得住咁大个箱吖。（那条绳子这么短，哪能捆得住这么大的箱子呢。）

当叠字为第 1 声时，前面两种情况的叠音后字都是 55 调。如"咁高高"，第一种情况表示就这么高的，调型是 44 – 55；第二种情况表示这么矮或低的，调型为 55 – 55。

三、动词性叠音词

单音节动词重复形成的叠音词的变调现象主要有以下几种。

（一）"AA"

纯粹的单音节动词重复。意思之一是相当于在两个叠字中间加上"一"字表示"动一动"，如"睇*睇""读*读""飞*飞"即是"睇一睇""读一读""飞一飞"的简化。意思之二是相当于在两个叠字中间加上"咗"字表示"动了动"，如"睇*睇"是"睇咗睇"的简化。"睇咗睇"是"睇"的动作已经完成，但动作持续的时间不长，所以也可以说是"睇咗一睇"。普通话也有这样的情况，究竟"睇*睇"（看看）意为"睇一睇"（看一看）还是"睇咗睇"（看了看），要看上下文。

这种叠音词的前字变调，变调规则与表 6–11 的"AA（噉）"同。

（二）"AA 贡"

动词叠音词后面加"贡"音，表示动作不断重复中。如"爬爬贡""撞撞贡"就是指不停地爬、撞来撞去的意思。这种格式的词语变调的是叠音后字，变调规则与"AA 哋"同。

（三）"AA 下"

动词叠音词后面加"下"字，如"摸摸下"，表示动作持续中。这种格式的词语不管单音节动词是什么声调，叠音的前后字都不作变调，变调的是"下"，统一为 35 调。

"AA 贡"和"AA 下"都表示动作持续进行，"AA 贡"强调的是来回反复的动作本身，有点像普通话"A 来 A 去"，而"AA 下"强调的是动作持续了一段时间，相当于普通话"A 着 A 着"，两者侧重点有所不同。

<18> 日嘅我得闲无事喺个公园里便荡荡贡，点知荡荡下居然畀单车撞亲咗。（那天我闲着无聊在那个公园里随便逛，谁知道逛着逛着居然被自行车撞到了。）

上述几种动词性叠音词的变调情况举例如表 6 – 12。

表 6 – 12　动词性叠音词的调型

例字 A	本调		叠音词语的调型		
	调序	调值	"AA"	"AA 贡"	"AA 下"
追飞推碌	1	53/55	55 – 53	44 – 55	叠音词前后两字均为本调，"下"变为35 调
扯踩整捅	2	13	44 – 13	13 – 44	
喷跳钻拍	3	33	44 – 33	33 – 44	
扒流摇游	4	33	44 – 33	33 – 44	
挽舞揽吮	5	13	44 – 13	13 – 44	
递吠漏掘	6	21	35 – 21	21 – 35	

（四）"A 下 A 下"

这种结构也表示动作持续中，如"摸下摸下"。这种格式的词语变调的不是单音节动词本身，而是"下"字，前一个读 13 调，后一个读 35 调。

"A 下 A 下"的意思与"AA 下"差不多，如例 < 18 > "荡荡下"可以替换成"荡下荡下"；但"A 下 A 下"显得悠然一些，或者持续的时间长一些。

< 19 > 我哋唱下唱下，不知不觉就唱咗十首歌。（我们唱着唱着，不知不觉就唱了十首歌。）

在"AA 下"中，A 为第 1 声时，如"飞飞下"，之所以不会发生连读变调，就是因为其意思是"飞着飞着"或"飞下飞下"，两个 A 之间实际上是有短暂的停顿的。

四、量词叠音词

单音节量词重复形成的叠音词举例如下：

< 20 > 全班同学啲作文我一篇*篇睇过嗮，篇篇都有出现错别字，但讲到切唔切题，一篇*篇啦。（全班同学的作文我逐篇看过了，每一篇都没有出现错别字，但是否切题，得要一篇一篇地说。）

（一）"AA"

纯粹的单音节量词重复，表示"每一"，指普遍性。如"间间""本本""件件"

"篇篇"等，分别表示"每一间""每一本""每一件""每一篇"。这样的叠音词不变调。

（二）"一AA"

单音节量词叠音词前面加"一"字，表示"逐一"，或者强调每一个体，如"一个*个""一句*句""一阵*阵""一篇*篇"等。这种结构的叠音词一般都会使叠音前字变调，变调规则与表6-11的"AA（嗽）"同。

五、其他词性的叠音词

其他词性的叠音词叠字是否变调往往视乎习惯。举例如表6-13。

表6-13　副词和拟声词的叠音词举例

词性	例词	意义	单字本调	变调	不变调
副词	刚刚	刚才	53/55	44-55	55-55
	仅仅	只	13	13-44	
	正正	正好	33		33-33
	齐齐	一起	33	33-44	33-33
	往往	常常	13		13-13
	耐耐	不时	21	21-35	
拟声词	吱吱	声	53/55	44-55	55-55
	隆隆	声	33	11-35	
	嘞嘞	声	21	21-35	21-21

六、有叠音结构的其他词语

（一）"A××"和"ABB"

如"实一一""嫩呵呵""老额额""甜淋淋"等A××结构的词语中，单音节形容词A与叠音字×之间没有意义关联，A×不能构成一个单独的词语，重叠的×只是起到衬音的作用。所以，"甜"后面的叠音字×可以是"淋"也可以是"耶"，之所以不能是其他，是因为习惯之故。

另一类是 ABB 结构，像"牙擦擦""戆居居""苦涩涩""水汪汪"等的 AB 是一个双音节词（如"戆居"），像"头重重""眼湿湿""冻冰冰"等的 A 和 B 是主谓关系或有关联的两个词素（如"冻"和"冰"的关系）。

这两类词语的叠音部分以不变调的为主，但个别词语有变调的情况，如"黑萌萌"中"萌萌"的调型可以是 11-11、53-53 或 11-53，"散修修"的"修修"可以是 53-53 或 11-53。

这种结构后面可以加"噉"，如"甜淋淋噉"，但不影响叠音部分的变调或不变调。

（二）"AAB"

像"光光头""滚滚熻"那样格式的词语，一般地，AB 本来就是一个双音节词（如"光头"），或者是有关联的两个词素（如"滚"和"熻"的关系），重复前字起着强调的作用，形成一个新的词语。这类词语变调的情况有二：

一是 B 不变调，叠音部分"AA"变调。一般变调的是后 A，如"霞霞雾"，和"AA 吧"一样；当 AB 的黏结较紧密，不易分开时（如"干干净"的"干净"），经常会是后 A 不变调而前 A 变调，和"AA 噉"一样。

二是"AA"不变调，反而后面的 B 变调，变调的规律稍有不同，第 5 声不是变为 44 调而是变为 35 调。

举例如表 6-14。

表 6-14　"AAB"格式叠音词举例

变调形式		例词	前 A		后 A		B		叠音词调型
			调序	调值	调序	调值	调序	调值	
A 变调	后 A 变调	瞬瞬望			1	53→55			44-55-B
		揤揤震			2	13→44			13-44-B
		吊吊掆			3	33→44			33-44-B
		霞霞雾			4	33→44			33-44-B
		饱饱滞			5	13→44			13-44-B
		漏漏淅			6	21→35			21-35-B

续上表

变调形式		例词	前A		后A		B		叠音词调型
			调序	调值	调序	调值	调序	调值	
A变调	前A变调	辛辛苦	1	53→55					55－53－B
		稳稳阵	2	13→44					44－13－B
		架架势	3	33→44					44－33－B
		长长气	4	33→44					44－33－B
		老老积	5	13→44					44－13－B
		大大只	6	21→35					35－21－B
B变调		蒙蒙光					1	53→55	A－A－55
		逼逼紧					2	13→44	A－A－44
		匀匀个					3	33→44	A－A－44
		奀奀头					4	33→44	A－A－44
		眨眨眼					5	13→35	A－A－35
		淋淋鼻					6	21→35	A－A－35

当然也有例外的，如"擒擒青""阴阴冻""氹氹转"的后A既可变调又可不变调，但B始终没有变调；"湉湉满"的B既可变调又可不变调，但A始终没有变调；"媾媾乱"若后A变调则B不变调，若后A不变调则B变调。

（三）"ABA"

ABA结构的词语广州话比较少，但顺德话的使用较为普遍。

像"整乱整啲顺序""搅匀搅罉汤"中的"整乱整""搅匀搅"，是ABA结构的形式，类似的还有"扮靓扮""放低放""晒干晒""拨开拨""拧松拧"等，具有动词的性质，AB本身是双音节的动结式词语，A是主要动词，B是表示结果的形容词。

"睇过睇""挡住挡""补翻补""望咗望"等词语中，A是主要动词，但B并非表示结果，而是用于表达体貌意义的动态助词。"过"是经历体，"住"是持续体，"翻"是回复体，"咗"是完成体，上述四个词语的此A和彼B可以相互搭配。

ABA结构的词语中，A不变调，变调的是B。

（四）"AABB""AABC"和"ABCC"

类似"巴巴闭闭""流流鼻涕""老友鬼鬼"等形式的叠音词，叠音部分基本不变调，但也能找到可以变调的少数例子。如 AABB 结构的"趸趸敏敏""累累睡睡"，后 B 有时会提高调值；"凌凌林林""熻熻含含"既可以是 11 – 11 – 11 – 11，又可以是 11 – 53 – 11 – 11。"尖尖下巴""阔阔口面"等词语变调的是词语的末音节。

七、叠音词语的调型汇总

顺德话叠音词的重叠音节有变调的现象，也有不变调的现象。表 6 – 15 列出了一般情况下叠音前后字音高的高低变化。从表中可以看出，顺德话的叠音词如若发生变调，多数情况下是后字音高高于前字，少数情况是前字音高较高，其中不乏合音变调的结果，下一节将予以讨论。

表 6 – 15　叠音词语的调型特征

词性/形式		举　例	前高后低	前低后高	前后不变
名词	普通	尖尖		●	
	儿语	毛毛		●	
		饭饭			●
	亲属称谓	弟弟		●	
		伯伯			●
	小孩名字	冰冰			●
		文文		●	
形容词		软软哋		●	
		肥肥（噉）	●		
		慢慢（噉）行		●	
		咁少少		●	
动词		摸摸	●		
		摸摸贡		●	
		摸摸下			"下"变高
		摸下摸下			后"下"变高

续上表

词性/形式	举 例	前高后低	前低后高	前后不变
量词	次次			●
	一秒秒	●		
副词	齐齐		●	●
拟声词	嘟嘟声		●	●
A××	散修修		●	●
ABB	手多多			●
AAB	氹氹转		●	●
	逼逼紧			B 变高
ABA	拧紧拧			B 变高
AABB	稳稳阵阵		●	●
AABC	斤斤计较			●
ABCC	文质彬彬			●

叠音词若发生变调，除了"咁 AA"的特殊情况外，构成叠音词的各声调的字变调情况总结如表 6 – 16。表中表明，前高后低和前低后高正好是前后两个调值互换，其中第 1 声的 44 – 55 只是 53 – 55 连读变调后的感觉。

表 6 – 16　各声调的字叠音词变调的调型

词　　素			叠音词调型	
调序	调值	例字	前高后低	前低后高
1	53	尖	55 – 53	44 – 55
2	13	矮	44 – 13	13 – 44
3	33	臭	44 – 33	33 – 44
4	33	肥	44 – 33	33 – 44
5	13	满	44 – 13	13 – 44
6	21	笨	35 – 21	21 – 35

第四节　谓词的变调

谓词充当述语作用，包括动词和形容词两类。顺德话某些情况下一些谓词的字音会出现变调现象。

一、完成体变调

我们在英语学习中碰到的所谓完成时态是指表示某一时间或动作之前已经发生或完成了某个动作的动词形式。本来汉语的动词无法像英语那样通过变形来反映不同的时态，因而没有动词时态的说法，但汉语可通过一些助词与动词、形容词的适当配合来表示动作或状态的不同时间与方式。比如普通话的"了"和广府话的"咗"，用在动词或形容词后面，就是表示动作或变化已经完成，使该动词或形容词类似于完成时态。

顺德话有时不在动词或形容词后面加"咗"来表示动作或变化已经完成，而是通过动词或形容词的变调来实现，这与英语通过动词变形有点相似。例如：

<21>——部车要加油喇，琴晚翻离阿阵已经着*灯咯。（那辆车需要加油了，昨晚回来时已经亮起加油提示灯。）

——加*油喇，旧先我同埋桐桐去加嘅。（加过油了，刚才我和桐桐一起去的。）

上例有 3 个"加"字，其中第二句"加油喇"即是"加过油了"，"加"这个动作已经完成，这时第 1 声的"加"从本调 53 调变为 55 调。第 2～6 声的动词或形容词也有这种完成体变调的情况，如第 6 声的"着"本调为 21 调，在上例第一句"已经着灯咯"中，意为"需要加油的提示灯已经亮了"，亮灯的动作已经完成，所以变为 35 调。

又如下面例句的第一个"算"是本调，第二个"算"是变调，可以明显地看到两个"算数"的不同意义：

<22>讲话要算数，你咪口轻轻讲完就算*数。（说话要当真，你别信口开河说完就不当一回事）

可以理解为，前一个"算"是"算作"，意为当作一件事，承认有效；后一个

"算"是指了结、作罢，"算作"的行为已结束、不作计较、不当真，是完成体，故变调。

当然，不是什么句式都可以用动词或形容词变调来表示动作或变化已经完成。一般情况下，如果谓词不在句末或者停顿处，且后面能够紧跟助词"咗"，就可通过变调来代替"咗"字，举例如表6-17。表中间一列的动词可以紧跟"咗"而不变调或者变调而省略"咗"；右边一列的动词不能紧跟"咗"，或者处在句末，故不能变调。

表6-17　动词变调与不变调的完成体举例

体　貌	变　调	不　变　调
现在完成体	啲番薯畀我哋煮*啦。（那些番薯我们已经煮了。）	啲番薯畀佢哋攞晒去煮。（那些番薯让他们全部拿去煮了。）
过去完成体	部车我前日充*电喇。（那辆车我前天已经给充电了。）	部车我前日充满电喇。（那辆车我前天已经给充满电了。）
将来完成体	后日我已经休*息啦。（后天我已经休息了。）	后日我就休完假喇。（后天我就休假完了。）

回过头来看，例<21>第一句"部车要加油喇"，意即"这辆车需要加油了"，显然还没有加油，不是完成体，"加"的后面不能紧跟"咗"，所以用原调；第二句"加油喇"的"加"后面能紧跟"咗"，若省去"咗"就要用变调。例<22>后一个"算"后面可以紧跟"咗"，不用"咗"时就改用变调。

虽然广州话也有这种动词或形容词完成体变调的情况，但顺德话表现得更加明显而多样。一来，广州话较多地用"咗"来表示动作或变化已经完成，顺德话用"咗"的频率不是很大，表示完成体时采用变调的方法更普遍。二来，顺德话完成体的动词或形容词变调的情况较复杂，其规律是：第1声的变为55调，第2～4声的变为44调，第5声和第6声的变为35调。举例如表6-18。

表6-18　顺德话各调值单音节谓词在完成体中的变调情况

调序	例字	词性	调值变化 本调	调值变化 变调	例　　句
1	乖	形容词	53	55	今日珠珠乖*好多。（今天珠珠乖多了。）
2	死	形容词	13	44	个鱼死*喇。（那条鱼已经死了。）
3	跳	动词	33	44	只猫跳*上嚟。（那只猫跳上来了。）

续上表

调序	例字	词性	调值变化		例　　句
			本调	变调	
4	迟	形容词	33	44	家闲先嚟，迟*啦！（现在才来，太迟了！）
5	养	动词	13	35	二叔公养*两只狗。（二叔公养了两只狗。）
6	读	动词	21	35	我喺大良读*三年书。（我在大良读了三年书。）

这种完成体的变调主要适用于单音节动词或形容词，但也有一些双音节词在构成完成体时可能变调，变调的主要是末音节。例如：

<23> 明仔今个学期进步*好多啰。（小明这个学期进步很大了。）

<24> 为选择边个方案我哋讨论*好耐啦，家下都未定落嚟。（为选择哪个方案我们已经讨论了好长时间，现在还没有确定下来。）

由主要动词加表示结果的形容词或动词构成的双音节动结式短语动词，如果加"咗"，只能加在整个短语动词的后面而不能加在主要动词的后面，如表 6 – 17 右列的例句，只能说"休完咗"，不能说"休咗完"。不加"咗"时主要动词如"充""休"固然不变调，但短语动词的末音节能否变调则视习惯，如"休完"的"完"不变调，但下例中"教晓"的"晓"则可变调。例如：

<25> 上次我已经教晓*你啦，咁快就唔记得喇咩？（上次我已经教会你了，这么快就忘记了吗？）

类似的还有"扫清""晒干"等词语，末音节变调与否皆可。

当然，双音节词一般使用"咗"作为完成体的标记。

二、趋向动词前的变调

<26> 你等阵行*出巷口等我吖。（你待会儿走出来在巷口等我吧。）

<27> 我准备走*去广州搵工。（我准备走去广州找工作。）

顺德话上述例句的"行"本为第 4 声 33 调，但在这里后面紧接趋向动词"出"后变为 44 调；第 2 声的"走"原为 13 调，后面加上趋向动词"去"后变为 44 调。像这样"单音节谓词＋趋向动词"的结构中，顺德话的单音节谓词常常会变调，调值变化与表 6 – 18 相同，如"追出去""解落嚟""跳上去""抬入去""领返嚟""递过嚟"等。

能引起前面的谓词变调的，主要有表 6 – 19 所列的趋向动词。

表 6-19　能引起前面谓词变调的趋向动词

单纯趋向动词	上	落	入	出	返	过
			嚟　去			
合成趋向动词	上嚟	落嚟	入嚟	出嚟	返嚟	过嚟
	上去	落去	入去	出去	返去	过去

趋向动词"起""起嚟""起身"前面的谓词一般不会变调，"肿起嚟"的"肿"若变调，则是属于完成体变调。而且，这几个词和"落去"用在动词或形容词后面表示动作或性质的开始或继续时，趋向意义已经虚化，如"痛起嚟""讲落去""好起身"等，前面的谓词一般也不会变调。

比较下面两个句子：

<28>将个茶壶挤*入去啦。（把那个茶壶放进去吧。）

<29>将个茶壶挤入啲啦。（把那个茶壶放进去一点吧。）

"挤*入去"的"入去"是趋向动词，"挤"变调；"挤入啲"的"入啲"是往里一点的意思，不是趋向动词，"挤"不变调。

三、支配对象明确的动词变调

当单音节动词是能带支配对象的行为动词，所支配、关涉的对象是确定的、已知的人或事物时，顺德话的该动词往往会变调。例如：

<30>放啲书喺个柜度好睇啲。（柜子里放上一些书更好看。）

<31>啲书放*喺个柜度好睇啲。（这些书放进那柜子里会好看一些。）

前一句动词"放"的对象是不确定的，没有指定是哪些书，"放"没有变调；后一句"放"的对象已经很明确，"放"发生变调。

再比较下列两个句子：

<32>今晚你执*尼两件衫过嚟畀我。（今晚你送这两件衣服过来给我。）

<33>今晚你执两件衫过嚟畀我。（今晚你送两件衣服过来给我。）

前一句的"执"念 55 调，因为强调"执"的是这两件衣服而非其他衣服；后一句的"两件衫"只是泛指，故"执"念本调，即 53 调。

正因如此，有些句子看起来一模一样，但动词变调与否意义就大不一样。举例如表 6 – 20。当"滗"念 53 调时，"汤"只是泛指，没有明确哪一些或多少；若"滗"念 55 调时，强调"滗"的是这些汤，而且是原来容器里所有的汤，不是别的汤或部分汤。同理，"运"读本调与变调时所指的"材料"也有泛指与特指之分。

表 6 – 20　动词支配对象明确与否的例句和动词调值

动词	例　　句	调值	意　　义
滗	等阵你滗啲汤落只兜度。	本调 53	待会儿你舀一些汤到那汤盆子里。
		变调 55	待会儿你舀了这些汤到那汤盆子里。
运	运啲材料去工地好无？	本调 21	运一些材料去工地好吗？
		变调 35	运了这些材料去工地好吗？

又如例＜30＞的"放"如果变调，其意思与例＜31＞是一样的。

这类动词变调的句子即使改写成"将"字句（相当于现代汉语的把字句，通过动词所及对象的前置来强调对象的特定性），该动词依然也是变调。例如：

＜34＞今晚你将尼两件衫执*过嚟畀我。（今晚你把这两件衣服送过来给我。）

＜35＞你等阵将啲汤滗*落只兜度。（待会儿你把这些汤舀到那汤盆子里。）

上述动词变调的几个例句看起来是将来体，但可以在动词的后面加上"咗"字，正如表中"舀了""运了"那样，动作的结果是相当明确的，因此可以看作类似英语将来完成时的完成体，这和趋向动词前面的变调是一样的，"行出巷口"可以说成"行咗出巷口"，"挤入去"可以说成"挤咗入去"。当动词所及对象不是特指时，动作的结果并不一定明确，动词后面不能加"咗"，所以没有变调。

四、谓词的合音变调

观察下面几个顺德话的例句：

＜36＞你要应*下二叔先得㗎，冇啲礼貌。（你要应答一下二叔才对，现在你显得没有一点礼貌。）

＜37＞你要影*下二叔先得㗎，唔使净系影住二婶嘅。（你要为二叔拍摄一些照片才好，不必只是为二婶拍照。）

＜38＞我想去街边 maai^{35} 只鸡。（我想去街边买/卖一只鸡。）

前两句话的前一分句在顺德话听来都一样，但作为动词的"应"和"影"单独来读时，声调是不一样的。第三句话 maai³⁵，顺德话究竟是"买"还是"卖"？在没有上下文的情况下没办法回答。

之所以"应""影"难辨、"买""卖"不分，是因为合音变调的缘故。

所谓合音，是指相邻的两个音节相互融合而变为一个音节。合音变调则是被融合的音节由于声韵成分脱落，仅以声调成分合入前一音节而使融合后的音节调值发生变化的现象。

合音变调的情况广州话也有，但像完成体变调一样，不如顺德话那么普遍，也不如顺德话那么明显。

顺德话合音变调的规律：一是前一音节音高较低，被融合的音节音高较高；二是合音后前一音节第 1 声的变为 55 调，第 2～4 声的变为 44 调，第 5 声和第 6 声的变为 35 调。

顺德话谓词的合音变调主要有以下几种情况。

第一种情况是表示"动一动"的双音节叠音词，因音节减省而变调。例如"冲一冲"的"一"属于语法意义的虚成分，可以脱落而使"冲一冲"简化为"冲*冲"。顺德话的"冲"字本调是 53，在"冲一"合拼时保留了"冲"的声母和韵母，但采用了"一"的 55 调，故"冲*冲"的声调变为 55－53。又如"讲"字顺德话的本调是 13，与"一"合拼时发生合音变调，使"讲*讲"的声调变为 44－13。"试*试""玩*玩""饮*饮"等都是因为叠音前字与"一"合拼而产生变调的。

第二种情况也是与"一"有关。"谓词＋下"格式的词语实际上是"谓词＋一下"，因为省略了"一"而使"谓词＋下"格式的谓词发生合音变调。如"唱*下歌"就是"唱一下歌"的减音，"唱"与"一"合拼时发生合音变调，使"唱"的调值从本调的 33 变为 44。例＜36＞和＜37＞的"应"和"影"之所以变调，也是因为省略了"一"。

由主要动词加表示结果的形容词构成的动结式短语动词，如果后面紧跟"下"的，则该短语动词作为一个整体，末音节变调而不是该主要动词变调。例如：

＜39＞最好你再问清楚*下张伟。（最好你再向张伟问清楚一下。）

上例的"问"不变调，变调的主要是"问清楚*"这个短语动词的末音节"楚"，因为只能"问清楚一下"而不能"问一清楚下"，是"楚"而非"问"与"一"发生合音。

第三种情况还是与"一"有关。谓词后面直接加量词的，大多数是"一"的音节脱落，使该谓词变调。例如：

<40> 唔该开[*]部风扇啦。（麻烦你打开一台风扇吧。）

句中的"开[*]部风扇"是"开一部风扇"的简化，本调53的"开"与55调的"一"合音成55调的"开"。"买[*]只鸡"的"买"、"卖[*]只鸡"的"卖"也是这种情况，因为"买一"和"卖一"合音后调值都是35，使得例<38>无法判断是"买"还是"卖"。

或许有人认为与指示代词"呢"有关。如"唔该开[*]部风扇啦"中，如果风扇较多，究竟开哪一台就要有所指示，这时的"开[*]部风扇"可能是"开呢部风扇"的简化，"开"与55调的"呢"合音成55调的"开"。但是，在实际说话时，说话者若要有选择性指示，都会辅以动作或眼神，如果需要特别强调，就会说"开呢部风扇"，不会吝惜那个"呢"字，使所开的风扇符合自己的意思。再如说"煮[*]碗面""食[*]口烟"，听者不会以为是"煮呢碗面""食呢口烟"。况且，顺德话的近指代词多为音高较低的"尼"，音高较高的"开"不可能与之形成合音；顺德话若要强调近指，会将近指代词的音高提高到"呢"，既然强调，就不会省略"呢"音。

第四种情况是完成体的变调。完成体之所以变调，是因为动态助词"了"在顺德话既可为44调的"咗"，又可为55调或53调的"heu1"，而且以后者为主，合音之后使前面的谓词调值提高。例如：

<41> 部风扇我已经开咗啦。（那台风扇我已经打开了。）

<42> 部风扇我已经开[*]啦。（那台风扇我已经打开了。）

上面两个句子意思是一样的，当"开咗"合音之后，"开"发生变调，而"咗"则脱落。

"买一只鸡""卖一只鸡""买咗只鸡"和"卖咗只鸡"都可以合音成"maai³⁵只鸡"，这确实要根据上下文才能正确判断是什么意思。但是，在"maai³⁵一只鸡"中，很明显被融合的是"咗"而非"一"。

前面"趋向动词前的变调"其实也是合音变调的结果。例如在"唔该将支电笔递[*]过嚟"中，"递"的动作虽然未完成，但习惯上可在后面加上"咗"字（相当于普通话"劳驾你把那支电笔递了过来"），当省略"咗"时就使该谓词产生了合音变调。例<28>广州话说成"将个茶壶挤咗入去啦"更为普遍。

对比例<40>，像例<32>的句子，则不能因为是特指，就把动词变调看作与近指代词"呢"的合音变调。顺德话的近指代词"尼"紧跟在动词"执"的后面并没有省略，说明不是合音，但若改成：

<43> 今晚你执[*]件衫过离畀我。（今晚你送一件衣服过来给我。）

句中 55 调的"执",则是原调 53 的"执"与"一"的合音变调,这和例 <40> 是一样的道理。例 <32> 的句子其实可以理解为下面句子省略了"咗"字:

<44> 今晚你执咗尼两件衫过嚟畀我。（今晚你送这两件衣服过来给我。）

也就是说,例 <32> 中 55 调的"执",实际上是例 <44> 的"执咗"的合音。

推而广之,凡是句子中可以紧接着加"咗"的谓词,基本上都因为省略"咗"而产生变调。例如:

<45> 你谂过先好啊,工资低过家闲喇,够[*]食度啦。（你想清楚才行,工资比现在要低,刚刚够你吃的吧。）

"够食度啦"可以看作"够咗食度啦",省略"咗"后而使"够"变调。

前面第二、三、四种情况的谓词可以是双音节。双音节谓词的变调主要在于后音节,这进一步说明合音变调的存在,因为只有后音节才能与后面的"一"或"咗""heu1"发生融合。

合音变调不只是在于谓词,还发生在其他语法成分上。回过头来看叠音词的变调,前已述及有些叠音前字调值提高的情况其实是合音变调的结果。除了上述第一种情况表示"动一动"的谓词合音变调外,形容词性的"AA"或"AA 嗽"以及量词叠音词"一 AA"也是前字"A"与"一"产生合音变调。例 <14> 的"薄[*]薄"有时人们也会说成"薄一薄",例 <20> 的"一篇[*]篇"就是"一篇一篇","薄"和"篇"分别与紧跟后面的"一"合音,就产生了变调。

顺德话合音变调的情况很多,以后还会提到。

五、与某些词语搭配时的变调

顺德话中的一些谓词,若与某些特定词语搭配,也有变调的情况。

（一）在"咁""咁鬼"之后

在意思相当于"这么"的"咁"之后的形容词,当处于句末或停顿时,或者后面紧跟"嘅 + 名词性词语"时,可通过变调以加强语气。例如:

<46> 哗,呢度咁污糟!（哇,这里那么脏!）

<47> 咁肥嘅猪肉,二叔公居然食得咁多。（这么肥的猪肉,二叔公居然吃得那么多。）

<48> 咁远,不如搭车去吖。（这么远,不如搭车去吧。）

这种情况下，"咁"后面的形容词紧跟名词或动词时，变调的不是形容词，而是名词或动词的末音节。如"咁远路""咁好身体"和"咁难食""咁易商量"，变调的是"路""体"和"食""量"。

"咁"可以改为"咁鬼"，意思基本一致，语气有所加强，之后的形容词变调情况也相同。"咁"有时也可以改为"鬼咁"，但意思稍有变化，意为"非常""十分"，之后的形容词一般不变调。比较一下：

<49>呢件衫细妹咁鬼钟意，唔买都唔得啦。（这件衣服小妹这么喜欢，不买都不行了。）

<50>呢件衫细妹鬼咁钟意，唔买都唔得啦。（这件衣服小妹十分喜欢，不买都不行了。）

（二）在"几（鬼）""几（鬼）咁"之后

当"几"表示惊异或不同寻常，意思相当于"多么""何等"时，后面的形容词通常会变调。例如：

<51>挖几深都要挖出嚟㗎啦。（不管挖多深都要挖出来的。）

<52>呢啲橙几甜啊，蜜糖噉。（这些橙子多么甜啊，就像蜜糖那样。）

<53>三个月冇休息过，你话几艰难啊。（三个月没有休息过，你说是何等的艰难啊。）

这时的"几"可以改为"几鬼""几咁"，还可以改为"几鬼咁"，但没有人说"几咁鬼"的。

<54>几大都要去睇下。（无论如何都要去看一下。）

"几大"已经成为一个固定的词语，无论顺德话还是广州话，"大"都变调。

当句子中含有"不知"或"唔知"，以加强语气时，"几（鬼）"后面的形容词基本上都变调。例如：

<55>你都唔知呢只CD啲歌几好听啊！（你真不知道这张光盘的歌多么好听啊！）

<56>呢件衫我不知几喜欢！（这件衣服我不知多喜欢！）

但是，在表示一般程度的"几"之后的形容词，读原调。例如：

<57>呢啲橙几甜。（这些橙子比较甜。）

<58>呢件衫我几喜欢。（这件衣服我比较喜欢。）

（三）在"（咁）止"之前

<59>呢度嘈闭止，我听唔清。（这里太嘈了，我听不清。）

顺德话"嘈闭止"中的"止",意为至极、非常,也可以说"咁止"。"止"或者"咁止"之前的谓词最后一个音节往往变调,如上面的"闭"读44调。

广府话中有些单音节形容词为了加强语气而增加叠音后缀,如"香匹匹""臭崩崩""红当当""冻冰冰"等,这些后缀放在"(咁)止"之前时,叠字改为单字,且发生变调。例如:

<60>个面红当咁止,你梗系饮*好多烧酒嘞。(你的脸红得那么厉害,一定是喝了很多酒吧。)

此类词语有不少,举例如表6–21。

表6–21 "A×(咁)止"结构×调值的变化

"×"的调序	"A××"结构	"A×(咁)止"结构	"×"的变调
1	脆卜卜	脆卜止	53变55
2	碎饮饮	碎饮止	13变44
3	香喷喷	香喷止	33变44
4	蒙查查	蒙查止	33变44
5	直挺挺	直挺止	13变35
6	熬焓焓	熬焓止	21变35

(四)在"唔慌"之后

顺德话在"唔慌"之后的谓词,若处于停顿,或加上"啦"后停顿,则该谓词可能会变调。例如:

<61>你两个都咁高,个仔唔慌矮啦,发育迟啲嘛。(你们两个的个子这么高,儿子哪会长得矮,只是发育迟一点而已。)

这里的"唔慌",不是"不慌"的意思,而是指不必害怕,引申为不可能、不会。例如:

<62>啲餸咁辣,二叔公唔慌食。(那些菜这么辣,二叔公不会吃的。)

谓词后面带宾语时,可能变调,如"唔慌理你"中的"理";带其他成分的,一般不作变调,如"唔慌矮过人啦"的"矮"读原调。若谓词后面加上某些词尾,如"亲",用在句子停顿的地方,该谓词不变调;但词尾可变调,如"唔慌快亲"的"亲"。

"唔慌"后面谓词变调的原因可认为是与隐含的"咗"的合音。如"唔慌矮啦"

习惯上还可以说成"唔慌矮咗啦"，"唔慌理你"还可以说成"唔慌理咗你"，是对未来状态的预期。

（五）在"唔"之后

"唔＋谓词"表示对过去状态或习惯、认识的否定时，紧跟"唔"后面的字音可能会变调。例如：

　　<63>唔落雨好耐啦。（已经很长时间没有下雨了。）

　　<64>落*雨好耐啦。（已经下雨很长时间了。）

　　<65>佢唔开工成个月喇。（他没上班差不多一个月了。）

　　<66>佢唔开工成个月都得嘅咩?（他不上班差不多一个月都行的吗?）

　　<67>啲路变晒，芳姨屋企我都唔识去咯。（道路全变了，芳姨的家我已经不知道怎么去了。）

　　<68>芳姨屋企我未去过，唔识去。（芳姨的家我没有去过，不知道怎么去。）

　　<69>佢嗷嘅样，一睇就唔开胃。（他这个样子，一见到就倒胃口。）

　　<70>呢排唔知做乜嘢，餐餐饭都唔开胃。（这段时间不知道怎么的，每顿饭都没有胃口。）

上面第一句"唔落雨"表示落雨这个状态已经停止了一段时间，对比第二句的"落"是完成体变调。

第三句"唔开工"表示开工这个状态已经停止了一段时间，对比第四句的"唔开工"是指不上班，"开工"是一个动作。

第五句"唔识去"表示曾经认识怎么去，但现在不再认识，否定的是"识去"这种习惯状态；对比第六句的"唔识去"是指本来就不认识怎么去，否定的是"识去"这个行为。

第七句"唔开胃"表示开胃这个惯常的状态已经停止了，对比第八句的"开胃"是指胃口增大，类似于动作。

同样，"唔知踪""唔同味""唔够食"等，"知""同""够"是否变调，关键看是简单的陈述还是对特定的惯常状态的否定。

有时候可用"冇"取代"唔"，如"冇落雨好耐啦""冇开工成个月喇"，则谓词变调与否皆可。

（六）在"咁"之前

某些谓词如果中间能够插入"咁"，则在"咁"之前的字音也可能有变调的现象，如"乱咁㗾""扭咁乱""飞咁快""死咁做""湿咁碎"等中的"乱""扭""飞""死"可以变调。但也有一些处于这样位置的谓词不变调，如"猛咁食"的"猛"。

（七）单音节形容词 + 单音节动词

单音节形容词加单音节动词构成的词语是否变调、哪一个音节变调都没有固定的形式，只是依习惯来处理，但以后音节变调的居多。例如"明抢""硬 gwik6""白食"是后音节变调，但"乱㗾"是前音节变调，"死做"可以是前音节变调或后音节变调，"猛饮"则不变调。

六、双音节谓词调值的变化

上面提到的谓词变调，以单音节词为多。若变调的是双音节词，主要是末音节变调，变调规律依然是第 1 声的变为 55 调，第 2～4 声的变为 44 调，第 5 声和第 6 声的变为 35 调。但是，前音节为第 1 声时，前音节也会有变调的情况。举例如表 6–22。从表中可以看出，后音节为第 1～4 声的，前音节一般也变作 44 调；若后音节为第 5 声或第 6 声的，前音节不变调。

表 6–22　前音节为第 1 声的双音节谓词变调调型

谓词	后音节调序	变调后调型	例　　句	变调原因
慌张	1	44–55	使乜慌张止嘛。（用不着那么慌张的。）	"止"之前
牵强	2	44–44	你嘅解释咁牵强！（你的解释太牵强！）	"咁"之后
分配	3	44–44	下次分配*尼两个人过我啦。（下次把这两个人分配给我吧。）	支配事物明确
消除	4	44–44	今次检查消除*个隐患。（这次检查消除了一个隐患。）	与"一"合音

续上表

谓词	后音节调序	变调后调型	例　　句	变调原因
瞻仰	5	53－35	大家瞻仰*下呢座古建筑。（大家瞻仰一下这座古建筑。）	与"一"合音
收集	6	53－35	今日收集*几十条意见。（今天收集了几十条意见。）	完成体

第1声的前音节之所以有变调与不变调之分，是因为连读变调规律的缘故。

总结各种谓词变调后的调型如表6－23。

表6－23　各声调单双音节谓词变调调型及例词

调序		后　音　节						
		0*	1	2	3	4	5	6
前音节	1	55 添	44－55 增加	44－44 邀请	慌怕	凄凉	53－35 温暖	亲近
	2	44 抵	13－55 审批	13－44 演讲	抢占	审查	13－35 处理	扰乱
	3	44 恶	33－55 报批	33－44 化解	控诉	索赔	33－35 占有	挫败
	4	44 排	33－55 狂欢	33－44 繁琐	调戏	难忘	33－35 神勇	惩罚
	5	35 软	13－55 储蓄	13－44 允许	领教	野蛮	13－35 感染	厚实
	6	35 认	21－55 预祝	21－44 冒险	状告	预防	21－35 健朗	慎重

*后音节为0意为单音节谓词。

第五节　句末语气助词的变调

改革开放初期，粤语影视作品风靡神州大地，人们模仿粤语腔调成为一种时尚，最简单的模仿就是在每一句话的后面都加上"啦""嘛""啰"之类的助词。句末多用助词的确是广府话的一个明显特征，所以对此进行研究的学者也很多。

汉语助词一般分为语气助词、结构助词和动态助词三种，广府话众多的助词主要是语气助词。稍微归纳一下就可以感觉到，广州话的语气助词中，以韵母为 aa（/a/）的为多（如"啊""呀""吖""吧""㗎""啩""嘎""啦""喇""吗""嘛""咋"等），其次是以 e（/ɛ/）为韵母的（如"咧""嘅""嘛""咩"等），各有各的作用，可谓花多眼乱。更让人难以捉摸的是，同样声母韵母的助词也有不同的声调，意义各不相同，我们不妨把这种情况理解为变调现象。丁思志《从语调到声调》①认为，某些句末语气助词的声调来自语尾上的边界调，同一个语气助词，因为边界调的作用而产生出与之相应的新字调，也就是从语调转化成声调。单就这一观点而言，笔者表示认同，这可以使得广府方言的句末语气助词变得简单明了。

顺德话也是如此，而且变调情况相对较多。以下所述的顺德话语气助词的变调包括了广州话这些助词的变调。

一、aa 的变调

同样是 aa（/a/）音，写成汉字时，究竟是"啊""呀"还是"吖"，不同的学者有不同的习惯。为避免争论，这里按"啊"变调来处理。

顺德话语气助词 aa 的声调举例如表 6-24。表中顺德话的调值与广州话相同。

表 6-24　顺德话语气助词 aa 的变调情况

调序	调值	习惯用字	例　句	作用和用法
1	53	吖	呢间屋几靓～。 使乜担心～。 我有话佢～，嬲乜啫?	对事实的一般反映，表示显而易见
			我唔得闲，你自己去～。	表示提议
			帮我递过嚟～。	表催促、请求
			你够胆就过嚟～!	表示挑衅
			你有冇去过～?	表疑问
2	35	啊	我旧先讲到边度～?	表疑问，多用于追问
3	33	呀	我想去～。	表示确认
			叫你过嚟～!	表要求，语气较"吖"重
			你喺边度～?	表疑问
		啊	好冻～!	表示强调
			好靓～!	表示赞叹

---

① 丁思志:《从语调到声调》,《现代语言学》2013 年第 2 期。

续上表

调序	调值	习惯用字	例　句	作用和用法
4	11	啊	外边好冻～？	表示求证
			唔通净系你至得～？	表示反诘
			噉～，我去啦。	表示判断
			原来系佢～？	表示求证，或者恍然大悟
5	13	啊	原来系佢～，咁就得啦！	表示对意外事实的确认，或者恍然大悟，语气比较重

在现代汉语中，"吖"主要用作拟声词，并无助词的作用。"呀"的普通话发音是 *ya*，作语气助词时是"啊"受前一字韵母（如韵母 *a*、*ia*、*ua*、*uo* 等）的影响而发生的变音。因此，表 6 – 24 所列的广府话 aa 音字统一写作"啊"更合适。

由此看来，"啊"字有 5 个声调，本调为第 3 声，但很多时候变调，不同的声调所表达的意思往往不一样。例如在"你喺边度啊？"中，读第 1 声或第 3 声的意思相差不大，但读第 2 声时表达的是追问，或者忘记了而重复问。又如在"呢间屋几靓啊"中，读第 1 声时语气比较平淡；读第 3 声时语气稍重，尤其是顺德话将"靓"变为 44 调时语气更重；读第 4 声时则是求证的语气，说话人可能未看过那间屋，或者希望别人给予肯定；读第 5 声时，虽有求证的意味，但更多是在已知对方肯定的情况下做出的确认。

当然，语气词比较复杂，即使是同一声调，声音的强弱、长短都会表达不同的语气，要看说话时的具体情景。例如"你喺边度啊？"的"啊"读第 1 声或第 3 声时既有可能是真的想知道的询问，也有可能是反问的意思。

二、laa 的变调

广府话中，经常会在句末出现"啦"或"喇"，这如同普通话的语气助词"了"。

广府话 laa（/la/）的第 1 声写作"啦"，第 3 声写作"喇"，这看来大家都已认同，但第 4 声又该怎么写呢？其实现代汉语的"喇"并无语气助词的用法，只是因为其读音为广州话第 3 声，人们就借此用来表示语气助词 laa3 罢了。所以，我们还是把语气助词 laa 统一写作"啦"为好，第 1 声是其本调，其他声调则属于变调。

现在来看看顺德话"啦"的声调，举例如表 6 – 25 以作比较。表中顺德话的调值与广州话相同。

表6-25 顺德话语气助词 laa 的变调情况

调序	调值	习惯用字	例 句	作用和用法
1	53	啦	佢走咗～。 噉就容易～。	认定某事
			你咪去～。	劝说、央求、提议、催促
			死～，我都未走得。	表示叹气，不如意
			好～。	表示同意，有时有点勉强
			佢养咗猫～、狗～，连兔仔都有。	表示列举
			去～去～，去够佢～。	表示赌气
3	33	喇	人哋都走晒～。 落雨～。 噉就容易～。	陈述某事已经发生或已达到某种状态，或者某事即将发生
			开工～。	命令、催促、劝阻，表示应该或准备
			死～，我唔记得添。	表示事态严重
			好～。	表示就此打住
			嚟～嚟～，催到咁急。	动作进行中，用于应答，有时显得不耐烦
4	11	啦	佢嚟咗～？ 你嚟咗～？	求证已经发生的事实或明知故问
			你哋死晒～？	带有责怪意味的反诘
			你唔记得咩？张仔仲跌倒咗～。	表示提醒
5	13	啦	原来嚟咗～，我仲想打电话畀你添。	表示对意外事实的确认，或者恍然大悟，语气比较重

"佢走咗啦"中的"啦"，读第1声或第3声的意义差不多，所以在很多场合两读皆可。但读第1声时着重于对事实的认定，多用于认为对话人不明情况或出乎对话人意料的情况；读第3声时着重于对事实的陈述，语气稍重。"啦"若读第4声，是对第三者已经离开这一事实作求证，说话人未必知道答案；读第5声时，虽有求证的意味，但更多的是在已知第三者已经离开的情况下做出的确认。以上这些情况和"啊"有较多的相似。

同样，表6-25不少例句的"啦"读几个声调都通，如"开工啦""死啦""好啦""噉就容易啦"，但语气显然不同。

"啦"不仅自己会变调，而且可使某些与之相配而成双音节语气助词的字也发生变调，如"定""系""罢"的本调调值为 21，但在"定啦""系啦""罢啦"中都改作 35 调。

三、gaa、zaa 和 maa 的变调

广府方言以 aa（/a/）为韵母的语气助词中，gaa（/ka/㗎）、zaa（/tsa/咋）和 maa（/ma/嘛）的变调情况也比较多，顺德话的个别读音变化更多。举例如表 6–26。

表 6 – 26　顺德话语气助词 gaa、zaa 和 maa 的变调情况

语气助词	调序	调值	例　句	作用和用法
gaa 㗎	1	53	我有话佢～，嬲乜啫？	对事实的一般反映，表示显而易见
	2	35/44	照计佢会喺度～	表示困惑，多用于新旧信息矛盾时
			噉点先得～？	表示反诘，含有不满的情绪
			你系咪同佢讲过～？	表示疑问，多用于追问
	3	33	着咁少衫，会冷亲～！ 好靓～！ 我想去～！	表示肯定、强调、解释、提醒等，语气较重
			噉点得～！	表示感叹
			系唔系～？	表示疑问，有时有怀疑的语气
	4	11	呢件事系真～？	表示求证
	5	13	原来系你～，早啲讲啊。	表示对意外事实的确认，或者恍然大悟
zaa 咋	3	33	我食咗一个面包～。 佢唔喺度我先噉做～。	限制数量、行为等范围的解释，避免误会或表示不满意的情绪
			唔系好远～。	把事情往小里说
	4	11	佢大佬五十岁～？	限制数量、行为等范围的求证
	5	13	原来得两个～，早啲讲啊。	表示确认小的事实，或者恍然大悟
maa 嘛	3	33	你爸爸几好～？	表示询问
			我唔知道～。	解释，表示原因显而易见
	4	33	你都冇讲～。	摆事实讲道理，有时有责怪的意义
	5	13	唔系～？	表示有怀疑的疑问

"㗎"很多情况下可以看作"嘅"和"啊"的合音，所以不同声调的作用和用法受相应声调的"啊"所影响。例如"我冇话佢㗎，嬲乜啫?"相当于"我冇话佢嘅啊，嬲乜啫?"和"我冇话佢啊，嬲乜啫?"由于这里的"啊"为第1声，所以"㗎"也为第1声。又如用于追问的"啊"为第2声，相应的"㗎"也是第2声；表示求证的"啊"为第4声，相应的"㗎"也是第4声；等等。

实际生活中，顺德话的"㗎"和"啊"对应的程度比广州话要高，例如"照计佢会喺度㗎"和"着咁少衫，会冷亲㗎!"，顺德话的"㗎"经常读作第1声，因为句子有表示显而易见的意思，但广州话一般不会。又如"你系咪同佢讲过㗎?"顺德话的"㗎"也可能读作第1声"家"、第2声"假"或第3声"嫁"，所以顺德话"㗎"的作用和用法比广州话多，表6-26也难以完全罗列。

"咋"主要用于限制数量、行为等范围的解释或把事情往小里说，使用场合比较窄，所以声调变化也比较少。

maa 第3声表示询问的作用时，按现代汉语应该是"吗"，但有些方言"嘛"也有"吗"的意义，如天津话。顺德话"麻"的调值就是33，把调值为33的maa也写作"嘛"更符合民间习惯，所以我们把句末语气助词maa统一写作"嘛"。与"啦""㗎""咋"等不同，"嘛"第4声时，广州话为11调，但顺德话读33调，这是比较特别的。

回过头来看，"啦""㗎""咋""嘛"的韵母和"啊"一样，而且第3声都有陈述的用法，第4声多有求证的意味，第5声都有比第4声的求证更明确的表示，可以认为这几个助词都是基于"啊"的读音和用法而衍生出来的。

四、le、ge、ze 和 me 的变调

广州话以 e（/ɛ/）为韵母的语气助词中，le（/lɛ/咧）、ge（/kɛ/嘅）、ze（/zɛ/嗻）、me（/mɛ/咩）的变调情况也比较多。顺德话差不多，但有个别读音变化稍多。表6-27列出顺德话的读音举例。

表 6-27 顺德话语气助词 le、ge、ze 和 me 的变调情况

语气助词	调序	调值	例 句	作用和用法
le 咧	1	55	系唔系～，话过你嘅咯。	表示责难
			好唔好～？	表示疑问
		55/53	行嚟～。	命令或建议
	3	33	呢啲嘢掉晒佢～？	提出建议，希望对方同意
			行嚟～。	命令，语气稍缓
	4	11	呢啲嘢掉晒佢～？	提出建议，希望对方同意，较委婉
	5	13	我冇去饮酒～。	重申态度或某种事实，希望对方接受
		13/35	呢种酒特别辣～？	表示不出所料的求证
ge 嘅	1	55	原来系嘅～？	表示对事实的疑问
			点解系嘅～？	表示疑问，多用于问原因，语气较重
	2	13	原来系嘅～。 我应该去～。	对过去或既有的确认、判断，但语气较弱
		35/44	点解系嘅～？	表示疑问，多用于问原因
	3	33	原来系嘅～。 我琴日三点钟嚟～。 佢咁做系错～。	对过去或既有的确认、判断或强调
			——你今晚嚟啦。 ——好～。	表示应允
ze 嗻	1	55	得咁多～？	表示有怀疑的疑问
			我噉做都得～。	强调某种后果
			实系佢～。	表示判断，语气较重
		53	我噉做都得～。	表示说理、申辩、反驳
			两个人～，好话为啦。 唔系好难～。	往小里说，限制数量、行为等范围的解释或否定某种说法
me 咩	1	55	佢仲未到～？	表示疑问、设问或反问，语气较重
		53	佢仲未到～？	问句，语气较缓
			你估佢唔识～。	反诘语气，表示否定

"咧"第 1 声时，读 53 调或 55 调都有，在祈使句中多读 53 调；第 3 声和第 4 声时与广州话同，分别读 33 调和 11 调；读第 5 声时，一般与广州话同，为 13 调，但求

证的问话有时变读为35调。"咧"主要用于建议、命令，不同的调值语气稍有区别，如在"行嚟咧"中，55调是建议语气较多，53调是命令语气较重，33调是命令语气稍弱，11调是建议语气较委婉，13调是对建议或命令的重申，35调则只在求证，不在建议或命令。

"嘅"第1声时，只用于疑问句，为55调，可以认为是"嘅咩"（如"三点钟嚟嘅咩？"）或"嘅呢"（如"点解系嗽嘅呢？"）的合音；第2声时，广州话读35调，但顺德话一般读13调，问原因时多读44调；第3声时，与广州话同，为33调。

"嘛"和"咩"都是第1声，顺德话55调和53调的意义有明显的区别，其中55调表示疑问的"嘛"实际上是"至咩"的合音，如"得咁多嘛？"可说成是"得咁多至咩？"。

"咧"和"嘛"的韵母e有时候会改为i，变成"哩"和"之"，但使用范围较窄，详见第七章关于助词的介绍。

五、lo 和 wo 的变调

前面所述有变调现象的句末语气助词都是以aa和e为韵母，以o为韵母的助词也有变调现象，列于表6-28中。

表6-28　顺德话语气助词 lo 和 wo 的变调情况

语气助词	调序	调值	例　句	作用和用法
lo 啰	1	55	点去啊，搭车～。	表示解释，有理所当然的语气
			你唔系问下佢～。	表示建议或者同意
			嗽唔系好～。	表示肯定
			听晒你讲～。	表示勉强、无奈、不以为然
		53	你去～，我唔去嘞。 一齐去～，唔系我唔去。	表示建议或者一定条件的同意，往往有推卸的语气
			系啊～。	表示附和，或有不耐烦的语气

续上表

语气助词	调序	调值	例　句	作用和用法
lo 啰	3	33	佢已经去咗～。 落雨～。 如果系噉大家就好～。	表示情况的变化，可能某事已经发生或已达到某种状态，可能是某事即将发生
			呢个消息太好～！	表示感叹
			开车～。 我哋走～。	告知或催促某行为应该或即将做，时值较短、语气较缓时有商量、建议的意味
			好～。	表示就此打住
			系～。	表示肯定
	4	11	——你点去㗎? ——搭车～。	答问时表示确实如此，理所当然
wo 喎	3	33	呢度好多人～！	表示惊讶、出乎意料
			你等阵记得噃～	表示提醒
			系～！我唔记得佢添	突然醒悟
			唔该晒～	表示强调
	4	11	咁好嘅工都唔做～	表示出乎意料、不合常理
	5	13	佢话唔使休息～	转述别人的话
			系得你识～?	用反问的语气否定所说的内容

　　"啰"第1声时，一般读55调，但在推卸或不耐烦的语气时读53调，尤其是前面加上"啊"时，如"系啊啰"；第3声和第4声时与广州话同，分别读33调和11调。例如在"系啰"中，55调时表示同意，相当于"是的"；53调时表示附和，类似"就是嘛"；33调时表示肯定，相当于"对的""对头了"；11调时表示理当如此，类似对话中听话人频频点头时的"对，对"。

　　"喎"读第3、第4和第5声时与广州话同，分别读33调、11调和13调。其中读第3声时，顺德人多数用"噃"而少用"喎"。

　　表6-29归纳了上述各个有变调现象的句末语气助词的调值。

表6-29 顺德话单音节语气助词变调的调值

声母	Ø	l			g		z		m		w
韵母	aa	aa	e	o	aa	e	aa	e	aa	e	o
统一用字	啊	啦	咧	啰	㗎	嘅	咋	嗻	嘛	咩	喎
调值 55			●			●		●		●	
53	●	●	●	●	●			●		●	
44					●	●					
33	●	●	●	●	●	●	●		●		●
11	●	●	●	●	●		●				●
13					●	●	●		●		
35	●		●		●	●					

第六节 其他词性的变调

一、数词的变调

（一）"一"的变调

"一"的本调为53调，如"一二三""二十一"和序数词"第一"中的"一"。但是，"一"在很多情况下读作55调，尤其是在汉语词汇中，如"一知半解""表里如一""九牛一毛"等。例如：

<71>今次百米赛跑，我虽然唔系第一个起步，但最终得第一。（这次百米赛跑，我虽然不是第一个起步，但最终获得第一名。）

这句话前后两个"第一"的"一"的音高并不一样，前者为53调，后者为55调。

变为55调的情况大致有以下几种：

一是"单一"的"一"，如"一个""一件"等表示单独的个位数加量词时的"一"和"擎天一柱"等省略量词的"一"等。表示动作一次或短暂的"动一动""一时半会"，表示每一的"一丝一毫"，表示全部的"一生"等，归结起来也属于这种情况，正因如此，许多汉语词汇中的"一"都是 55 调。

二是如"一百""一千二百""一万零三十五"等以"一"开头的数词。但"一十三"的"一"不变调，因为正常情况下只会说是"十三"，即以"一"开头的十位数都省略了那个"一"字，若说"一十三"，基本上都是在数数的时候，可理解为"第一个十三"。正如"一五一十"的"一"表示"第一至第五、第十"那样，读本调。数词第二个及以后的"一"只能读本调，如"一千一百一十三"中第一个"一"是 55 调，第二及第三个"一"都读 53 调。

三是名词性变调时。如"获得第一"的"第一"实际上是指"第一名"，"五一劳动节"的"五一"是指"五月一日"，"合一""归一"的"一"是指"一体"，等等，汉语词汇中这种情况也不少。比较特别的是书名《一千零一夜》，本来作为数词的"一千零一"，前面的"一"读 55 调，后面的"一"读 53 调，但在书名中有人把两个"一"都读 55 调，是因为断读为"一千零""一夜"，把"一夜"当作独立的数量词。

（二）"二"至"九"的变调

"二"至"九"变调的情况就简单得多，因为一般情况下不变调，但也有名词性变调的时候，如"阿二""张三""李四""王老五""臭老九"等。同为节日，"三月三""二七""八月十五"等的末字有变调，但"五四"的"四"不变调。

（三）"十""百""千""万"的变调

"十""百""千""万"作为数词的结尾时，也有变调的情况。例如：

<72>啲红砖断百计数，三十六文一百。（那些红砖以一百块为计算单位，三十六元一百块。）

句中前面的"百"的调值为 44，属于名词性变调。

又如一些省略了量词的概数，例如：

<73>张伟已经积咗二百分，我先得几十咋。（张伟已经积了二百分，我才只有几十分。）

<74>工资得三四千，够食度啦。（工资只得三四千元，刚能糊口吧。）

句中"几十"的"十"和"三四千"的"千"都读变调；但若明确为具体数目，如六十、四千，就不会变调。

二、量词的变调

<75> ——你哋几个人去啊?（你们几个人去啊?）

——就系我哋几个。咁湿碎嘅工夫使乜咁多人吖,几个后生就够晒啦。（就我们几个。这样简单的工作不用太多人,几个年轻人就行了。）

上面的对话有三个"几个",广州话读来都是相同的,但顺德话读来就不一样,除了第三个读本调外,前面两个都发生了变调。

第一句是问数量的疑问句,"几"的变调属于疑问代词变调,"个"在这里没有变调。

第二个"几个",顺德话的"几"没有变调,"个"却从原本的 33 调提高到 44 调。

从上面例句可见,顺德话的量词在口语中也有变调的情况,主要表现在表示数量较少的概数数词之后。上例的第二个"几个",就是既没有明确数量,又有表示数量不多的意思。又如:

<76> 成个暑假得几题作业嗻,好快就做完啦。（整个暑假只有几题作业,很快就做完了。）

句中的"几"是数量不大的概数,相应的量词"题"使用的是变调。

比较一下表 6-30 的三个句子,就能比较清晰地看到量词变调与数词之间的关系。

表 6-30　概数数词后的量词变调比较

例　　句	意　　义	量词变调
座楼有三四层度啦,但占地几多嘅。（那座楼大概有三四层,但占地面积算是比较大。）	楼宇层数不确定,但不多	"层"可变调
座楼有三四层㗎,占地几多嘅。（那座楼大概有三四层,占地面积算是比较大。）	楼宇层数不确定,但不算少	"层"用本调
座楼有四层,占地几多嘅。（那座楼共有四层,占地面积算是比较大。）	楼宇层数确定	"层"用本调

有些情况下数量较少的实数数词之后的量词也会变调,如前例"我哋几个"若改为"我哋三个","个"字也会变调。对于这种变调的情形,有学者认为这是"小称变调",用变调表示细小、轻微、次要、轻视的意思。

小称变调在名词性变调中表现最为明显，如"手指尾"的"尾"、"凳仔"的"仔"、"表弟"的"弟"通过变调反映其"小"，所以有人认为与北方话的儿化相当，即在名词后加"儿"以显示其"小"。简单地看，例<75>"我哋几个"中的"几个"已具有名词性质，成为"我哋"的同位语，意为"我们这几个人"，因而似乎可看作名词性变调。但是，从例<76>"几题作业"来看，数词、量词、名词俱全，"几题"无论如何都没有名词性质，量词"题"变调就不能算作名词性变调。笔者认为，这里"几个""几题"的量词变调是名词性变调以外的小称变调，就是通过变调来指小，但不是通过变调来表现其名词性。比较表6-31的三个句子。

表6-31　实数数词后的量词变调比较

例　句	特　征	变调情况
我哋四个今晚去新城区睇电影。（我们四个人今晚去新城区看电影。）	人数不多，省略名词"人"	量词"个"可变调
我哋四个人今晚去新城区睇电影。（我们四个人今晚去新城区看电影。）	人数不多，数词、量词、名词俱全	名词"人"用本调或变调
我哋四十个人今晚去新城区睇电影。（我们四十个人今晚去新城区看电影。）	人数较多，数词、量词、名词俱全	"个"和"人"都不变调

前一句的"个"和中间一句的"人"可变调，但后一句的"个"和"人"都不变调。可见，虽然"四个""四个人"和"四十个人"都可以作为"我哋"的同位语而具有名词性质，但只有指小时，"个"或"人"才变调，说明与名词性变调无关。

三、代词的变调

顺德话的有些代词会发生变调，以下按现代汉语代词的人称代词、指示代词和疑问代词三类来分别介绍。

（一）人称代词的调值

顺德话"我""我哋""你""你哋"的声调与广州话基本相同。
"自己"的"己"文读时读13调，口语时读55调，这种情况广州话也有。
第三人称的"佢"比较特别，广州话为第5声13调，顺德话日常中则为第3声

33调，而且声母韵母皆不同。顺德话的"佢"与"句""据"同音，声母与"哥"同，为/k/；韵母与"鱼"同，为/y/。受广州话的影响，现在不少顺德人所说的"佢"在声母和调值上都向广州话靠拢，与"拒""距"同音，韵母仍以/y/为多。比较如表6-32。

表6-32 顺德话和广州话"佢"的读音比较

例字	广州话		传统顺德话		新式顺德话	
	拼音	调值	拼音	调值	拼音	调值
句 据	goe3	33	gyu3	33	gyu3	33
佢	koe5	13			kyu5	13
拒 距			kyu5	13		

（二）指示代词的变调

顺德话的指示代词核心有"呢""阿""噜""啯"等，详见第七章。

<77> 呢支笔系新买嘅，噜支笔已经烂*咯。（这支笔是新买的，那支笔已经烂了。）

这句顺德话的"呢""噜"属于指示代词，分别是近指的"这"和远指的"那"的意思。"呢"多读33调，在声母 n 和 l 不分的情况下与"尼""离"同音，当强调时则像广州话那样读第1声的55调。"噜"则基本上读第5声的13调，不过也有例外的。例如：

<78> 七老八十咯，唔系呢就系噜啦。（七老八十的人了，身体不是这里有毛病就是那里有毛病。）

在"唔系呢就系噜"中，"呢"读53调或33调，"噜"则读33调，这是读音习惯问题，只在于个别特例。

顺德话较多地用"阿"作远指的指示代词，也有用"啯"的。"阿"没有变调现象，读33调；"啯"本为35调，但多读作44调。

当指示处所时，一般在"呢""阿""噜""啯"等后面加上"度"或"庶"（"庶"是表示处所的"处"的读音），但"度"多从21调变为35调，"庶"多从33调变为44调。例如：

<79> 我呢度有打印机，你去张伟阿庶睇*睇有冇啦。（我这里没有打印机，你去张伟那里看看有没有吧。）

当指示时间时，一般在"呢"或"阿"等后面加上"阵"或"阵时""阵间"。

这时单独的"阵"多从 21 调变为 35 调；"阵时""阵间"的"阵"调值不变，"时"多从 33 调变为 44 调，"间"读 55 调。例如：

<80＞我呢阵啲记性点能够比得上后生阿阵时吖。（我这会儿的记忆力怎能比得上年轻时呢。）

现在用"噜"作远指的指示代词的情况已逐渐减少，而且紧跟"呢""阿""噜"等后面的"度""庶"或"阵"变调的也不多。

广府话在指示性质、状态、方式时所用的指示代词有"嗷""嗷样"，意为"这么/那么""这样/那样"。顺德话"嗷"为 44 调，但在"嗷样"中，有时会变为 33 调，与"咁"同音。"嗷样"中的"样"为 35 调，也有读 44 调的。例如：

<81＞一系嗷，我自己开车去，嗷样你哋就唔使等我嘞。（要么这样，我自己开车去，这样你们就不用等我了。）

句中前面的"嗷"读 44 调，"嗷样"读 33 - 35、33 - 44 或 44 - 44 调都可。

顺德话常用指示代词中各个字的调值变化总结如表 6 - 33。

表 6 - 33　顺德话指示代词中的字可能出现的调值

指示人或事物		指示处所		指示时间		指示性质状态方式	
用字	调值	后缀用字	调值	后缀用字	调值	用字	调值
呢	55/33	度	21/35	阵	21/35	嗷	44
噜	13	庶	33/44	（阵）时	33/44	嗷（样）	44/33
阿	33			（阵）间	55	（嗷）样	35/44
唩	35/44						

（三）疑问代词的变调

广府话的疑问代词有十多个，但归纳起来基本上都是与"几""边""点""乜"相关（"咩"是"乜嘢"合音而成）。下面从这几个字来看看顺德话中的疑问代词的变调现象。

1. "几"

"几"，有两个调值。一是当问数量时，后面紧跟量词，调值为 35，如"几岁？""几件？""几次？"等。又如下面句子中的"几"也读 35 调：

<82＞呢个樽装得几百（片）牛乳啊？（这个瓶子能放几百片牛乳片呢？）

这句话所问的数量级在个位以上，可视为数量级与量词构成复合量词，即牛乳的单位是"百片"。在听话人明了的情况下，甚至可以把数量级"百"视为量词而把真正的量词"片"省略。

二是当问时间、问程度或后面紧跟形容词性词语时，调值为 13，其后紧跟的词语则变调，若紧跟的词语不是单音节的，变调的是末音节。

问时间的，如"几时?"，"时"从 33 调变为 44 调；"几耐?"，"耐"从 21 调变为 35 调。

问程度的，如"几大?"，"大"从 21 调变为 35 调；又如"几远?""几困难?"等，"远"和"难"都发生变调。

至于"几多?"，虽然有时也表示问数量，但"多"不是量词而是"几"后的形容词，故也从 53 调变为 55 调。这与问程度的一样，属于形容词的变调。比较一下下面两个句子更能清晰：

<83>部车有几个位啊?（这辆车有多少个座位?）

<84>部车有几多个位啊?（这辆车有多少个座位?）

上述两句话意思一样，但"几"的调值不同。似乎可以看作例 <83> 变调的"几"是例 <84> "几多"的合音变调，但实际上不然，若例 <84> 改为"几多座位"，例 <83> 就不能"几多"合音变调为"几座位"，要想"几"变调，后面得加"个"或"排"等量词。显然，"几"的这种变调不是合音变调的结果。

2. "边"

"边"的调值为 55，但紧随其后的字有变调的可能。如问谁的"边个"，问处所的"边度""边庶"，问时间的"边阵""边阵时"，"边"后面的字可以读原调，但读变调的更多一些，如"个""庶"读 44 调，"度""阵"读 35 调，尤其是"边阵时"的"时"基本上都读 44 调。

3. "点"

"点"，第 2 声，本调为 13，但在疑问代词中，包括问方式、性状的"点""点样"，问原因、目的的"点解"都改读 44 调。

4. "乜"

"乜"，调值为 55，顺德话与广州话一致。"乜"也可以看作"乜嘢"的省略，意义一样，但顺德话"乜嘢"中的"嘢"经常变调，即从本调的 13 调读作 35 调或 44 调。

四、副词的变调

<85> 明知个公司唔系好掂，张伟宁可跟住老细慢慢捱，到底都唔去考公务员。
（明知公司的状况不妙，张伟宁可跟着老板慢慢捱，到底也没去考公务员）

上面这句话"宁可"和"到底"都属于副词。广州话的"可"在"宁可"和"可爱"中都是同一个声调，"底"在"到底"和"底层"中也是同一个声调，均为第 2 声 35 调。顺德话则不同，"可""底"在"可爱""底层"中读本调即 13 调，但在"宁可"和"到底"中读 44 调。

类似的情况有不少，表 6-34 列举了顺德话的一些经常会变调的副词，相当部分在广州话就没有变调现象。从表中可以看出，末音节变调的规律依然是第 1 声的变为 55 调，第 2~4 声的变为 44 调，第 6 声的变为 35 调。但有个别副词例外，如"不过"的"过"有时会读 55 调，"约莫"的"莫"则固定地读 44 调。至于末音节为第 5 声的副词，本来就比较少，如"每每""未免""偶尔""立马"等都没有变调的现象。

表 6-34　顺德话副词末音节变调情况列举

末音节调序	本调调值	变调调值	例　词
第 1 声	53	55	更加　偏偏　喈先　旧先　起初　差不多
第 2 声	13	44	断估　到底　究竟　宁可　而且　况且　一起　或者
第 3 声	33	44	一气　连气　大概　大约　仅仅　久不久
		55	不过
第 4 声	33	44	近来　一齐　周时　居然　当然　时不时
第 6 声	21	35	一味　一路　逐步　逐渐　渐渐　慢慢　实在　左右　上下　顺便　照样　宁愿　略略　耐唔耐
		44	约莫

也有两个字都变调的双音节副词，如表示非常、实在的"认真"，"认"从 21 调变为 35 调，"真"则为 55 调；"周时"不仅"时"变调，"周"也变读 55 调。例如：

<86> 呢个叔叔认真勤力，周时都会巡*巡过嚟。（这个叔叔真的很勤快，时不时就到这里巡一下。）

副词中的"一"无论是在第一音节还是末音节，都读 55 调；"居然""当然"的"然"通常是变为 44 调，但"显然""依然"等的"然"不作变调。这些情况广州话也类似。

总体而言，副词变调的规律并不明显。

第七节　句末字音的变调

一、无句末助词的疑问句末字变调

顺德话在一些问句里，句末的字音可能变调，调值一般是提高，而且可能是在曲折中提高。例如：

<87>我旧年去过三藩市？冇呢回事。(我去年去过三藩市？没有这回事。)

<88>唔通就嗽平分？(难道就这样平分吗？)

<89>你话要装木窗？(你说要安装木窗吗？)

上述三个例句都是没有句末语气助词的疑问句，末字"市""分""窗"都读升调。每一句如果都在句末加上语气助词"咩"，意思是一样的，但原来句末的字"市""分""窗"就读回本调，不能变调了。

现代汉语表达疑问大多通过疑问代词和疑问语气助词两种形式。普通话的疑问语气助词主要有"吗""呢""吧"等，其中"吗"可与广州话和顺德话的 me（/mɛ/咩）对应，普通话"呢"可与广州话的"呢"和顺德话的 li（/li/哩）对应，调值都是 55。举例如表 6 - 35。表中例句无论普通话还是广州话、顺德话，在句末不加语气助词时，句末的字都有提高调值的情况，普通话在省略"呢"的句子里感觉稍为弱一些。因此，不少人认为，改变语调是现代汉语表达疑问的另一种形式。

不过，表中普通话或广州话、顺德话的各个例句若在句末加上疑问语气助词，几乎是感觉不到声调的提高。所以笔者认为，省略助词后句末字音的声调变化，与合音变调很有关系。

表6-35　省略句末语气助词的顺德话和普通话疑问句比较

问句类型	广州话/顺德话		普通话	
	例　句	省略	对应的句子	省略
特指疑问句	你系边个？	呢/哩	你是谁？	呢
	你喺度做乜嘢？		你正在干什么？	
是非疑问句	张伟系你同学？	咩	张伟是你同学？	吗
	呢件事系真嘅？		这件事是真的？	
	仲要排队？		还要排队？	
正反疑问句	我走先，好无？	呢/哩	我先走，好不好？	呢
	我去大良，你去唔去？		我去大良，你去不去？	
反问句	唔通张伟系你同学？	咩	难道张伟是你同学？	吗
	你仲唔快啲走？		你还不快点走？	
	你会唔明白？		你能不明白？	

　　合音变调顺德话比广州话运用得更广泛而深入。所以，在这种可以使用语气助词结尾的问句中，顺德话若省略这个语气助词，句末的字因为合音变调而提高调值的感觉听来更为明显，而且调值变化也稍有不同。

　　例＜87＞的"市"本为第5声，读13调，与紧接55调的"咩"合拼以后变为135调，如果读得比较快，有点像广州话第2声35调的"史"。

　　例＜88＞的"分"本为第1声53调，可是在这个句子中明显感觉呈上升的态势，但又不能与平常字音的调值相对应，更不能说是变调为第几声。这是因为53调的"分"与55调的"咩"合音，调值变为535或545，也就是从高往下再上升，如果慢慢读，我们就可以感觉到。

　　例＜89＞的"窗"和"咩"同为55调，合音结果按理就不会产生调值的升降或曲折了；但顺德话两个55调的字相连多会产生连读变调，即从55-55调变为44-55调，因而使"窗"变得像45调。

　　当然，这里没有排除疑问句提升语调的因素。前面三个例句和表中左侧各个例句，用顺德话来说时末字的调值听起来实际上都比前面分析的合音变调要稍高。如例＜87＞的"市"与广州话第2声35调的"史"相比，尾音高了一点，例＜88＞和＜89＞的"分""窗"听起来也比535调和45调为高。由此可见，这是合音变调和提升语调叠加的结果。

二、其他类型句子的末字变调

顺德话除了问句外，还有一些特定的句子末尾的字音有变调的现象，调值一般也是提高。例如：

<90>杂质好多咩？等我睇过。（很多杂质吗？让我看一看吧。）

<91>睇嚟唔会咁简单，等我惗惗。（看来不会那么简单，让我想想吧。）

<92>旧先太嘈喇，你再讲过。（刚才太嘈了，你重新说说吧。）

上面三个句子都不是疑问句，但句末的字音都提高了声调，而且也像一般疑问句那样，尾音的调值比5还要高一点点。

这三个例句都有共同的特点，就是有提议的语气，主要动词所表达的意思是尝试一下，即提议尝试"动一动""动一下"或者重复一下。

顺德话像以上那些带有催促、商量、请求、提议语气的句子，实际上句末是有语气助词的，若省略语气助词，则句末的字会变调。举例如表6-36，加点的字发生变调。

表6-36　顺德话省略句末语气助词的带商量语气祈使句和普通话比较

顺 德 话		普 通 话	
例 句	句末助词	对应的句子	句末助词
帮我递过嚟。	啊或啦 （省略）	帮我递过来吧。	吧
你行行嚟，有啲嘢畀你睇。		你来一下吧，有些东西给你看。	
我唔去喇，你自己去。		我不去了，你自己去吧。	
你再试试，应该得㗎嘞。		你再试试吧，应该可以了。	

上面三个例句和表中顺德话例句末字发生变调的字音，是该字与省略的53调的语气助词"啊"或"啦"发生合音变调和语调的提升相互叠加而显著提高调值的结果。

之所以说与语调提升有关，是因为从语气上来说，以上例句的商量成分重一些，比较接近某些带商量语气的问句。如表中的"帮我递过嚟。"与"帮我递过嚟好无？"意思基本相同。又如：

<93>咁耐都未嚟，你再打*个电话催*催。（这么久还没来，你再打个电话催一催吧。）

这句话若是以命令的口气来说，末字"催"不变调，调值仍为53；但若是以商量

的口吻，提议"你"打电话，末字"催"就会变调，调值变为545。这本来不是问句，但若商量的语气较重时，句末标点甚至可以改为"?"。因此，可以说这种语气的祈使句与多用升调的正反疑问句差不多。

又如上面各个例句若加句末语气助词，顺德话用"e6（/ɛ^{21}/）"比用"啊"或"啦"显示的商量、提议语气更重，如果单纯合音变调，句末字与21调的"e6"就不会合拼而产生提高声调的效果。所以，这样的句子末字调值提高的原因，可以看作与隐含了句子后面"好无?"这一普遍采用升调的正反疑问句有关。

顺德话个别陈述句也有句末字音变调的情况。例如：

<94>我啱啱先至翻离，做乜知道咁多吖。（我才刚刚回来，哪知道那么多呀。）

<95>你唔使呃我啦，我正话先至去睇过。（你不用骗我了，我刚刚才去看过。）

这两句话变调的字音虽然调值有提高，但不如前面各例句尾音那样的高，如同样是"过"，在"等我睇过"中的调值明显高于在"先至去睇过"中，如果前者为335，则后者只是334。原因一是这两句话变调的字后面省略的语气助词是"喺啦"或"啫"，调值比"啊"或"啦"低（"啫"读zek1，虽然也是53调，但属于入声，发音短促，听起来不如"啊"或"啦"调值高），合音变调时自然也低一些；二是陈述句语调大多数为降调。

不同于经常被合音的"咗""heu1""一"，"喺啦"或"啫""咩""啊"等句末助词很少能被合音，或者说其合音亲和力不强，所以合音时前后音节的调值各自保留得较好，使得合音后的调值有较大的波动。但总的来说，合音变调的作用比较明显。

第七章　顺德话的特色词汇

　　顺德话的词汇十分丰富，上承古老的词语，下接信息时代的新词，而且不同镇（街道）也有不同之处。这些词汇绝大部分与广州话无异，但也有小部分带有乡间语言的风味，现在很难在广州话中听到。这里所说的特色词汇，是相对于作为广府方言标准语的广州话而言，并不一定是顺德特有，其中不少在珠江三角洲地区农村乃至三角洲以外地区也有使用，甚至广州市区以前也曾流通，只是因为城市化而逐步被人遗忘。

第一节　名词性词语

一、名　词

　　顺德话的特色名词主要存在于指代人、物等实体的具体名词，而且多属于农耕时期的词语。

（一）指人

　　以前顺德有些家庭对亲属的称谓相当复杂，即使同胞兄弟姐妹对父母的称呼也可能不同，普遍情况是以 1949 年为界线：之前出生的多用老式称谓；之后出生的多用新式叫法，也就是现在大众通用的称呼。

　　老式称谓称父亲为"伯爷（je1）"或"爹"或"爸"，也有少数人称作"叔""伯"等；称母亲为"妈"或"𡟓"或"家"（民国《龙山乡志》卷三说"家"为"家姊"的省略），也有少数称作"婶""母"等的。称祖母为"人"或"嫲"，其中"人"是"安人"的省略，在民国《龙山乡志》卷三有所记载。由于对长辈的称呼多用叠音，故常称祖母为"人人"，调值为 11 – 35；若称"阿人"，"人"的调值一般为 44。

表 7 – 1 列出一些顺德农村的老人家可能还在使用的称呼人的词语。

表 7 – 1　顺德话称呼人的词语举例

词语	末音节调值	意　义	说　　明
阿人	44	祖母	"人"是"安人"的省略
人人	35	祖母	前音节调值为 21
阿爷	55	父亲	"爷"读 je1，若读 he3 则指祖父
阿家	55	母亲	"家姊"的省略
嬲人妹	21/35	少女	即"留荫妹"，留刘海的女孩
痹而仔	44	继子	背称，意指多余的孩子
娃鬼	13	小孩	
伊锐	55	幼童	又叫"细伊锐"
梭仔	44	婴儿	"梭"是顺德话"臊"的读音
大母	35	丈夫的嫂子	背称
两公嫲	55	两夫妻	
几仔大嫲	13	一家几口	"仔"可读 53 调，又叫"几仔嫲"；"嫲"可读 53 调
腥	55	先生、医生、老师	"腥"指"生"，读 seng1
姑婆	44	单身老妇	背称，可能意为孤婆
头人	35	头头	
鼠魔 夜魔 hem6 魔	55	小偷	"魔"指"摸"。"夜"顺德话读 he6，可能受后面"魔"的声母 m 的影响，有人连读成"hem6 魔"

广州话叫出生不久的婴儿为"臊虾仔"或者"臊虾"，"臊"大概是指新生儿特有的气味，读 sou1；但顺德话读 so1，与"梭"同音。顺德话对新生儿也称"梭虾仔"或"梭虾"，但更多的是称"梭仔"；广州话则很少有人说"臊仔"的。

"seng1"指"先生"，如"嗬昳 seng1""张 seng1""蔡 seng1"等，可能是"先生"合音的结果。教师是崇高的职业，向来为人尊敬，以前一般称老师为"先生"，所以也说成是"seng1"；医生也很得人敬重，故也被称为"seng1"。

顺德话的"婆"有 po 和 bo 两种读法，每种读法的调值也多样。读 po 时，有 11 调、35 调、55 调的，如"婆婆"的调值是 11 ~ 55 或 11 ~ 35；有 44 调的，如"太婆";有 33 调的,如"老婆"。读 bo 时,有 44 调的,如"太公婆";有 33 调的,如"两公婆"。"姑婆"中的"婆"若是 11 调或 33 调的,用来称呼祖辈旁系亲属;若是 44 调或 35 调的,是自梳女等单身老妇人的背称。两者不可混淆。

(二)指物

表 7-2 列出一些顺德农村的老人家可能还会说到的名词。

表 7-2　顺德话称物的词语举例

分类	词语	末音节调值	意　义	说　　明
自然及动植物	拱篷	44	彩虹	"篷"读 bung4
	热旸	44	阳光	"旸"读 joeng4 或 hoeng4
	布潦	33	水浮莲	"布"指"浮"
	番葛	44	沙葛	
	胜瓜	53	丝瓜	"丝"因与"输"同音而避讳
	塘梨	44	蜻蜓	即广州话的"塘尾"
	虫蜎	35	蚯蚓	
	崩沙	55	蝴蝶	"大良崩沙"指一种蝴蝶形状的油炸食品
	庆火	44	萤火虫	"庆"为"萤"的读音
	hem4 螺虫	33	蜗牛	直径约 3 厘米,圆盘状
	螺敊	35	小蜗牛	直径约 1 厘米,圆盘状
	cep2	44	河蚌	
	黑皮蔗	44	黑皮的果蔗	
	玉蔗	33	绿皮的果蔗	有写作"肉蔗"的
衣食住行	重衫	53	厚重的衣衫	
	口水牌	44	围嘴儿	即口水肩
	雨披	55	遮半身的雨衣	
	缆担布	44	围裙	也叫"缆担披"
	中烧	53	酒菜	
	肴	44	有肉类的菜	
	口立湿	55	零食	"立"读 lap6
	饭珠	55	饭团	也叫"饭公"
	粗砂	55	砂糖	
	揽饭	21	剩饭	"冷饭"快速连读而成
	餸汁	55	剩菜	

续上表

分类	词语	末音节调值	意　义	说　　明
衣食住行	归	53	家	
	瓦盖头	33	屋顶	
	瓦面	21		
	梯横	11	用竹木做成的活动梯子	
	脚踏	21		
	地脚	33	地基	
	狗窦	21	水渠排水口	
	瓦吟	33	屋檐	"吟"是"檐"的读音
	脚门	44	大门外的小矮门	
	猪录	21	猪圈	
	脚踏车	53	自行车	
其他物品	窝 doe6	35/21	竹制密实圆箕	
	疏筛	55	孔眼较大的筛子	
	担朡	35	扁担	避讳"担杆"的"干"音
	横桶	33	有横木抓手的桶	"横"读 35 调
	瓶桶	33	金属水桶	"瓶"读 paang1
	秆转	11	稻草扎	
	地梛	55	锄头	
	密嘴钳	35	钢丝钳	
	饭 goi3	33	锅盖	goi3 为"盖"的读音
	金塔	33	放置尸骨的瓦罐	

　　广府人说话讲究吉利，所以一些词语若带有不详、晦气的字的，往往改用其反义的字。例如介绍日常生活知识的通书与"通输"同音，人们就把"书"改为"胜"，即把通书称作"通胜"，喜悦的色彩油然而生。"丝"在广州话读 si1，在顺德话却读 syu1，与"输"同音，丝瓜也改"丝"为"胜"而成为"胜瓜"。不过，顺德是南国丝都，"丝"不离口，之所以其他有"丝"字的词语不用改称，而丝瓜必须改称，是因为顺德话对死亡也称"瓜"，或许是源自普通话的"挂了"，"输瓜"就是输到死，太倒霉了，不改不行。

　　同样出于避讳，一些名词中与"干"同音的字都改为"润"，因为人们常以水来比喻钱财，干了就意味贫穷，生活滋润才是幸福。所以把猪肝称为"猪膶"（为便于区别，一般把"润"写作"膶"），豆干叫"豆膶"，番薯干叫"番薯膶"，菜干叫

"菜膶",等等,因属名词,"膶"的调值为35。扁担又叫担杆,所以顺德话也改"杆"为"膶"而成为"担膶"。广州话一般称扁担为"担挑",很少说"担膶"。

类似的还有"舌"与"蚀本"的"蚀"同音,改称"利",如"猪脷";"杠"与"降"同音,改用"升",如"竹升"。趋吉避凶的情况还出现在动词、形容词等,如"空"与"凶"同音,改用"吉",如"吉屋";倒入食物的"倒"不吉祥,改为"顺"。

值得注意的是,广州话也有称丝瓜为"胜瓜"的,究竟"胜瓜"这个词是从南番顺引入,还是广州话以前也是"丝""输"同音,早有避讳,有待考究。

顺德人做菜十分考究,从食材选择、加工过程、烹饪方法到产品成型都有自己的语言。例如,鱼肉糜及其制成品就有"剁鱼肉""鱼青""鱼滑""鱼胶""鱼茸""鱼崧""鱼糊""鱼腐""鱼丸""鱼球"等多个名词。

从表7-1和表7-2可以看到,顺德话名词末音节的调值多为55或44或35,这是名词性变调的结果。

二、代 词

(一)人称代词

顺德话的人称代词与广州话相比,有个别稍为不同。

1. "续己""忌己"

顺德话的"自己"读作zyu6gi1,韵母及声调与广州话都有差别,更有老派顺德话读作"续己"或"忌己"("己"同样读gi1)。例如:

<1>吉祐吹嘀嘀——自己顾自己。

这是顺德相当流行的一句歇后语。吉祐是杏坛的一条古村,以前八音锣鼓作为民间艺术在包括吉祐在内的杏坛乡村相当盛行。八音演奏中最悦耳的莫过于唢呐,嘀嘀嗒嗒、叽叽咕咕的十分响亮,人们就形象地称之为嘀嘀。顺德话"自己顾自己"就是gi6gi1gu3gi6gi1,恍如唢呐发出的声响,相当形象,于是就有了这个颇具顺德特色的歇后语。

2. "大众""大位"

一些地方的老派顺德话以"大众"或"大位"表示"大家",其中的"众"为44调,"位"为21调。例如:

<2>有好嘢就分畀大众食，唔好净系续己要喺。（有好东西就要分给大家吃，不要自己独自占有。）

句中"大众"改为"大位"或"大家"，意思一样。

（二）疑问代词

顺德话疑问代词和广州话相同，没有什么特别，只是读音方面稍有变化，如表示"怎么"的"点"（读 44 调），北部地区有读作 35 调的"挺"的。

双音节的顺德话疑问代词末音节的调值较广州话要高，一般为 35 调或 44 调，如"边度""乜嘢"的后音为 35 调，"边庶""边个""几时""点样"的后音节为 44 调，"乜嘢"的"嘢"有时也是 44 调，快读时"嘢"的声母会脱落。

顺德话部分人称代词和疑问代词在读音方面与广州话的分别见表 7 - 3（其中顺德话 l- 和 n-、ng- 和零声母不作区分）。

表 7 - 3　顺德话部分人称代词和疑问代词的读音

代　词		广州话	顺德话	流行范围
人称代词	我	ngo5	oi5	多数地区
			aai5	均安大部分地区
	你	nei5	li5	北部地区
	佢	keoi5	gyu3	大部分地区
			hyu3	龙江部分地区
	－哋	-dei6	-lei6	龙江部分地区
疑问代词	边	bin1	ben1	大部分地区
	几	gei2	gi2	基本覆盖
	乜嘢	mat1je5	mat1je2	基本覆盖，后音节为 35 调或 44 调
			me1e2	
	点	dim2	ting2	北部地区

（三）指示代词

指示代词是指用于指称或区别人或事物的代词，主要分近指和远指两类。普通话的指示代词近指时核心在于"这"，远指时核心在于"那"。广州话则要复杂一些，顺德话又在广州话的基础上有所变化。

1. "尼""阿""噜"

近指指示代词的代名词中，广州话的"呢"读 nei1 或 ni1，后者与"伊"音相近；顺德话则用"尼"，读 lei3，也有小部分地区读作 li3。顺德话也有用"呢"，但只读作 lei1，与"尼"之间只是声调上的差异。远指时，广州话用"嗰"，顺德话虽然也有用，但用"阿"和"噜"的更多，二者声韵调方面没有任何关联。普通话、广州话和顺德话部分代名词的指示代词的比较如表 7-4。

表 7-4　部分代名词的指示代词的比较

语言	分类	核心词	指示处所	指示时间	指示数量
普通话	近指	这	这儿/这里	这会儿	这些/这么些
	远指	那	那儿/那里	那会儿	那些/那么些
广州话	近指	呢/伊	呢度/呢庶	呢阵/伊家	呢啲
	远指	嗰	嗰度/嗰庶	嗰阵/嗰时	嗰啲
顺德话	近指	尼	尼度/尼庶	尼阵/尼家	尼啲
	远指	阿/噜	噜度/阿庶	阿阵	阿啲/噜啲

在指示性方面，"呢"与"尼"相同，"阿"与"嗰"差不多，"噜"经常表示"别的""其他"的意思，尤其在指示处所时。在指示一般人或事物时"噜"也与"阿"有所不同。比较表 7-5 所列各句子就可发现"呢"与"尼"、"嗰"与"阿""噜"之间的异同。

表 7-5　"呢"与"尼"、"嗰"与"阿""噜"用例比较

组别	语言	例　句	意　义
1	广州话	①呢本书重过嗰本书。	这本书比那本书重。
	顺德话	②尼本书重过阿本书。	
		③尼本书重过噜本书。	
2	广州话	④张姨嗰个仔唔够大方。	张姨那个儿子不够大方。
	顺德话	⑤张姨阿个仔唔够大方。	
		⑥张姨噜个仔唔够大方。	张姨另一个儿子不够大方。

续上表

组别	语言	例　句	意　义
3	广州话	⑦你去嗰啲地方搵*搵啦。	你去那些地方找找吧。
	顺德话	⑧你去阿啲地方搵*搵啦。	
		⑨你去噜啲地方搵*搵啦。	你去别的地方找找吧。
4	广州话	⑩你去张老师嗰度搵*搵啦。	你去张老师那里找找吧。
	顺德话	⑪你去张老师阿度搵*搵啦。	

第1组顺德话的"尼"和广州话的"呢"都是近指的"这"，二者并无差别。句②与句①意义相同，在对话时都需要动作指点来表达具体的"那（嗰、阿）"一本书。句③也可翻译成"这本书比那本书重"，但所指示的"那（噜）"一本书比较明确，即之前提过的那本书，所以翻译成"这本书比另一本书重"更贴切。

第2组的"噜"更明显地表示"其他"的意思。句④和句⑤的"张姨"可能只有一个儿子，若有一个以上的儿子，所指的是特定的那一个儿子。句⑥的"张姨"不可能只有一个儿子，所指的虽然也是特定的那一个儿子，但基于与目前提到的儿子相比较，所以不能翻译成"张姨那个儿子不够大方"。

第3组的顺德话句⑧用"阿"替代广州话句⑦的"嗰"后意义不变，所指的具体地方也都需要动作或者通过前文的指点来表达；句⑨用"噜"来替代"嗰"后，意义发生了变化，对具体的地方只作排他性指示。

第4组句⑩和句⑪意义相同，但若用"噜"来替代"嗰"就说不通。

从上面的比较来看，"噜"与表示"第二""其他"或"另外"意义的"第"有些相通，如第3组句⑨可改为"你去第啲地方搵搵啦"，但"第"和"噜"还是有明显区别的。"第"所指示的是后来的或其次的。如第1组句③的"噜"替换为"第"后，变成"尼本书重过第本书"，其意义有二：一是表示第一次掂量的是"尼本书"，第二次掂量另一本书，最后指"尼本书"比第二次掂量的那本书重；二是表示"尼本书"比其他的书都重。显然意思与句③不一样，句③的"噜本书"可能是第二次掂量的那本书，也可能是之前提及的一本书，但都是对话各方很明确的一本书。又如"第日"指将来的时间，很不确定，"噜日"则指过去的某日，指示性比较强。从这个意义上来说，"噜"跟"那"比较接近，属于远指指示代词。

2."×嘅"

顺德话在指代名词时，经常使用"×嘅"（"嘅"读44调），如：

个嘅—这/那个　　种嘅—这/那种　　张嘅—这/那张　　袋嘅—这/那袋

咇嘅—这/那些　　次嘅—那次　　阵嘅—那时　　度嘅—那里

"×嘅"是远指还是近指，要根据说话时的实际来判断，但以远指的为多，如"次嘅""阵嘅""度嘅"等。当前面加上"尼""阿"或"噜"时，远近之分就很分明，如"尼度嘅"就是指"这里"。

"×嘅"本不是代词，只是省略"尼""阿"或"噜"后仍然具有指示作用，并习以为常地运用，形成固定形式的词语。其中的关键是"嘅"，这将在讨论助词时再作分析。

3. "盖"

顺德话指示处所的词中，有一个"盖"，也能表示"这儿"或"那里"，例如：

<3>公司个饭堂几好，我日日都喺盖食早餐。（公司的饭堂不错，我天天都在那儿吃早餐。）

<4>——张伟嚟*未啊？（张伟来了没有？）

　　——我喺盖。（我在这里。）

"盖"与广府话指示处所的"呢度""嗰庶"的关系，可从"度"和"庶"说起。"呢度""嗰庶"相当于普通话的"这儿""那里"，其中"呢"与"这"对应，"嗰"与"那"对应，但不能说"度"和"庶"与普通话的"儿""里"对应。因为"度"和"庶"本来就是指处所，可以脱离"呢"或"嗰"来使用，如"你度"就是"你这儿"，"喺庶"就是"在那儿"等。"你度""喺庶"中的"度"和"庶"可以说是省略"呢"或"嗰"之后的"这儿""那里"，所以也有指示代词的作用。有些广州方言词典直接把"度"和"庶"解释为"那里、那儿"。

例<3>的"盖"可以用"嗰度/嗰庶"或者"度/庶"来替代，例<4>的"盖"可以用"呢度/呢庶"或者"度/庶"来替代。但"盖"与"呢度""嗰庶"的用法多有不同，也与"度"或"庶"有差别。

一是"呢度""嗰庶"作为一个完整的代词可以直接作为句子成分，最明显的就是作为主语放在句首，但"盖"与"度""庶"都不能。例如可以说"呢度好靓"，但不能说"度好靓"或"盖好靓"。

二是"度"和"庶"的前面可以是"呢""嗰""边"等代词，甚至是人称代词或名词，但"盖"不能。例如可以说"呢庶""我庶""车库度"，但不能说"呢盖""我盖""车库盖"。这说明"盖"不是"度"和"庶"那样的省略"呢"或"嗰"之后的指示代词。

三是"盖"只能与"喺"或"响"搭配形成"喺盖"或"响盖"的固定词组，

才能显示其指示代词的作用。

有时"盖"会紧跟在某些动词之后，例如：

<5＞张伟坐*盖粒声唔出。（张伟坐在那里一声不吭。）

例<5＞的"盖"能够用"度/庶"来替代，其中的"坐"调值提高，可以说是"坐喺"的合音变调，本质上"盖"依然与"喺"附着在一起。这种省略"喺"的情况有时在翻译成普通话后显得不是很明显，可能看不到介词"在"的影子。例如：

<6＞正话阿嫲喺市场曲*盖。（刚才奶奶在市场跌倒了。）

<7＞咪咁大声啦，个仔啱啱先至瞓*盖。（别那么大声吧，孩子刚刚才睡下了。）

例<6＞的"曲"意为"跌"，"曲*盖"可替换为"曲喺盖"或"曲喺度"，即"跌倒在那儿"，但因为前面已经有"喺市场"，普通话就不好直译为"在市场跌倒在那儿"。例<7＞的"瞓*盖"即"瞓喺盖"，意为"睡在那儿"，具体处所没有指明，"盖"是虚指，所以也不好直译为普通话。例<5＞翻译成"张伟坐着一声不吭"更好，道理是一样的。因此，"盖"的指示作用不是十分明显，甚至会给人一种感觉，"盖"只是表示谓词进行体或者持续体的助词。

值得注意的是，由于顺德话经常把"个"和"盖"都读作 goi3，"喺个"与"喺盖"同音，容易混淆。但在龙江，"喺个"的"个"是 33 调，"喺盖"的"盖"是 35 调，与"改"同音，二者是分得清的。

三、数词和量词

（一）数词

顺德话和广州话的数词没有差别，但在读音方面个别稍有不同。

1. "四"

顺德话基本上都和广州话一样读 sei3，但北部地区读 si3。

2. "八"

顺德话的读音是 bet3，广州话没有这个音，所以外地人经常以英语 bed 来模仿，并以此作为顺德话的谈资。

3. "十一"

本来数词十至十九的"十"发音是一致的，但老派的顺德话唯独对"十一"中的"十"读作 si6，"十一"就读成"是一"。

4. "廿"

像广州话一样读 jaa6，但老一辈的顺德人读作 je6，与"夜"同音。翻查一些粤语发音的书籍，其实旧时广州话也有读作"夜"的。民间笑话"廿亩田，廿亩地，廿亩荔枝基"流传很广，就是因为顺德话"亦冇"和"廿亩"的读音相近，听话人把"亦冇田"听成"廿亩田"而产生强烈的戏剧效果。

（二）量词

量词是用以表示人、事物或动作的数量单位的词，使用频率较大。量词的使用往往与地方习惯有关，同一事物，此地用某个量词，彼地可能用别的量词；同一个量词，此地和彼地的使用范围也可能不一样。比如"灯"的量词一般为"盏"，顺德话读zen5，但个别地方用"掌"；又如"张"，顺德普遍用作"刀"的量词，但也有些地方扩展到用于"铰剪"。表 7－6 列出一些顺德农村依然有使用，但广州话没有或很少用的量词。

表 7－6　顺德话量词举例

用　例	意　义	说　明
一 kuk6 树枝	一簇树枝	也用于紫薇、黄皮、香蕉等成簇或成串的花果
一吖/髀树枝	一枝树枝	"髀"用于较大枝的树枝
一 hom2 芋头	一穴芋头	hom2 实为"坎"的读音
一 doeng2 花	一朵花	也用于帽子
一抽生果	一袋/篮水果	用于可以提挽的袋子、篮子
一笪位	一个座位	
一管针	一根针	也可用"口"，同样适用于钉子
一掌灯	一盏灯	
一底糕	一盘糕	用于成片的饭焦、韭菜粉等黏结在物体表面的扁平状物品
一公	一个人	仅与数词"一"结合，男女都适用
一张铰剪	一把剪刀	
一堂碗	一套碗（十只）	
一洞门	一扇门	

续上表

用 例	意 义	说 明
一 puk1 布	一幅布	puk1 是量词 "幅" 的读音
一 puk1 墙	一堵墙	
一埲桥	一座桥	
一 maang1 长	一手掌长	也可用 "骂"，以张开手掌时手指间最长跨度为长度单位
一朕人	一群人	
一 kaa5	份、样、件等	也用于指代不明的事物或隐晦的东西
一枕/寨屋	一连片房屋	用于土地、树木、建筑等，较大的空间范围多用 "寨"
有几射	有几处	用于单位、户、人家或处所等
一 wang6 锁匙	一串钥匙	
一礼猪肉	一刀猪肉	用于长条状的带皮肉块
一兜蔗	一条蔗	"兜" 即 "条"，"一兜友" 即 "一条友"，指一个家伙

龙眼、黄皮、荔枝等都是细小的个体果实聚成一簇，像这样生长在树枝的末端的一簇果实、花朵或枝叶，顺德话叫作 "一 kuk6" 或者 "一 kung1"。树木分枝中的一枝叫作 "一髀" 或 "一吖"，通常是带有枝干的一枝树枝。"髀" 即 "大腿"，故 "一髀" 用于较大枝干的树枝。

花朵的量词除了是 "朵"（读 doe2）外，还会是 "doeng2"，也有人读作 toeng2。这个量词还用于帽子，例如：

<8>阿娟喺 doeng2 帽上便插*doeng2 花，当堂靓好多。（阿娟在帽子上面插上一朵花，马上好看多了。）

有几个比较特别的量词，如 "射"，一般用于处所。例如：

<9>今次入户慰问我仲有两射未去，你帮我去埋吖。（这次入户慰问我还有两户没有去，你代我去吧。）

<10>我哋拜山要好耐㗎，两个地方六七射咁多。（我们去扫墓需要的时间可长了，两个地方六七席那么多。）

之所以称为 "射"，不知是否与 "社" 或 "舍" 有关。容桂的容里社区以前曾叫做东社，当地百姓口头上就是 "东射"，这或许是一个例证。

又如 "kaa5"，用途比较广泛，可以说是份、样、件等。例如：

<11>出菜喇，快啲攞开你 kaa5 嘢。（要上菜了，快点拿走你这件东西。）

<12>一 kaa5 畀过二叔公，一 kaa5 畀过三叔婆，好快就分晒啦。（一份给了二叔公，

一份给了三叔婆，很快就分完了。）

对于指代不明的事物或者隐晦的东西，也可以用"kaa5"来做量词。例如：

<13>嗰几个齿轮我知道做乜用嘅，但尼 kaa5 嘢我真系唔明。（那几个齿轮我知道是起什么作用的，但这样东西我真弄不明白。）

<14>张主任做乜唔查落去，尼 kaa5 嘢冇人知道。（张主任为什么不查下去，这个没有人知道。）

例<13>的"尼 kaa5 嘢"可能是指一套零件、一个系统总成或者一个装置，因为无法表达而用"kaa5"，大致就是"这样东西"的意思。例<14>的"尼 kaa5 嘢"是指不明的事情，带有难以言表之意。

第二节 动词和形容词

动词和形容词有许多共同之处，在语法功能上二者都能作谓语或谓语中心，故合称为"谓词"。

一、动 词

每个人每时每刻都有动作，所以对动作描述的动词十分丰富。相对于广州话而言，顺德话的特色动词也很多。以下介绍三类动词。

（一）单音节动词

与广州话一样，顺德话也有许多单音节动词。例如：

<15>唔该你惕好啲嘢，唔好乱咁域。（请你把东西放好，不要乱扔。）

这句话中的"惕""域"都是动词，前者意为放，后者的意思则是扔。

表 7-7 列出顺德话一些单音节动词。表中的顺德话动词，有个别可能广州话也有，只是因为声母或韵母的变化而显不同。例如广州话表示"甩""挥动"的 fik6，也有扔的意思，可能就是顺德话的"域"（wik6），原因是广州话部分 f- 的字顺德话读作 w-（如"辉"顺德话读作"威"），故广州话的 fik6（白宛如《广州方言词典》写

作"掝"）顺德话读作 wik6。同样原因，广州话表示抽打的 faak3，可能与顺德话表示以竿击打的 waak3 相对应。又如表示抓刮的"掹"，广州话一般读 waa2，但有时也会像顺德话那样读 we2。

表 7-7　顺德话单音节动词举例

读音	顺德话同音字	意　义	例　　句
tik1	惕	存放、放置	啲书就噉惕低先，我等阵再执。（那些书就这样先放下来吧，我待会儿再处理。）
kyut3	撅	打，击败	我细个阿阵成日畀爸爸撅嘅。（我小时候经常被爸爸打的。）
wik6	域	扔	件衫烂到噉，域*出去啦。（那件衣服破成这样，丢出去吧。）
jeot1		折断	支竹仔长过*龙，jeot1 开两段就啱。（那杆竹子太长了，折成两段才行。）
he3	爷	翻找	个柜桶啲嘢畀你爷到乱晒。（抽屉里的东西让你搅乱了。）
we2		抓刮	呢个窗帘畀只猫 we2 到烂晒。（这个窗帘让猫儿抓破了。）
am1	庵	拿	今晚我庵袋冬菇畀三姨。（今晚我拿一袋冬菇给三姨。）
coeng2	抢	铲	黐*底啦，快啲揾*个镬铲抢*抢下便。（糊了，快点找个锅铲子铲铲下面吧。）
waak3		划，抽打，晃动	啲鸡蛋要 waak3 匀啲先得。（鸡蛋要搅拌均匀才行。）
kim4	钳	爬	钳上钳落因住跌亲啊。（爬上爬下的，小心跌倒了。）
lo6	糯	骂	执好啲手尾啦，唔系又逐糯嘅喇。（把收尾的事做好吧，不然又要挨骂了。）
jam5	饮	引诱	啲鱼煎得咁香，饮到我流晒口水。（那鱼煎得那么香，让我垂涎欲滴。）
gaang1	耕	处理	咁简单嘅事我哋自己耕啦。（这么简单的事情我们自己处理吧。）
zoeng6	象	想象，预估	我象今晚唔会落雨。（我估摸着今晚不会下雨。）
kek3		卡住，绊住	啲工夫多到 kek3 晒脚。（要做的事情多到碰脚都是。）

续上表

读音	顺德话同音字	意　义	例　　句
an3	银	量度	今日咁多人食饭，银几多米先啱呢？（今天那么多人吃饭，要量多少米才合适呢？）
heu1		倒卖	出广州 heu1 啲货翻嚟卖。（去广州倒些货回来卖。）
kap1	扱	上锁	你走阿阵记得扱好洞门喈。（你离开的时候记得把门关好哇。）
lin4	练	缝制	我细个阵时啲衣服都系婆婆练嘅。（我小时候的衣服都是外婆做的。）
tang3	腾	等	tang3 老王下班先去啦。（等老王下班了才去吧。）
ting3	停	等	咪行咁快啦，挺埋都好啩。（别走得那么快，等一等我吧。）
eu1		叫	你走阿阵记得 eu1 埋我喈。（你要走的时候记得喊我一下。）
maai3	埋	到	等阵埋羊额买啲嘢。（待会儿到羊额买些东西。）
dit1	啲	短暂走开	啱先都喺度格，唔知啲*去边呢。（刚才还在的呀，不知道跑去哪里了。）
zai3	制	关住	再扭计就制*你入黑房。（再闹别扭就把你关在黑房里。）
gai6		按压，卡住	台面上有只蚁，畀我用指甲 gai6 死喇。（桌面上有一只蚂蚁，让我用指甲掐死了。）
get6		用胳膊夹住	街上人多，要 get6 实个手袋啊。（街上人多，手袋要紧紧夹住哇。）
lyun2	恋	卷	啲衣服摺都唔摺摺，就噉恋埋一嚿。（那些衣服叠也不叠一下，就这样卷成一团。）

　　"埋"，表示到一个地方，可能与以前以舟楫为交通工具有关，靠岸就称为"埋"，如"埋岸""埋街"等。顺德话从一个地方到另一个地方的词语中，"上""落""出""入""开""埋"等具有较强的地域色彩。

　　一是"上"和"落"。从低阶级的地方往高阶级的地方，或者往河流的上游、地势的较高处、方位的西北面去，用"上"；反之，用"落"。在顺德，大良是县治，地位最高；其他镇街所在地，如勒流，地位居中；乡村为底层，如扶闾。所以从其他地方去大良，多数都说"上大良"，从扶闾去勒流也用"上"；但从大良往勒流、扶闾，或者勒流往扶闾，就都用"落"。因为大良在县境的东南部，地势较低，而且是河流下游处，故也有很多地方说"落大良"。从顺德往外地时，若该地位于顺德之南，一般用"落"，如"落香港""落澳洲"；若该地位于顺德之北，一般用"去"，往北京、广州等高阶地方也会用"上"。

二是"出"和"入"。一般来说，由里往外看大世面的，多用"出"，如"出广州""出香港"，是基于从顺德出发；到小地方的用"入"而非"出"，但从农村去往县城大良也可说"入大良"，是基于入城这一行为。

三是"开"和"埋"。从里向外往开阔的地方，一般用"开"，如去田野的"开基"，如去江河边的"开码头""开甘竹"；从外向内往密集的地方，一般用"埋"，如从扶闾往黄连圩的"埋黄连"，以及前述从江河靠岸的"埋岸""埋街"。

此外还有"过"，原来可能基于过河的行为，但顺德到处是河涌，因而使用比较广泛，没有太多的限制，如"过我度""过陈村""过香港""过澳洲"等。

当然，以上这些词语的使用现在已经不太讲究了。

（二）与儿童相关的动词

儿童喜欢跑跑跳跳，也就经常听到大人的劝阻或教导、训斥的语言，对相关词语烙上深深的印记，一代传一代。表7-8列出顺德话一些多用于儿童的描述动作的词语。

表7-8　顺德话与儿童相关的动词举例

词语	意义	例句
创街	在外面到处溜达	做完功课就顾住创街。（做完功课就忙着往外闯。）
祖亲	扭伤	正话落楼梯唔觉意祖亲只脚。（刚才下楼梯时不小心崴了脚。）
曲亲	跌倒	今朝喺公园曲亲，整到手损脚损。（今天早上在公园跌倒，手脚都弄伤了。）
拜倒	身体前倾跌倒	趷咁快因住拜倒啊。（跑那么快，小心跌倒了。）

续上表

词语	意义	例句
受埋我 sen1	让我入伙玩	睇你哋咁开心，受埋我 sen1 都好啩。（看你们玩得那么开心，让我一起玩好吗？）
唔侵你玩	不让你入伙玩	你咁蠢，我哋唔侵你玩。（你那么笨，我们不跟你一起玩。）
斗兽	相互争吵作对	一放假两兄弟就成日斗兽。（一放假兄弟俩就整日争吵作对。）
律住	不住地要求	个孙女律住要去睇电影。（孙女老是说要去看电影。）
涌水	游泳	我好细个就识涌水啦。（很小的时候我就学会游泳了。）
洗身	洗澡	成班人喺大埠头洗身。（一伙人在大埠头洗澡。）
努耳仔	扭耳朵	你再唔记得我就努你耳仔。（你再忘记我就扭你的耳朵。）
岩痕	哄小孩睡	我要讲住古仔岩仔仔痕。（我要讲故事哄孩子睡觉。）
lek3 埋	躲起来	老师嚟喇，快啲 lek3 埋啦。（老师来了，赶快躲起来吧。）
paai1 度	好好地坐着	听话，paai1 度，我攞畀你食。（听话，好好地坐着，我拿来给你吃。）

称"玩"为"sen1"，这在咸丰年间的《顺德县志》就有记载，现在当然已经很少人说了。龙江接近南海九江，语言习惯也相近，附近一些农村现在还有人称"玩"为"耍"，称"游玩"为"leu4"的。

"lek3 埋"的"lek3"即是"匿"，也有人读作"lei3"。"努耳仔"的"努"其实就是"扭"，容桂等地至今还有不少 au 韵母的字读作-ou。"岩痕"的"痕"是睡的意思，即广州话的"瞓"，"岩"可能就是"吟（am3）"，通过喃喃自语的"吟吟沉沉"来哄小孩子入睡。小孩子"排排坐"的"排排"调值可以是 11－11，也可以是 11－55，"paai1 度"是"排排坐喺度"的简化。

（三）与农村生产生活相关的动词

顺德本属农村，农事活动的词语当然比广州话丰富，但由于第一产业的比例越来越低，许多词语使用的频率、范围已大大缩小，甚至逐渐被人淡忘。生活用语也一样，随着城市化的不断深入，不少词语已失去其存在的环境，如"hep3 水"；有些则为现代词语所取代，如"周周""开身"等。表7－9列出一些农村生产生活中常用的描述动作的顺德话词语。

表7-9　顺德话与生产生活相关的动词举例

词语	意　义	例　句
周*周	住一住	耐不久就去婆婆度周*周。（每隔一段时间就去外婆那里住一下。）
尚兴	喜欢、时尚	旧时啲女人尚兴扎脚。（以前的妇女喜欢裹脚。）
载梦	做梦	琴晚我载梦搭错车。（昨晚我梦见搭错了车。）
款转	反转	你将件衫款转嚟着都唔知。（你把衣服穿反了也不知道。）
转 et1	转弯	喺巷尾转 et1 再行几步就到喇。（在巷子的末尾转个弯再走几步就到了。）
打 lang1	打结	条绳短过头，冇办法打 lang1 添。（绳子太短，没办法打结了。）
嘟身	动身	三点钟先至嘟身都唔迟。（三点钟才动身也不迟。）
开基	去田头，干农活	你唔好好读书就等住成世开基啦。（你不好好读书，以后就永远下地干活吧。）
担基围	筑堤	几百人担基围担咗成个月。（几百人去筑堤，干了将近一个月。）
开身	开船，动身	三点略，只艔都开*身啦。（三点钟了，那条船都已经开走了吧。）
埋 hom3	船只靠岸	坐稳啲，准备埋 hom3 喇。（坐好了，船只准备靠岸。）
hep3 水	打水	hep3 两桶水嚟冲*冲个地。（挑两桶水来冲洗一下地面。）
窿窿蹲	一两个人悠然做饭	佢话唔去凑热闹㗎，宁愿自己窿窿蹲。（他说不去凑热闹了，宁愿自己慢慢做饭。）
濑喷	浇粪水	啲菜生得唔系几好，睇嚟要濑喷先得。（那些菜长得不太好，看来要浇些粪水才行。）
屏泥	把泥浆泼向农地	啱啱屏泥翻嚟，成身烂臭汗。（刚刚向农地泼完泥浆回来，满身臭汗。）

比较有意思的是"埋 hom3"。顺德话以 om 为韵母的字不多，对应的是广州话的 am 韵字。"hom3"其实是指"礑"，即堤岸，"埋礑"就是船艇靠岸。由于广州话没有 om 这个韵母，所以不容易理解。

又如"濑喷"，"濑"是指"浇""洒""淋"，"喷"则是顺德话"粪"的读音，因为广州话部分 f-的字老派顺德话读作 p-，如今乐从等地仍将"面粉"读作"面牝"。

"粪"白读为"喷"在顺德较为普遍，口语中的"濑粪""担粪""倒粪"中的"粪"一般不会读作 f-。

再如"戽泥"，广州话"戽"的对象一般是水，如"戽水"就意为用工具或手来舀水。顺德农田以桑基鱼塘闻名，传统农作中有一个环节是把鱼塘底部的淤泥还田，淤泥呈浆状，农民像戽水那样用戽斗把泥浆泼向农地，故称"戽泥"。

二、形容词

要描述事物的形状、性质和状态等，就要用形容词，所以形容词的数量也相当多。以下重点介绍顺德话的双声叠韵词和叠音词。

（一）双声叠韵词

双声词，即是同声母的字构成的双音节词，如普通话的"淋漓""伶俐"，广州话的"焦即""巴闭"等。与双声词对应的是叠韵词，就是同韵母的字构成的双音节词，如普通话的"彷徨""糊涂"，广州话的"论尽""鹘突"等。表7-10所列为顺德人常用的一些双声叠韵形容词。

表7-10　顺德话双声叠韵形容词举例

类型	词语	意 义	例 句
双声词	迫北	厉害	日头咁迫北，啲衣服一阵就干嗮啦。（阳光那么猛烈，那些衣服不一会就全干了。）
	离喇	忙不过来、手足无措	你唔使咁离喇，等阵我哋帮你手。（你不用那么忙乱，待会儿我们来帮忙。）
	咳 koe1	麻烦	尼个人都几咳 koe1 㗎。（这个人是满麻烦的。）
	啲 deu1	女孩说话厉害	个啲 deu1 妹成晚未停过口。（那个辣妹子整个晚上嘴巴没有停过。）
	咦 jaa1	嚷嚷，长舌	你噉讲出去，赚大家咦 jaa1。（你这样说出去，一定会让大家嚷嚷。）
	到邓	老态龙钟、不太灵便	前日去睇过张伯，有啲到邓。（前天去看过张伯，他有点不太灵便。）

续上表

类型	词语	意义	例句
叠韵词	鞋柴	表面粗糙不平	墙面咁鞋柴，要再处理下先得。（墙面那么粗糙，要再处理一下才行。）
	蹦雷	笨拙，粗糙、不精致	个蛋糕整得咁蹦雷。（那个蛋糕做得那么粗糙。）
	斥 mik1	不显老态	张姨仲好斥 mik1，不时去旅游。（张姨显得还很精神，经常去旅游。）
	耶 ge1	不伦不类	啲糖粥咁耶 ge1，好似冇钱买糖噉。（那甜粥甜不甜淡不淡的，没钱买糖似的。）
	leot1 卒	麻烦、糟糕	尼件事整得咁 leot1 卒，都系你之故。（这件事搞得那么糟糕，就是你的缘故。）
	koe1loe6	拖泥带水	后生仔做嘢唔好咁 koe1loe6。（年轻人做事情不要那么拖沓。）
	cok3mok3	莽撞	你咁 cok3mok3 做乜呢，整跌晒啲嘢。（你那么莽撞干什么，把那些东西都弄翻了。）
	lang1dang2	节外生枝，麻烦	碰啱啲 lang1dang2 嘢，我要迟啲先嚟。（遇着一些麻烦事，我要晚一点到。）
	挟摄	逼仄	条巷咁挟摄，点搬啲沙发入嚟呢？（巷子那么狭窄，怎样把那些沙发搬进来呢？）
	e6 射	拖拉迟缓	张姨一向都好 e6 射㗎啦。（张姨向来都是拖拖拉拉的。）
	keu4leu1	话音难辨	个高佬啲话咁 keu4leu1，我听唔懂。（那个高个子说的话很绕口，我听不懂。）
	鯭鳟	相距很远	一个喺东，一个喺西，鯭鳟咁远。（一个在东，一个在西，相距那么远。）
	ang3lang6	行动不便，麻烦	老张九十岁喇，梗系有啲 ang3lang6 㗎啦。（老张九十岁了，当然有些行动不便。）
	lang6jang3	不整洁，不灵便	老人家难免有啲 lang6jang3。（老人家难免有些不利索。）

可以看出这些词的特点为：一是多数不便用常用汉字写出来，即使能写也多半只是同音字；二是都是连绵词，不能拆开来理解和使用；三是以贬义词为多。其中的"蹦雷"二字是不同韵母的，顺德话分别是 -yu 和 -ui，差别较小，发音时嘴型没有变化，故可看作叠韵词。

（二）叠音词

顺德话与广州话同源，广州话中的叠音形容词基本上在顺德都能通行，而且，顺德话中还有一些叠音形容词反而在广州话中很少出现。表7-11至表7-13分别列出顺德人常用的一些叠音词。

表7-11　顺德话Ａ××格式叠音词举例

词语	意　义	例　句
恶誓誓	恶狠狠、很凶恶	二叔个样恶誓誓，大家都唔敢出声。（二叔的样子很凶恶，大家都不敢吭声。）
血极极	鲜血滴滴流出，损失惨重	股市大跌，今次真系输到血极极。（股市大跌，这次真的损失惨重。）
苦 dyut3dyut3	很苦	碗苦茶苦 dyut3dyut3，搵*粒糖食*下先得。（这碗中药太苦了，找一颗糖果吃才行。）
嫩呵呵	即"嫩微微"，十分嫩	啲菜心嫩呵呵就畀你摘嗮咯。（那些菜心还没有长好就让你给全摘了。）
馤亨亨	尿的臊臭味很浓	个冲凉房馤亨亨。（那个洗澡间臊臭得很。）
花碌碌	花里花俏	花碌碌阿部车就系张姨㗎嘞。（花里花俏的那辆车就是张姨的。）
老额额	长得很老	阿芬嫁*个老额额嘅男人。（阿芬嫁给一个长得很老的男人。）
实一一	很结实、很硬，不易破开	个煎堆实一一，好大力都切唔开。（那个煎堆很结实，好大劲儿都切不开。）
稀窿窿	液体很稀	早餐啲粥稀窿窿，一阵就肚饿咯。（早餐的粥太稀，不一会肚子就饿了。）
宿崩崩	很馊臭	啲冷饭宿崩崩，仲要嚟做乜吖。（那些剩饭很馊臭，还要留着做什么。）
夜鲢鲢	即"夜麻麻"，太夜了	夜鲢鲢唔好再搵喇，听日先啦。（太夜了，别再找了，明天再说吧。）
硬 gwang6gwang6	物品很硬	啲饼干硬 gwang6gwang6 唔好食嘅。（那些饼干很硬，不好吃的。）

续上表

词语	意 义	例 句
窄唿唿	很狭窄	条裤窄唿唿着唔落去。（那裤子窄窄的穿不下去。）
重力力	重量大	个手袋重力力，肯定好多料。（那个手袋挺沉的，里面肯定有好多东西。）
姣挩挩	轻佻、骚里骚气，显摆	个衰女姣挩挩攞晒啲嘢出嚟。（这个小妞故意把东西都亮出来炫耀。）

表 7 – 12　顺德话 AAB 格式叠音词举例

词语	意 义	例 句
饱饱滞	饱而不消化	中午食得多过*头，家下都仲饱饱滞。（中午吃得太多，现在肚子还胀着。）
逼逼紧	太狭窄，安插或通过很勉强	两部车泊得逼逼紧，唔知点上车。（两辆车停靠得那么紧，不知道怎么上车。）
叮叮鐣	孤零零地或无力地维持	呢家生意一落千丈，厂里面剩低几人叮叮鐣。（现在生意一落千丈，厂里只剩下几个人勉强维持着。）
犁犁 he3	呆不住、性急，赶紧	今早犁犁 he3 赶住搭车，早餐都冇食到。（今早急匆匆赶着乘车，早餐也没有吃。）
漏漏涕	（多到）滴漏不停	张伯银纸多到漏漏涕，几贵都唔怕啦。（张伯的钱多得很，有多贵都不在乎。）
捌捌震	紧张	你捌捌震做乜嘢，老细唔会检查到你阿位嘅。（你那么紧张干什么，老板不会检查到你那儿的。）
扭扭乱	混乱	老细话篇文章扭扭乱，唔收货。（老板说这篇文章写得很乱，退回来了。）
抠抠乱	混杂、调乱	咁耐咯，我都抠抠乱唔认得几个人。（这么长时间了，我还是把这些人搞混，认不到几个。）
睺睺望	不住地张望打探	个仔睺睺望等住你翻嚟有乜好嘢畀佢食。（孩子巴望着你回来给他什么好吃的。）

表 7 – 13　顺德话 AABB 格式叠音词举例

词语	意 义	例 句
褛褛周周	装扮凌乱	风咁猛，吹到个人褛褛周周。（风太大，把人都吹得衣冠不整。）

续上表

词语	意　义	例　句
姣姣哨哨	轻佻、骚里骚气，显摆	张姨今日着到姣姣哨哨，争住影相。（张姨今天穿得花里花俏的，抢着要拍照。）
癫癫秦秦	疯，言行怪异	二叔饮多二两就癫癫秦秦，语无伦次。（二叔多喝二两酒就疯疯癫癫的，语无伦次。）
逗逗敏敏	形体稍矮而胖	个男仔逗逗敏敏，睇落都几老实嘅。（那胖小子看上去挺老实的。）
累累睡睡	恍恍惚惚即将入睡	喈喈累累睡睡你就打电话嚟咯。（正在迷迷糊糊的时候你就打电话来了。）
碌碌曲曲	跌跌撞撞	条路碌碌曲曲好难行嘅。（那条路坑坑注注的不好走。）
磨磨 zyun6zyun6	磨磨蹭蹭	只猫喺我脚度磨磨 zyun6zyun6，肯定肚饿嘞。（那猫咪在我脚边蹭来蹭去，一定是饿了。）
奥奥破破	晃动，不稳定	冻就着多件衫啦，奥奥破破嗽。（觉得冷就多穿一件衣服吧，看你哆哆嗦嗦的样子。）
骨骨湿湿	吝啬、小器	张姨骨骨湿湿，就畀咁啲多过我。（张姨吝啬得很，只给我那么一丁点。）
粗粗匹匹	粗鲁、臃肿、不精致	阿芬阔口大面，生得粗粗匹匹。（阿芬大嘴大脸的，长得有点粗犷。）
翳翳谛谛	嘲笑、讽刺、挖苦	你咪喺度翳翳谛谛嗽啦，阿芬已经好唔开心咯。（你别再在这里挖苦了，阿芬已经很不开心。）

　　表中所列的 AAB 和 AABB 格式的叠音词中，AB 多数情况下就是一个双音节形容词，这样的双音节形容词也是广州话少见的，如"扭乱""捩震"；AABB 格式的叠音词的 AB 本身大多还是双声叠韵词，如"褛周""逗敏"。

第三节　助词和叹词

　　助词是指附着在其他词汇、词组或句子上以突出句子的结构或者某种功能的一种虚词，一般分为结构助词、动态助词和语气助词三种。叹词是表示感叹、呼唤、应答的词，与语气助词的关系十分密切。顺德话的助词和叹词相对于广州话而言有自己的一些特色。

一、动态助词

动态助词是表动作或变化的状态，或者说表体貌意义的一类助词。有些文献没有动态助词的说法，如《广州方言志》对表体貌的一类字词分为体貌助词和体貌形尾。这里介绍的是附在动词或形容词之后的词语，统一按动态助词来对待。

（一）"heu1"

普通话在谓词后面加动态助词"了"，表示动作或变化已经完成，"了"成为谓词完成体的标记。广州话不用"了"而用"咗"，顺德话有用"咗"的，但经常用"heu1"。例如：

<16> 衰嘞，个表停 heu1 添。（糟糕，我的手表停摆了。）

<17> 琴晚畀你灌醉 heu1，今早都唔舒服。（昨晚被你灌醉了，今天早上还觉得不舒服。）

顺德话的"heu1"，调值一般为 53，北部地区以 55 为主。

不过，顺德话的"heu1"不如广州话的"咗"用得那么频繁，因为如果"heu1"或"咗"紧跟在谓词之后，顺德话经常通过谓词与"heu1"或"咗"的合音变调来体现完成体貌。例如：

<18> 我哋已经倾*好耐啦。（我们已经谈了很长时间了。）

句中的"倾"通过从 53 调变为 55 调来表示完成体，顺德话和广州话都说得通；但广州话更多偏向于在 53 调的"倾"后面加"咗"，顺德话反而偏向于省略"heu1"或"咗"。

但有些时候，如像例 <17> 那样谓词处于句末或停顿处时，就不能通过谓词的变调来省略"heu1"或"咗"。

动作或变化幅度很小、时间很短时，顺德话一般都是谓词变调，很少使用"heu1"。如"望了一望"，广州话可以说"望咗一望"或"望咗望"。顺德话一般会说"望望"，其中前字变 21 调为 35 调；当然，顺德话也会说"望咗望"，其中的"咗"读 44 调，但没有说"望 heu1 一望"或"望 heu1 望"的。

与"咗"对比，"heu1"的使用有以下几个特点：一是较少用于动宾之间，但顺德北部一些地方则不然，所以那儿的"heu1"音较多；二是多数用于被动句，用于主动句时谓词往往是不及物的；三是主要用在单音节谓词之后，双音节谓词之后的不多。

举例如表 7 - 14。

表 7 - 14　顺德话"heu1"的使用频率举例

所处位置	例　　句		使用频率		
			广州话	顺德大部	顺德北部
动宾之间	我啱啱打咗场球。	（我刚刚打完一场球。）	多	一般	较少
	我啱啱打*场球。		较少	多	较多
	我啱啱打 heu1 场球。		—	较少	多
被动句中	部手机畀人哋偷咗。	（那台手机被别人偷走了。）	多	较少	较少
	部手机畀人哋偷 heu1。		—	多	多
主动句中	王老师老咗好多。	（王老师老了很多。）	多	一般	较少
	王老师老*好多。		较少	较多	一般
	王老师老 heu1 好多。		—	一般	多
双音节谓词后	大部队出发咗好耐喇。	（大部队已经出发很久了。）	多	一般	较少
	大部队出发*好耐喇。			较多	较多
	大部队出发 heu1 好耐喇。		—	较少	一般

"heu1"作为完成体的标记，不是顺德话所特有的，如詹伯慧《广东粤方言概要》说粤方言的完成体用"咗"或"heu1"等，说明这个现象并非孤立。

（二）"开""吖"和"e"

詹伯慧《广东粤方言概要》认为"开"和"紧"都是粤方言谓词进行体的标记之一，附在谓词之后，表示动作或变化正在进行；但也有学者认为"开"是始续体的标记，彭小川《广州话助词研究》[①] 更将其分为始续体和惯常体两种标记来叙述。顺德话的"开"基本上与广州话一致，也就是说按彭小川的分类，都具有表示始续体和惯常体两种功能，但是，也具有表示进行体的作用。例如：

<19> 琴日我去揾佢嗰阵时，佢喺庶打开波。（昨天我去找他那会儿，他正在打球。）

<20> 快啲去啦，佢哋等开你。（快点儿去吧，他们正在等你。）

这两个句子《广州话助词研究》认为都不成立，只有把"开"换成"紧"才能表示"正在"的意思；但在顺德话中，这两个句子不论用"开"还是"紧"，都反映

---

① 彭小川：《广州话助词研究》，暨南大学出版社 2010 年版，第 74 页。

了"正在"的状态。

老派顺德话的动态助词中较少使用"紧",许多句子都以"开"作为进行体的标记,如"食开饭""上开课""着开衫""抹开玻璃""剐开铅笔""起开屋""倾开生意"等,都表示动作正在进行,"紧"的使用频率只是近几十年来才逐渐增加。

但是,在顺德南部均安的一些地方,"开"却是谓词完成体的标记,读 55 调,这与 53 调的"开"有所区别。例如"嚟开啦","开"为 53 调时意为正在来,55 调时表示已经来了。

在顺德北部和西部的一些地方,还以"吖"或"e"(均读 55 调)作为谓词完成体标记的现象,如"嚟吖啦""嚟 e 啦"就是"嚟 heu1 啦"。

均安的"开"与顺德大部的"heu1"都以 h 为声母,只是韵母稍为不同,这种现象在顺德以外一些地方也有出现,有人写作"哓""敲"或"休"等。至于"吖"或"e",应是音素失落的共时音变现象。

现在的顺德人逐渐更多地用"咗"来表示动作或变化完成,"heu1"尤其"开""吖"和"e"在日常的完成体语句中已慢慢减少。

(三)"盖"

前已述及,"盖"在顺德话中有指示作用,但其指示作用已逐渐弱化,在某些情况下甚至演化成表示谓词进行体或者持续体的助词。

这还是可从"喺度/喺庶"或"度/庶"说起。陈郁芬《粤方言进行体标记类型的概貌》[1] 认为,在动词前面所加的"喺度""响度"等,"其功能相当于普通话的'在那/这里',但表地点的意味已开始虚化",变成进行体的标记,"这种用法也相当广泛"。文中罗列了几句例句,其中有:

< 21 > 佢喺度喊,乜嘢都唔食。(她哭着呢,什么都不吃。)

< 22 > 出边喺度落雨,要带*把遮。(外面正下雨,要带伞。)

这两个句子的"喺度"在顺德话都可以用"喺盖"替代,无论是"喺度"还是"喺盖",在句中差不多已经没有"在这里"的意义,表达的反而是"正在",进行时态的特征很明显。

---

① 陈郁芬:《粤方言进行体标记类型的概貌》,《韩山师范学院学报》2011 年第 2 期。

叶祖贵《论汉语方言的进行体和持续体》① 认为，汉语方言进行体可通过动词前加虚化的处所成分或者通过句尾的语气助词来表示，持续体则通过主要谓语动词后加动态助词和动词后加虚化的处所成分这两种方式来表示。据此，上面"喺度"等如果处在动词之后，就具有持续体的特征。例如：

<23> 佢坐喺度，乜嘢都唔做。（她坐着，什么都不干。）

这句子相对于例<21>更加灵活，"喺度"可以用"喺庶"甚至"度"或"庶"替代，在顺德话还可以用"喺盖"或"盖"替代。例如：

<24> 佢坐*盖，乜嘢都唔做。（她坐着，什么都不干。）

这好比例<5>的"盖"能够用"度/庶"或"喺度/喺庶"来替代，变成"张伟坐（喺）度/庶粒声唔出"，广州话和顺德话都说得通。

"喺度"当然不是助词，但是省略"喺"后，紧贴动词后面的"度"或"庶"或"盖"就有了动态助词的形式。尤其是"盖"，不像"度"和"庶"那样有明显的方位意义。在例<6><7><24>中，"曲*盖""瞓*盖""坐*盖"的形式给人较强烈的助词感觉。

因此，可以认为，"喺盖""响盖"作为介宾短语，当具有明确地点的表示作用时，"盖"呈现出指示代词的明显特征；当虚化成体的标记时，"盖"的指代作用已十分微弱；当省略了"喺""响"之后，"盖"已显现出具有进行体或持续体标记作用的动态助词形式。

正如余凯、林亦《梧州白话的进行体标记与持续体标记》② 所说，进行体和持续体并不是泾渭分明的，例<21><22>也可以看作持续体，分别表示"喊""落"的状态在持续着。余凯、林亦该文认为，广州话的进行体标记是"紧"，这一观点在学界基本上得到认同，如果句子中的体标记能用"紧"来代替而意思不变，一般情况下就是进行体。例<7>的"瞓*盖"完全可以改为"瞓紧"，按这样的说法可以判断为进行体；但从叶祖贵的观点来看，无论"瞓*盖"还是"瞓紧"，都属于持续体。对此，这里不作深究，只认定"盖"具有动态助词的特征。

这种助词作用的"盖"使用范围并不广，只能紧跟在某些静态语义特征的不带宾语的动词和形容词之后。例如：

<25> 张奖状喺二楼个房挂*盖。（那张奖状在二楼的房间里挂着。）

---

① 叶祖贵：《论汉语方言的进行体和持续体》，复旦大学汉语言文字学科《语言研究集刊》编委会：《语言研究集刊》第十一辑，上海辞书出版社2013年版。

② 余凯、林亦：《梧州白话的进行体标记与持续体标记》，《桂林师范高等专科学校学报》2008年第3期。

<26>你咪乱噏，人哋个二叔公仲生[*]盖。（你别乱说，人家的二叔公还活着。）

（四）"锦"

广府话中还有一个与"咗"相关的助词。例如：

<27>五个苹果我食 gam2 两个。（五个苹果我吃了两个。）

句中的"gam2"可用"咗"代替，顺德话也有这样说话的。

这句话用广州话来说，"gam2"与"噉"同音。陈慧英在《广州话的"噉"和"咁"》[1] 一文中说，有些广州人喜欢用"噉"代替句中的"咗（了）"，如把"用咗好多"说成"用噉好多"，把"少咗啲"说成"少噉啲"。饶秉才等《广州话方言词典》对"噉"的释义中有一义项是"用在动词或形容词的后面，表示行为、性质状态或数量达到某种程度"。根据广州话和顺德话的说话习惯，上述的说法并不十分准确。邓思颖《粤语述语助词"噉"的一些特点》[2] 对这个"黏附在述语的助词"有较详细的分析，认为"核心意义和功能是表达了现状跟预设的数量/程度不一致"，但其对自己提出的例<28>这样的"反例"也无法解释，因为说话人不可能"预设了阿爷的病'不好'，而现状是跟这个预设有所偏离"：

<28>阿爷嘅病好 gam2 啲啦。（爷爷的病情好了一些。）

此外，饶秉才等《广州话方言词典》称这个义项的"噉"又读"gaam2"，与"减"同音；邓思颖上文的注释中提到有人写作"减"，而且"发现在香港粤语里，这个'噉'也可以读作'gan2'"，这表明这个助词是否应该写作"噉"还有存疑。

就这个"gam2"该怎么写，意义如何，可从顺德话的角度来分析一下。

顺德话表示"这/那么""这/那样""这/那么样""（像）……似的"等的"噉"读 44 调，而且经常会读作 [kɐm]；但上述例句<27><28>的"gam2"顺德话一般的读音与广州话一致，调值为 13，与"锦"同音。可见这个助词如果写作"噉"，似乎不大合理。顺德话这里的"gam2"也不可能是"敢"，因为传统顺德话的"敢"读"gom2"。即尽管广州话"噉""锦""敢"同音，但传统的顺德话这三字韵母各不相同，显然并非同一个字。

为了与"噉"区别开来，这里用同音字记作"锦"。

---

① 陈慧英：《广州话的"噉"和"咁"》，《方言》1985 年第 4 期。

② 邓思颖：《粤语述语助词"噉"的一些特点》，詹伯慧主编：《第八届国际粤方言研讨会论文集》，中国社会科学出版社 2003 年版。

至于能否写作"减",值得商榷。例如:

<29> 咁多腊肉,不如畀锦啲人啦。(这么多腊肉,不如分一些给别人吧。)

一些老一辈的顺德人会把句<29>中的"畀锦啲"说成"畀 gem2 啲",而传统顺德话的"减"读"gem2",但是句<28>里的"好锦啲",没听说过是"好 gem2啲"的。

通过更多的例句可以发现,这个"锦"基本上不会用在双音节动词或形容词后面,而且后面都带有表示部分数量的成分,如"啲""两个"等。

以下分开两种不同的情况来分析。

一是用在单音节动词后面时,传统顺德话大多都可读作"gem2",包括例<27>,主要表达动作的结果导致数量或程度上的有所变化,而且这种变化以减少为多,这样,记作"减"是合乎情理的。例如:

<30> 个瓜棚遮锦啲阳光。(这个瓜棚挡住了部分阳光。)

这句话的"锦"若用"减"来替代,意思差不多,读音也相若,而现实中部分顺德人读为"gem2",与传统顺德话的"减"同音,所以这句话"遮锦啲"可视为"遮减啲"。同理,邓思颖上文所列例句中用在动词后面的"锦",也可用"减"来替代,如"畀减好多你""食减一个苹果""揸减一架车走""走减啲人""扰减一袋垃圾"等。

若是这样,动词后面的"锦"原不是助词,而是动词"减",并作为词素,与前面的动词构成双音节短语,只是发生屈折而成"锦"。久而久之,"锦"已成为动态助词,其原来的"减"已失去意义。例如:

<31> 今日股价升锦啲,可以出手喇。(今日股价升高了一些,可以卖出了。)

"升"是动词,与"减"是相反的,"升锦"不再是"升减"的意思。

二是用在单音节形容词后面时,顺德话基本上都读作"锦",主要表达变化已经部分完成或者性状达到某种程度。如例<28>,表达阿爷的病情已经发生部分好转,若把句中的"好锦啲"改为"差锦啲",意为病情发生了一些恶化。又如:

<32> 件衫已经干锦啲喇,等阵执埋落行李都得啦。(那件衣服已经干了一些,待会儿把它放进行李应该没问题。)

句中"干锦啲"是指达到某种干燥程度。

从顺德话来看,尽管"锦"是与"咗"近似的动态助词,但"咗"的使用范围要宽广得多,"锦"的使用受到许多语法的制约,只局限于某些固定的句式,涉及的动作或性状也只是在数量或程度上的部分变化,而且以表达这种变化为"减少"或者

"不满意"的为多。如"打咗场球""啲钱畀人偷咗""靓咗好多""望咗一望"等的"咗"不能用"锦"来代替，"食锦一个""少锦啲""矮锦两寸"等的"锦"却可用"咗"来替换，但替换后的意思并非完全相同。"食锦一个"强调的是"减少了一个"，"食咗一个"的重心在于"食"这个动作的完成；"少锦啲"在较多的场合下带有"可惜"的感情色彩，"少咗啲"相对地显得较为客观。当然，这种比较不是绝对的，例如：

〈33〉今日啲餸辣锦啲。（今天的菜肴辣了一点。）

〈34〉今日啲餸辣咗啲。（今天的菜肴辣了一点。）

这两句话并无二致，也都带有偏离某个标准的判断。

〈35〉燶就除锦件衫啦。（觉得热就脱下一件衣服吧。）

〈36〉燶就除咗件衫啦。（觉得热就把那件衣服脱了吧。）

"除锦件衫"表明听话人穿着不止一件衫，只是被建议减少一件衫，至于脱下哪一件就没有说明；"除咗件衫"的听话人可能有一件或几件衫，要脱的是指定的衫。如果要强调"除"这个动作，顺德话就会说"除*件衫"，其中"除"为44调，是"除一"或"除咗"的合音，究竟意为"除一件衫"还是"除咗件衫"，具体要看说话时的状态。

二、结构助词

结构助词主要表示附加成分和中心语之间的结构关系。普通话有"的""地""得"，广州话有"嘅""啲""嗽""得""到"等。与广州话相比，顺德话的"嘅"和"嗽"有些特别。

（一）"嘅"

无论广州话还是顺德话，"嘅"都是多音字，不同的读音有不同的意义。一是读作ge1，是语气助词"嘅咩"或"嘅呢"的合音。二是读作ge2，作为表示认同或疑问的语气助词，用在句末。三是读作 ge3，常作为结构助词用在定语之后，或者作为表示肯定的语气助词用在句末。但是，顺德话的 ge3 还可以变为44调，主要用在"×嘅"形式的词语上。例如：

〈37〉啲嘅菜好难食。（这些菜很难吃。）

<38>地震阵嘅系三点钟。（地震那时是三点钟。）

<39>老张喺礼堂度嘅。（老张在礼堂那里。）

例句中"啲嘅""阵嘅""度嘅"可分别以"尼啲""阿阵""啯度"来代替。

日常说话中，"啲嘅""阵嘅""度嘅"可以在前面加上"尼""阿""噜"等名物指示代词基本词素，意义也不变，这就形成一个有趣的现象。以"啲嘅"为例，这里的"啲"相当于普通话的"些"。彭小川认为，广州话与普通话不同，指示复数量的有定事物时，常常略去"呢（这）""啯（那）"而独用"啲"。① 这种情况下就有如下的等式：

啲嘅＝尼啲嘅＝尼啲＝这些＝呢啲＝啲

按此分析，"啲嘅"省略"嘅"之后意义不变，与有指示词作用的"啲"相同。事实上，上面三个例句的"嘅"，不管处在句首、句中或句末，都可以省略，这似乎"嘅"是一个可有可无的字。其实不然，"嘅"有时也不能省略。如可以说"啲嘅好难食""尼啲好难食""啲苦瓜好难食"，但就不能说"啲好难食"，即"啲嘅"如要省去"嘅"，"啲"前面就得要加"尼""阿""噜"等，或在后面加上所指的名词。"阵嘅""度嘅""个嘅"等都是如此。

"×嘅"形式的词语是怎样形成的？现在先来分析顺德话44调的"嘅"的用法：一是用在与"尼""阿""噜"等指示代词基本词素构成的指示代词之后，如"尼啲嘅""啯阵嘅""阿度嘅"；二是用在"尼""阿""噜"等后面的数量词之后，如"尼两个嘅""噜种嘅""阿次嘅"；三是用在某些时间名词之后，如"今年嘅""听日嘅""上周嘅"，但不能说"春天嘅""三点钟嘅"等。第一、二种用法中，"尼""阿""噜"等可以省略，变成"啲嘅""阵嘅""两个嘅""种嘅"等。

"×嘅"的"嘅"本质上依然是个结构助词，类似于普通话的"的"。分析如表7-15。

表7-15　顺德话"×嘅"句省略形式举例

"×嘅"位置	在句首	在句中	在句末
完整意义	这些的菜很难吃。	地震那时的时间系三点钟。	老张在礼堂那里的地方。
完整句子	呢啲嘅菜好难食。	地震啯阵嘅时间系三点钟。	老张喺礼堂啯度嘅地方。
省略1	呢啲　菜好难食。	地震啯阵　时间系三点钟。	老张喺礼堂啯度　地方。
省略2	呢啲　　好难食。	地震啯阵　　系三点钟。	老张喺礼堂啯度　　。

---

① 彭小川：《广州话助词研究》，暨南大学出版社2010年版，第111页。

续上表

"×嘅"位置	在句首	在句中	在句末
省略3	啲　菜好难食。	地震　阵　时间系三点钟。	老张喺礼堂　度　地方。
省略4	呢啲嘅　好难食。	地震嗰阵嘅　系三点钟。	老张喺礼堂嗰度嘅　　。
省略5	啲嘅菜好难食。	地震　阵嘅时间系三点钟。	老张喺礼堂　度嘅地方。
省略6	啲嘅　好难食。	地震　阵嘅　系三点钟。	老张喺礼堂　度嘅　　。

从表7-15可见，完整意义的句子是在指代名物的"呢啲"、指代时间的"嗰阵"和指代处所的"嗰度"之后有结构助词"嘅"的。表中"省略1""省略2"和"省略3"在广州话都说得通，顺德话则更灵活，还可以有保留"嘅"的省略形式，即"省略4""省略5"和"省略6"，就像是普通话的"的"字结构。"省略6"减省得最明显，在语义清晰的前提下这样的减省经常可见，例如，杏坛等地一些农村说的"尼嘅"表示这里的意思，其实就是"尼度嘅"减省了"度"，甚至有将"尼阵嘅"减省成"尼嘅"的。

顺德话的"嘅"处在完整的代名词指示代词与中心词之间时，可以是33调，也可以是44调，如表中"完整句子"；但在省略形式中，只能读44调，表现出名词性的特征。因此，就形成了与指示代词相关的、"嘅"读44调的"×嘅"形式的词语，并成为顺德话有别于广州话的明显标志。

类似于"嗰阵（那时）"，"尼日（这天）""阿年（那年）"也可视作指代时间的指示代词，那么"那年的时候"就可减省为"阿年嘅"甚至"年嘅"，所以"今年嘅""上周嘅""第日嘅"同样可视作与指示代词相关的"×嘅"形式的词语。与指示代词无关的"的（嘅）"字结构，"嘅"不读44调。例如，"春天""房间"是具体的名词，没有指示代词的性质，故"春天嘅""房间嘅"的"嘅"不读44调。

顺德话44调的"嘅"还有强调所指的事物，或者隐晦处理所指事物的作用。例如：

＜40＞老张得阿手嘅嘢。（老张患上了那种病。）

顺德话上句的"嘅"可以省略，但有了之后，对所指的"嘢"更具指向性。

（二）"噉"

作为结构助词的"噉"，主要用于状语和动词中心语之间，如"老实噉讲""不停噉做"。顺德话的"噉"与广州话是一致的，但在韵母和声调上稍有差别：广州话读gam2，35调；顺德话则读［kɐm］，44调。

三、语气助词和叹词

语气助词一般用在句末或句中停顿处，表示各种不同的语气，反映说话人对所表述事物的感情和态度，叹词也可以表示惊讶、赞美、埋怨、叹息等感情。二者相同之处正如史双文《小词大用——谈几个常见语气词和叹词的用法》①所言，不仅意义相近，而且在语法功能上都具有相对的独立性，一般不参与句子成分的划分；在语音上两者都会根据表情达意的需要而发生变化，因而具有不稳定性。郭攀、夏凤梅《叹词、语气词分类方面存在着的问题》②援引吕叔湘"感叹词就是独立的语气词"、胡明扬"可以统称为语气词"等学者的观点，认为理论上叹词、语气词应该分还是合等问题还未彻底解决好。广府方言的语气助词与普通话明显不同的一个地方是有固定的声调，并无轻声的特点，而且经常重读，这就使其与叹词之间的界线更为模糊。以下讨论的几个有别于广州话的顺德话语气助词或叹词，有的确实不好明确分类。

（一）"果"和"改"

下面两句话末尾的"果"与水果无关，只是句末语气助词，表示确认、判断，有强调的语气。这是广州话所没有的。

　　<41>你咪以为，尼种水果先贵果。（你别说，这种水果更贵呢。）

　　<42>如果畀我去嘅话，我都想去果。（如果允许我去的话，我也想去呀。）

换作广州话，上述两个例句句末的"果"可用"呀"替换，当然替换之后的顺德话一样通行，甚至现在这样说的人更多。但是，"果"与"呀"毕竟不同，以"果"作句末助词有解释的语气，一般在认为听话人对情况尚不清楚时使用。句<41>中，说话人首先就判断听话人对所指水果的价格之高不明了；句<42>中，说话人表白了"去"的愿望，而这个愿望听话人未必知晓。可见这两个带"果"的例句都有明显的解释作用，而"呀"因为用途广泛，这种功能并不突出。

有时在认为听话人知道情况时使用"果"，则起着强调的作用。例如：

　　<43>你都知道㗎啦，琴日都仲发现有啲字写错果。（你也知道，昨天还发现有些字写

---

① 史双文：《小词大用——谈几个常见语气词和叹词的用法》，《新课程》2010年第8期。

② 郭攀、夏凤梅：《叹词、语气词分类方面存在着的问题》，《宁夏大学学报（人文社会科学版）》2012年第5期。

错了。)

这句话强调了"还有错字"的状况。

所以，"果"具有较强烈的强调语气，可以说是"呀"的特例而单独分离出来的。正因如此，广府话使用"呀"作句末语气助词的情况很多，其中顺德话能用"果"来替换的情形很少。

在龙江，句末助词的"改"（读35调）实际上就是"果"。例如：

<44>张总都未上班改。(张总还没有上班呢。)

（二）"luk3"

听顺德人说话，偶尔会听到句末有"luk3"的音，即"录"的中入声。例如：

<45>你噉讲，二叔唔惊就假luk3。(你这么说，二叔不怕是假的。)

<46>个个都通知晒喇，你放心喺luk3。(每个人都已经通知了，你放心就是。)

上述两个例句的"luk3"可以改为"嘞"，意义基本不变。

不过，"luk3"与"嘞"相比，声音似乎更短促一点，语气也似乎要坚决一点。由于语气显得较重，"luk3"在陈述句中使用不多，较多地用在祈使句末，尤其在责怪别人的语句末尾，其短促的特点显现出不耐烦、希望尽快完结的语气。举例如表7-16。

表7-16　顺德话"luk3"与相关语气助词的比较举例

所处位置	顺德话例句	普通话	语气意义
陈述句末	我已经去过嘞。	我已经去过了。	确认"我已经去过"
	我已经去过喇。		申明或重申"我已经去过"
	我已经去过luk3。		不容置疑"我已经去过"
祈使句末	你行开嘞。	你走开吧。	劝说或要求"你行开"
	你行开啦。		央求或要求"你行开"
	你行开luk3。		强烈要求"你行开"

（三）"哩"

一是顺德话的"哩（li1）"相当于广州话语气助词的"呢"和表示责难或疑问的"唎（le1）"。例如：

<47>你做乜唔去哩？（你为什么不去呢？）

<48>衰无哩，话过畀你听嘅咯。（糟糕了吧，已经告诉过你了。）

"哩"可以是53调，也可以是55调。前一句表示疑问，实际上是广州话的"呢"；后一句表示责难，相当于"咧（le1）"。

二是顺德话35调的"哩"，用在问句，表示求证，多有不出所料的意思，相当于广州话语气助词的"咧（le2）"。例如：

<49>二叔婆好钟意li2？（二叔婆很喜欢吧？）

有时是反诘，表示否定的意思，相当于广州话语气助词的"咩（me1）"。例如：

<50>张仔成绩好好li2？都考唔倒本科。（张仔成绩很好吗？本科都考不上。）

三是顺德话55调的"哩"，还相当于广州话叹词的"咧（le2）"。例如：

<51>哩，去广州阿日呀，你唔记得咩？（呐，就是去广州那天呀，你忘记了吗？）

句中的"哩"也可以是35调。

（四）"嗳"

顺德话在称呼别人时，称谓的后面加上"嗳（oi3）"以作提醒，尤其是对婴幼儿逗乐时。例如：

<52>妹妹嗳，帮我开洞门啦。（妹妹呀，帮我把门打开吧。）

<53>猪猪女嗳——（囡囡呀——）

听话人回答时也会以"嗳"来答应（此时作为叹词使用）。例如：

<54>——张姨！

　　——嗳！

（五）"woi3"

顺德话的"woi3"用在句末时起提醒的作用。例如：

<55>快啲走啰 woi3。（快点走吧，喂。）

<56>啲人哩 woi3？（那些人呢？）

"woi3"实际上是"喂"，本属于叹词，用于招呼或应答，但也经常用在句末，而且与前面的字音之间没有停顿，具有语气词的作用。

（六）"之"

顺德的一些地方如勒流、杏坛等地的陈述句末经常出现"之"。例如：

<57>我哋计过晒啦，总共得 89 分之，仲差 1 分先至优秀。（我们都计算过了，总共只有 89 分而已，还差 1 分才优秀。）

这里的"之"读 53 调，其实就是广州话的"嗻"（ze1）。其用法主要有以下三种情况：

一是把事情往小里说，经常用于对某种认识或说法的否定。如上例，表示不过如此而已。又如：

<58>尼个动作唔系好难之。（这个动作不是很难啊。）

二是表示反驳。例如：

<59>你噉讲即系话我野蛮之。（你这么说不就是批评我野蛮吗?）

三是强调某种后果或表明自己的判断。例如：

<60>我哋迟到都系你衰之。（我们迟到都是你不对之故。）

这几种用法广州话的"嗻"亦然。

（七）"吧"

顺德北部的句末语气助词"吧"的使用频率比其他地方的要高得多，广州话很多使用"呀""㗎""喎"或"嘛"等语气词的句子这里却用"吧"来替代。例如：

<61>呢度好多靓嘢卖吧！（这里很多好东西卖呀!）

<62>你喺边度吧？（你在哪里呀?）

<63>你唔去点得吧！（你不去哪行呢!）

<64>好似话系三点钟吧。（好像说是三点钟吧。）

若用广州话来说，句<61>表示惊讶、赞叹，一般用"呀"或"嘛"；句<62>表示疑问，一般用"呀"或"呢"；句<63>含有不满的情绪，多用"㗎"；句<64>有不确定的语气，通常用"啩"。

（八）"呀嘿"

"呀嘿"表示惊讶、赞叹或者讥讽的语气。例如：

<65>哗，啲日头够嗮猛呀嘿!（哗，那阳光真猛烈呀!）

<66>居然顶撞领导，张仔都够大胆呀嘿。（居然顶撞领导，小张的胆子也太大了吧。）

（九）"e6"

希望对方同意自己的建议而作探询时，顺德话除了用"咧（le6）"外，还用"e6"，尤其是有恳求或催促的口气时。例如：

<67>今晚去睇电影 e6?（今晚去看电影吧?）

<68>走啦 e6?（走吧，好吗?）

紧接在"嗷"的后面时，表示转折，或相当于"那么"。例如：

<69>如果嗷 e6，大家一齐去好过嘞。（如果这样的话，不如大家一起去。）

（十）"de2"

征求对方对自己看法的意见，或向对方求证某种已经发生的事实，希望对方同意自己的说法时，一般在句末用"he2"（广州话也有用此词，但无法写出来），在顺德的一些农村，则用"de2"，二者均为44调。例如：

<70>个市场好大个 de2。（那市场很大的，是吧。）

（十一）"呀嘅"

"呀嘅"（"嘅"读44调）作为语气词时表示肯定、同意，主要用于应答的语句。例如：

<71>——二叔婆，今日墟日嘛，早啲出去趁墟啦。（二叔婆，今天是墟日，早点出去赶集吧。）

——系呀嘅。（是的。）

同音的"阿嘅"（"嘅"读44调）则属于代词，见本章关于代词"×嘅"的论述。

（十二）"啊呢"和"系呢"

和"系啦"（hai35laa53）一样，"啊呢（aa55le53）""系呢（hai35le53）"是决断

语气，表示强调、不容置疑，或者带有不满情绪。例如：

<72＞我啱啱嚟系呢。（我才刚刚到。）

<73＞好远咩，几步路啊呢。（很远吗，不过几步罢了。）

（十三）［ɐ］

顺德人在用到句末语气助词"啊（aa3）"时，可能会读作［ɐ］，33调。例如：

<74＞今晚哦烟花好靓［ɐ］！（今晚的烟花很漂亮啊！）

大多数33调的韵母是 aa 的句末语气助词，如"㗎""啩""喇""嘛""咋"等，都可能变韵母为［ɐ］。例如：

<75＞我哋今早先去［tsɐ］。（我们今天早上才去呀。）

<76＞呢度哦人工会高啩［kʷɐ］。（这里的工资会高一些吧。）

前一句的［tsɐ］即为"咋"，后一句的［kʷɐ］即是"啩"。

此外，还有个别带有特殊语气的固定结构的短语。如容桂地区的"咦咦足足"，其中的"咦咦"（读作 ji⁵⁵hi³⁵ 或 ji⁵⁵i³⁵）可认为是表示惊叹的感叹词"咦"的延长，与副词"足足"固定地黏合在一起，进一步加强语气，表示极度、非常。例如：

<77＞哦酸姜咦咦足足好酸啊！（那些酸姜非常的酸啊！）

<78＞佢哋嘅婚礼咦咦足足几威水啊！（他们的婚礼多么的气派啊！）

第四节　其他词汇

一、否定词

顺德话的否定词与广州话基本相同，但有个别是广州话没有或少用的。

（一）"无"

"无"作为否定词，广州话比较少用于句末，顺德话则经常见。例如：

<79＞听日你要去开会，知道无？（明天你要去开会，知不知道？）

广州话经常用"唔"插在叠用的动词或形容词之间，如"识唔识""好唔好"等，形成正反疑问句。顺德话也会这样用，但当这样结构的词组用在句末或停顿处时，顺德话经常是用该动词或形容词加"无"字表示疑问。如上例的"知道无？"用广州话说就是"知道唔知道？"或"知唔知道？"。

当然，广州话还可以用一般疑问句说"知道嘛？"，相当于普通话说"知道吗？"，这与顺德话的"知道无？"听起来很相似。可是，顺德话的"无"并非语气助词"嘛"或"吗"的变音，而是实实在在的否定词，相当于普通话的"不"，如"知道无？"即为"知道不？"。又如：

<80＞我可以入去无？（我可以进去吗？）

<81＞我可以入去嘛？（我可以进去吗？）

看起来顺德话这两个句子一样，都是一般疑问句，但实际上前一句子是"我可以进去不？"，属于正反疑问句。一般而言，正反疑问句区别于一般疑问句的标志是句末不使用"吗"（广府话包括"嘛""咩"等），而多使用"呢"，顺德话前一句后面就是可加"呢"或"哩"而成"我可以入去无呢？"，但不能加"吗""咩"等。再如：

<82＞衰无哩，都话好牙烟嘅咯。（糟糕了吧，已经告诉你很危险的了。）

句中"衰无哩"用广州话说是"衰唔衰呢"，"呢（哩）"才是语气助词。

"无"后面不加"呢"或"哩"时，调值可提升为335，类似与"呢"或"哩"的合音变调。

（二）"唔无"

顺德话"唔""无"两个否定词连用，并非"否定之否定变肯定"。例如：

<83＞——同埋我去啦。（和我一起去吧。）

——都话唔无咯。（都说不去了。）

"唔无"是对之前所指的事情的否定，用于应答，意为"不干"。很多时候可以用"唔制"代替，如上例；但"唔无"显得婉转一点，有些时候更像是"唔使"。例如：

<84＞——辛苦晒喇，休息*阵先啦。（辛苦了，先休息一会吧。）

——唔无喇，我仲要去张老师阿度。（不用了，我还要去张老师那里。）

（三）"唔曾""meng3"和"mei3"

顺德话的"唔曾"，意为"未"或者"未曾"。例如：

<85>你食饭唔曾啊?（你吃过饭了吗?）

<86>我都唔曾问过老张。（我都没有问过老张。）

用广州话来说，前一句是"你食咗饭未啊?"，后一句是"我都未曾问过老张。"。

对于"未曾"，杏坛等有些地方会合音而成"meng3"，甚至是"mei3"。如上面的两个句子变成"你食饭 meng3/mei3 啊?"和"我都 meng3/mei3 问过老张。"。

（四）"香"

用在单音节谓词后面，表示否定，读 55 调。

"香"一般跟在单音节谓词后面，是对前面说话的判断或之前的预设作出否定，例如:

<87>——老王入院咩?（老王住院了吗?）

——系香，啲人乱噏嘅之。（不是的，那些人胡说而已。）

答句中的"系香"是对"老王入院"的传言的否定。

这种否定多数表达不如意的情绪，如"甜香"意为不甜，"靓香"意为不靓，是对之前的"甜"和"靓"的良好判断的否定。又如:

<88>仲话同埋佢去旅游喎，咁骨湿，我同香佢去啊!（还说和他一起去旅游，这么吝啬，我不陪他去!）

这种否定的形式，在广州话多用"鬼"而不用"香"，如"去鬼""靓鬼"，有些人还以性器官单音节词来代替"鬼"。为免粗俗，近来有人用"叉"来代替（意为×），变成"去叉""靓叉"。

（五）"冇"

表示没有、无的"冇"原调 13，当读 35 调时，基本上是属于与紧跟在后面的"一"或"咗"的合音变调。例如 20 世纪 90 年代初期流行着这样一句话:

<89>出咗顺德冇*啖好食，入咗顺德冇*条好路。（离开了顺德没有好吃的，进入顺德没有好的道路。）

句中"冇*啖好食"实为"冇一啖好食"，"冇*条好路"实为"冇一条好路"。

与"咗"合音的"冇"，意为没有了。这本来很平常，但因为经常用于表达不容置疑的语气，或者不如意的情绪而具有地方特色。例如"冇时间"做某事，"冇"读

13 调时只是一般的陈述；读 35 调时意为本来有时间，但因为各种安排而使时间被挤占了，要么是以此为由坚决推搪，要么是感到无可奈何。又如民间经常听到：

<90 > 胜瓜剥皮话唔啱，苦瓜剥皮又唔啱，畀佢整到冇*意见。（丝瓜削皮说是不对，苦瓜削皮又说不对，被他折腾到什么意见都没有了。）

"冇意见"的"冇"若读 13 调，意为没有意见、同意；若读 35 调，意为很多意见，但因为被折腾、被压制、被强词夺理等原因，现在不想再提了。上面句子就是说"这又不对，那又不行，无所适从，被他折磨死了"。

二、时空词汇

顺德话有些表示时间和空间的词语，与广州话稍有不同。

（一）时间词汇

下面例句中，表示过去的"舅先"、表示现在的"家闲"和表示将来的"冇 en1 来"，在广州都很少有人说：

<91 > 部巴士舅先先至走系啦，家闲咁塞车，你要等下一班呀，冇 en1 来！（那辆公交车刚刚才开走，现在堵车那么严重，你若要等下一班车，时间长着呢！）

表 7 - 17 列出了一些顺德话的特色时间词语。

表 7 - 17　顺德话特色时间词语举例

类型	例词	意　义	例　句
过去	细时	以前的时候	我细个细时就学会啦。（我小时候就学会了。）
	舅扭	刚才	舅扭/舅先二叔公先嚟过。（刚才二叔公才来过。）
	舅先		
	尼 bung2	这段时间	二叔尼 bung2/尼驳去大良做嘢。（二叔这段时间在大良干活。）
	尼驳		
	噜 bung2	前段时间	三叔噜 bung2/噜驳搭过声气嚟。（三叔前段时间曾经捎口信来。）
	噜驳		
现在	家闲	现在	我家闲/家时/尼家好唔得闲。（我现在很忙。）
	家时		
	尼家		

续上表

类型	例词	意义	例句
将来	一间	待会儿	一间记得提醒我去买鱼。（待会儿记得提醒我去买鱼。）
	听哀年	明年	听哀年就读书喇。（明年就上学了。）
	冇 en1 来	距离事情的发生还有很长时间	睇个样冇 en1 来/冇音来落雨住。（看样子还有一段时间才下雨。）
	冇音来		
其他	耐不时	偶然	张姨耐不时会打个电话嚟。（张姨偶然会打个电话来。）
	遇不时	经常	个孙周不时/遇不时都嚟睇睇我。（那孙儿经常会来看看我。）
	周不时		
	即时	顿时	一话要加班老张即时跳起嚟。（一提到要加班老张顿时跳起来。）

　　"舅先""舅扭"的"舅"可能原为"旧"，顺德话"旧时"也会说成是"舅时"。广州话的"刚才"也有说"求先"的，应该是声母 k 与 g 演变的原因。

　　广府话表示现在的词语，多有"家"字，如广州话多用"伊家""家阵"等，顺德话多用"尼家""家闲""家时"。"家阵"与"家闲"听起来比较相像，估计后者是前者懒音的结果，即"家阵"快速连读而把"阵"的声母省略了。"家"是否由"间"省略韵尾而成，则有待研究，因为 gaa55 音与时间似乎没有相关。顺德有些人确实把现在说成是"尼间"（"间"读 55 调）的，可以理解为"这（时）间"，而后鼻音脱落就会成"尼家"。同理，广州话从"呢间"省略到"呢家"，最后演变到"伊家"，就是懒音发展的结果。

　　"冇 en1 来"的"en1"是"烟"，"冇烟来"意为尚未看到远处的烟飘来，还需要等待一段时间。"冇音来"是说远处的音信还未传来，意思是一样的。

（二）空间词汇

　　顺德话表示空间的词语举例如表 7 – 18。

表 7 – 18　顺德话特色空间词语举例

类型	例词	意　义	例　　句
泛指空间	度 deng6	那儿	我哋度 deng6/度位/位 deng6/庶 deng6 琴日冇落过雨。（我们那儿昨天没有下过雨。）
	度位		
	位 deng6		
	庶 deng6		
	一二角	角落	将啲工具收埋喺一二角。（把那些工具存放在角落里。）
	拆角	小片地方	二叔公喺阿拆角住。（二叔公在那片地方住）
	寨	大片地方	尼度成寨都要拆迁。（这里整片区域都要拆迁。）
具体空间	督尾	最后	我住喺条巷嘅督尾。（我住在这条巷的尽头处。）
	sen1 地	墓地、乱葬岗	以前尼度系 sen1 地，所以开发得迟。（以前这里是墓地，所以开发较晚。）
	腥跟	身边	有你喺腥跟我就唔怕嘞。（有你在身旁我就不怕了。）
	运墩	附近	食完饭去运墩行行。（吃完饭去附近逛一逛。）
	即边	旁边	卫生所就喺市场即边嘞。（卫生所就在市场旁边。）

　　广州话用得最多的是"度"和"庶"，顺德话则更为丰富，除了"度""庶"外，"deng6""位"都经常使用，而且还会组合为"度 deng6""庶 deng6""度位""庶位"等。"deng6"大多数情况下都变调读作35调，仅在独用和"庶 deng6"中有读21调。

　　空间词汇经常与指示代词连用以表达具体的空间范围，顺德话特色的指示代词（尼、阿、噜等）加上顺德话特色的空间词语就更具顺德话特色了。例如下面句子中的"阿寨嘅""噜拆角""尼度位"等：

　　<92> 阿寨嘅我揾匀哂喇，都揾唔倒。（那一片地方我都找过了，都找不到。）

　　<93> 你去噜拆角揾*揾啦，我喺尼度位再运运墩墩睇*下。（你去那个角落找一找吧，我在这里周围再看一下。）

三、詈词

　　人们在社会活动中出现争吵的现象是最平常不过的了，争吵激烈时免不了会有詈词。每一个地方都有本地特色的詈词，虽然有些是恶毒难听的，有些是尖酸刻薄的，有些是冷嘲热讽的，有些是揶揄调侃的，但许多仅仅是表示不满的口头禅。所以，人们到一个新的地方工作、生活时，詈词不自觉中成为最先了解的方言词汇之一。

顺德话的詈词总体而言与广州话相同，但也有一些词语具有自己的特色。

（一）诅咒疯癫

咒骂别人疯癫是最平常不过的。顺德话描述疯癫的词语十分丰富，除了最普遍的"癫""傻"外，还有"巡""挠""弗""钝""憨""蠢""丧""废""san5""吽"等，当然还有"冇脑""黐孖筋"等，反映不同程度的癫或傻的词语。例如：

　　<94＞你都丧嘅，噉嘅话都讲得出！(你简直疯了，这样的话亏你能说出来！)

"癫""傻""巡""san5""吽"等词后面还可以紧跟"公""婆""佬""仔"等，组成"癫公""巡婆""san5 仔"等复合词。

骂人时还会用"癫癫巡巡""癫癫挠挠""癫癫弗弗""癫癫废废""憨憨丧丧""癫牛巡马"等四字词语或"挠挠哋""弗弗哋"等叠音词结构的词语。

"巡""挠""弗""丧""san5"等词语广州话比较少见。顺德话这几个描述神志不正常的词，究竟分别表达怎样的状况，或者说具体意义是什么，实在不好说清楚。一般而言，"丧"表示疯狂，比"癫"的不正常程度较大，但也不尽然，如在"憨憨丧丧"中意思仅为发惩；"巡""挠""弗"的不正常程度比"癫"要小，而且不具攻击性；"san5"的程度更低。"san5"，本指蔬果煮熟后应该粉烂而不粉烂，失去应有风味的状况。例如芋头、南瓜、番薯等，正常情况下煮熟后的口感就像吃咸蛋黄那样，顺德话称为"松（sung1）"；但若瓜果本身不成熟、品质异常或者煮得还未熟透，就有"木木独独"的感觉，称为"san5"。瓜头部位多有此现象，蒸瓜不够火候也是如此。因此，对于那些该成熟稳重而不成熟稳重、做事说话不经思考、轻浮浅薄的人，虽然不能说是疯癫，但也可说是傻头傻脑，顺德话除直接形容为"san5"外，往往讥讽其为"差*造火""瓜头""蒸生瓜"，或者"san5 吊吊"等。例如：

　　<95＞乜你咁瓜头㗎，做埋嗰噉嘅野！(你有病吗，干起这样的事情！)

（二）诅咒死坏

广府方言中的"冚家铲"在许多地方都为人们所熟知，意为诅咒别人全家毙命，有时又说"冚家光"，即全家死光。顺德话与其同义的词语是"死绝"，同样十分恶毒。如果只是唾骂对方，则有"死铲""死坏""枯骨"等。例如：

<96>你个死绝，害到我咁惨！(你这个该死的，把我害得那么惨！)

也有诅咒为"监趸仔"或者"监趸"，即长期被关在监牢里的人，当然不是好东西。

（三）诅咒患病

顺德话对"疯癫"的描述一般不会说"疯"。所谓"发风"，则是说患上麻风病，以前这是一种令人十分害怕的疾病，咒骂别人"发风"也是往死里骂。类似的词语有"瘟疫""病坏"等。

（四）诅咒倒霉

广府话通用的"撞*鬼"，是说活见鬼，顺德话则还有"入鬼运""鬼跟尾""鬼整""上*嚟""鬼上身"等。撞，是意外碰着，撞着鬼当然可怕，"撞*癫""撞*巡"也不是好事，如果是"撞*喷"（即"撞了粪"），即使不是狗吃屎的状态也会惹来一身臭，十分的狼狈。例如：

<97>撞*喷咩，咁夜都叫人做工夫。(你疯了吗，这么晚还叫人家干活。)

跌跌撞撞乃至意外摔倒也很倒霉，广州话叫"扑街"，顺德话叫"曲街"。"曲""碌""拜"都有跌倒的意思，沿途不停地跌跤摔倒叫做"曲街拜巷"。

不过，某些詈词有时也会用于自己，主要是在表示自责或者自嘲的语句中。例如：

<98>鬼整！我跌*部手机落水添。(糟糕！我的手机掉到水里了。)

<99>日嘅我唔知做乜瘟瘟疫疫跟住个衰公出*去广州。(那天我不知怎的傻头傻脑地跟着那个坏蛋去了广州。)

在表示怪异、出乎意料、难以理解的意思时，也会使用此类词语。例如：

<100>鬼整呀，佢唔愿出嚟都有嘅。(真奇怪，他居然不愿意出来。)

<101>唔知佢做乜咁瘟疫唔愿出嚟哩。(不知道他为什么这么奇怪不愿意出来。)

"鬼跟尾"有时也指代酒类，意思是人喝多了就会像鬼跟在后面那样神志不清，胡言乱语。这好比把酒称为"傻仔水"，几杯下肚人就会变傻。

"瘟疫"有时又用作笑骂用语，或者形容那些爱开玩笑的人。例如：

<102>咪咁瘟疫啦，人哋啱啱先嚟上班。(别捉弄人了，人家才刚来上班。)

当然，顺德话中也有使用与性器官有关的词语来骂人，这大概是全球范围内的一

种语言习惯。这些词语的读音与广州话是一致的，但相对而言，使用频率不如广州话，尤其是很少听到这样的词语会出自女性的口中。

四、"噉"和"咁"

普通话的指示代词在作为代谓词或代副词时，近指核心依然在于"这"，远指核心在于"那"，广州话则不再是以"呢"和"嗰"为词素。顺德话和广州话一样，无论远指或近指，代谓词都是"噉/噉样"，代副词都是"咁"。

广州话的"噉"读 gam2，"咁"读 gam3，声母韵母都一样，只是声调不同。现在顺德话的"噉"和"咁"的读音与广州话无异，但在上了年纪的顺德人口中，却读［kɐm］，调值分别为 44 和 33。例如：

<103>张梳化咁靓，不如就噉休息*阵啰。（这张沙发那么好，不如就这样休息一会儿吧。）

（一）"噉"和"咁"读音互通的情况

"噉"有时与"咁"同音，或者二者可相互调换。主要有以下几种情况：

一是"噉样"经常可以读成"咁样"。例如：

<104>你噉样/咁样开车唔安全㗎。（你这样开车不安全。）

二是"噉样嘅""噉嘅"后面加名词时，如果能省略"嘅"，则"噉"也可读成"咁"。例如：

<105>你咪苦瓜干噉嘅口面啦。（你别苦瓜干那样愁眉苦脸吧。）

<106>成日苦瓜干噉/咁口面做乜呢。（整天苦瓜干那样愁眉苦脸干什么。）

三是"噉"用在动宾词组之后、重复的动词之前，形成"动宾噉动"的固定结构，表示"像动宾那样动"的意思时，也可能读作"咁"，如"做戏噉/咁做""撞彩噉/咁撞"。例如：

<107>啲石头跌*落嚟，好似落雨噉/咁落。（那些石头掉下来，就像下雨那样。）

若后面紧接其他成分时，则基本不读作"咁"。例如：

<108>佢做戏噉做畀你睇嘅啫。（他像做戏那样做给你看罢了。）

四是用在状语与动词之间，相当于普通话结构助词"地"的"噉"，有时也可读作"咁"，但究竟读"噉"或"咁"还是二者皆可，要视乎习惯。如"认真噉做"只

能读"噉","猛噉做"只能读"咁","起势噉做"则可两读。

所以有学者认为"咁"和"噉"的差别相当于阴去和升变音的差别。[①]

(二)"噉"的特殊读音

"噉"处在句首，起指示代词作用时，读［kɐm］；但若起连词的作用，相当于"那""那么"时，有可能省略韵尾 m，读作［kɐ］，像是介乎于"架"和"稿"之间。例如：

<109>噉就好办啦。（那样就好办了。）

<110>噉我哋去唔去好啊？（那我们去不去好呢？）

"噉"在前一句读［kɐm］，后一句可读［kɐm］或［kɐ］。

<111>如果系噉嘅话，我去唔去好啊［kɐ］？（如果是这样的话，我去不去好呢？）

前一分句的"噉"读［kɐm］，后一分句的［kɐ］可改成［kɐm］或者干脆删去。句中"啊"与后面的［kɐm］或［kɐ］之间其实是有所停顿的，以"啊"作结尾本来已经表达清楚，最后加上［kɐm］或［kɐ］是带有鉴于对话时曾提及的原因或显而易见的原因而征询的语气。例如以下对话中的答句：

<112>——六点啰喎，仲唔走？（已经是六点了，还不走？）

——走啦［kɐ］。（那就走吧。）

这句话的［kɐ］是因应"六点啰喎"这个原因而表达同意"走"的语气。以下句子则是表示提议的语气：

<113>佢哋都话去，你都去啦［kɐ］。（他们都说要去，你也去吧。）

<114>佢哋都话去，［kɐ］你都去啦。（他们都说要去，你也去吧。）

这两句话是一样的，但前一句商量提议的语气要明显一点。因此［kɐ］很容易给人一种语气助词的错觉，但事实上它就是"噉"，正如后一句所表现的那样。

此外，个别地方"噉"的读音也有不同，如龙江南部一些村读作 gaa2，"系噉嘅"与"系假嘅"同音，外人因此而会混乱。

---

① 陈慧英《广州话的"噉"和"咁"》一文的"编者案"（《方言》1985 年第 4 期第 304 页）。

五、介词"揩"

这里的"揩"读作 kaai1，作介词用。片冈新《19 世纪的粤语处置句》[①] 所使用的语料中，这个字有三种写法，除了"揩"外，还有"擤"和"搣"，以后者为多。这个词常见于清末的粤方言文献中，如作为粤方言教材的民国五年秋再版的《粤语全书》[②] 就有几处使用这个词，但在目前的广州话中几乎已销声匿迹了。

在顺德现在还有一些地方，主要是北部地区，仍然有人使用"揩"。例如：

<115＞你揾螺丝批揩嚟整乜野啊?（你找螺丝刀用来干什么呢?）

句中的"揩"相当于介词"用"，片冈新上文认为是工具语的功能。又如：

<116＞我揩你激死喇。（我被你气死了。）

<117＞本字帖揩过你翻去慢慢练习啦。（这本字帖给你回去慢慢练习吧。）

句中的"揩"相当于广州话的"畀"，意为"给"或者"被"。

第五节　特色词语释例

特色词语是一个地方语言特色的直观反映，以前的地方志书多有记载，如咸丰《顺德县志》、民国《龙山乡志》等。这几年顺德一些村镇编纂的志书也收纳了一些地方词语，其中《龙江村志全集——龙山社区》记录的词语最多。

表 7 - 19 列出了几百个顺德话有使用而广州话没有或不常使用的词语。有关说明如下：

（1）这些词语大多是在顺德广泛使用，也有一些只在部分地区流行，或者只在老人家的口中传播。

（2）这些相对于广州话而言具有自己特色的词语数量众多，本表无意成为顺德话词汇大全。一来收集不全，包括书中举例的一些词语也没有收列，有些同样意义的词

---

① 片冈新：《19 世纪的粤语处置句》，张洪年等主编：《第十届国际粤方言研讨会论文集》，中国社会科学出版社 2007 年版。

② 悟民氏编辑：《粤语全书》，上海印务局 1916 年版。有学者认为该书初版为《教话指南》，为美国传教士尹士嘉编写，中国浸信会出版协会 1906 年出版，1916 年再版时改名并有所缩减（见曾昭聪、谢士华《论清末粤方言教材〈教话指南〉的价值》，《暨南学报（哲学社会科学版）》2008 年第 1 期）。

语也有多种形式或者读音，难以一一列举。例如"嘥麦麦"的"麦"也有读作 33 调的，"死贱烂贱"也有说"死平烂贱"的，等等。二来词义的解释也尽量简洁，仅供参考。

本表词语以大良口音为准，若只是字音上与广州话有差别且有规律可循的，一般不予列入；若规律性不强，容易引起误会的，则列入表中。例如"交"顺德话读 geu1，符合韵母广州话 aau 变顺德话 eu 的规律，故不列入；表示等待的"等"，广州话读 dang2，顺德话变不送气为送气读 tang2，不列入，但有时读 33 调，与"腾"同音，则把"腾"收入表中。又如"一仆布"的"仆"，实为"幅"的声母 f 变为 p，因为大良话这种 f-变 p-的情况较少，故将该词语收列。

（3）表中所列词语经过查考，在白宛如《广州方言词典》、饶秉才等《广州话方言词典》、郑定欧《香港粤语词典》、欧阳觉亚等《广州话俗语词典》[①]，以及《广州方言志》等文献基本上没有收录，个别词语虽有列出，但其解释不尽相同。例如"guk1"，上述文献中有"鼓""憋""肥而膨胀"等的解释，顺德话则有"满到溢出来"的词义。本表只收录与上述文献不同的部分。

（4）表中的顺德话词语对本字不作考究，尽量采用本地民众习惯使用的方言字和容易辨认的同音常用字，如上述的"guk1"写作"谷"；没有同音字或同音字较生僻的，则用同声韵的常用字加波浪线代替，如"苦夺夺"；如果同声韵的常用字也难以找到，则用"□"表示，如 laang¹³kaang¹³ 写成"冷□"；即使有同声韵的常用字但容易搞混的，也用"□"表示，如"啄"的口语是 doeng⁵³，但书面语读 doek³³，若把帽的量词 doeng¹³ 写成"一啄帽"，恐怕引起误解，故写成"一□帽"。

（5）读音采用粤拼标注。由于 1~6 的声调符号不足以表达比广州话多而复杂的顺德话调值，因而采用五度标记法，标注在音节的右上角。词语按粤拼字母顺序及由低至高的调值排列。

由于粤拼字母的限制，顺德话 [ɵ] 韵母无法表达，故相关的字按广州话标音，如"噉"和"咁"读 [kɐm]，表中标为"gam"；顺德话"稀窿窿""窿窿鐏"的"窿"读 [lɐm]，表中标为"lung"。

（6）零声母和 ng 声母不作区分，统一归为零声母；l 声母和 n 声母不作区分，统一归为 l 声母。

---

① 欧阳觉亚、周无忌、饶秉才：《广州话俗语词典》，广东人民出版社 2010 年版。

表7-19　顺德话特色词语表

读　音	词语	意　义
aa^{13} goi^{33} dau^{33}	瓦盖头	瓦房顶
aa^{33} caak^{33} gok^{44}	阿拆角	那小片地方：二叔住喺～
aa^{33} daai^{21}	阿大	爸爸（旧时少数使用，面称）
aa^{33} di^{55}	阿啲	那些
aa^{33} di^{55} ge^{44}	阿啲嘅	那些的（东西）：～咪要啦
aa^{33} dou^{35}	阿度	那里
aa^{33} goi^{33}	阿个	那个
aa^{33} goi^{33} ge^{44}	阿个嘅	那个（人）：着红衫～系领队
aa^{33} jan^{44}	阿人	奶奶
aa^{33} syu^{44}	阿庶	那里
aa^{33} wan^{21} ge^{44}	阿运嘅	那次的（时候）：～我有迟到
aa^{33} zaai^{21} ge^{44}	阿寨嘅	那一片地方：～今年都要拆迁
aai^{33} saap^{33}	嗌霎	吵架、闹别扭：两公婆～下，好闲嘛
aak^{53} cing^{33}	呃称	骗人：场晚会～嘅，净系卖广告
aam^{33} han^{33}	岩痕	哄小孩睡
aam^{53} can^{33}	啱衬	相称：佢两个几～
aam^{53} ki^{55}	啱其	合得来：几个～嘅朋友去旅游
aang^{21} dau^{33}	硬头	固执地、硬是：明知落雨都～去
aang^{21} gwang^{21} gwang^{21}	硬轰轰	硬邦邦
aat^{33} hang^{53} hang^{53}	餲亨亨	尿臭味很浓
ai^{13} tet^{21} tet^{21}	矮□□	很矮的样子
ai^{33} ai^{33} dai^{33} dai^{33}	嫛嫛谛谛	嘲笑、讽刺、挖苦：你咪喺度～啦
ai^{53} ai^{53} sai^{53} sai^{53}	伪伪西西	不停恳求：你成日～都唔系办法㗎
am^{13} sam^{53} dai^{13}	揞心底	难言之苦藏于心里：鬼叫自己衰哩，唯有～喺啦
am^{33} sam^{33}	暗渗	老态龙钟，言行不便：伯父近来好～
am^{53}	庵	拿：唔该～支笔嚟
an^{33}	银	量度：～米煮饭
an^{33} sat^{21}	银实	商定、落实：方案～后就唔好改喇
ang^{13} jiu^{53}	罋腰	麻烦、不顺当：呢件事好～
ang^{33} lang^{21}	莺能	老态龙钟，言行不便：伯父近来好～
ap^{21} en^{13} han^{33}	噏眼痕	打瞌睡：到十点钟我就～咯
ap^{53} saam^{53} waa^{21} sei^{33}	噏三话四	胡说八道：你咪听佢～

续上表

读　音	词语	意　　义
at^{53} mei^{55}	扢屘	最后、排在末尾：排喺～
at^{53} mei^{55} si^{35}	扢屘屎	排在末尾者（儿语）：你系～
au^{21} bo^{44} sou^{33}	吽婆数	简单、原始的计算方法
au^{21} zaak^{55}	吽则	与婴儿逗乐的躲猫猫
baa^{55} aang^{35}	巴硬	强行：～嚟点得㗎
baai^{33} do^{13}	拜倒	跌倒
baak^{21} bei^{33} ze^{44}	白皮蔗	表皮青白的甘蔗（用于榨糖）
baak^{21} faan^{21} jyu^{44}	白饭鱼	银鱼；白布鞋
baak^{21} fui^{53} lo^{33}	白灰箩	处处留下劣迹的人：佢正式～，去到边衰到边
baak^{21} leng^{13} keng^{13}	白领□	白不呲咧
baak^{21} muk^{21} hoeng^{53}	白木香	没用的人、讨厌鬼：唔好理个～
baak^{21} saai^{11} saai^{11}	白晒晒	白不呲咧
baan^{33} goek^{33} gwat^{53}	扮脚骨	敲诈勒索
bat^{53} zi^{53} zung^{53} baang^{53}	不知踪□	不知踪迹，不明原委
be^{53}	啤	冲压、压注：～纸盒
be^{53} seoi^{13}	啤水	注水（清洗）：猪肺要～洗过先得
be^{55} gi^{55}	啤机	冲压、压注的机器
bei^{33}	（靓到）瘅	（美得）很
bei^{33} ji^{33}	痹宜	多余；便宜：～莫贪
bei^{33} ji^{33} zai^{44}	痹宜仔	继子（背称）：佢个～好乖㗎
ben^{13} ci^{21} cet^{21}	扁迟□	很扁的样子
beu^{13} beu^{13} zai^{21}	饱饱滞	饱而不消化的样子
bik^{53} baak^{53}	逼北	厉害：今日啲热头好～
bik^{53} bik^{53} gan^{44}	逼逼紧	十分紧密、狭窄
bing^{44} gung^{55}	兵公	当兵的人：～出身
biu^{13} hing^{53} go^{53}	表兄哥	表兄
bok^{21} hit^{53} hit^{53}	薄歇歇	很薄的样子
bok^{21} sip^{44}	薄摄	一种小河鱼
bon^{33} bat^{53} lang^{21} kang^{35}	半不能揯	半中间、两头够不着：部车停喺～嘅地方
bon^{33} leot^{53} ceot^{55}	半律出	（事情、说话）才到一半：电视睇到～突然有电
bon^{33} luk^{55} paau^{44}	半碌炮	长度不够的棒状物，多指短裤：着条～去散步
bong^{53} dau^{33} dang^{21} mei^{13}	帮头戥尾	为别人服务做些小事
bou^{33} bou^{44} faan^{33}	布布泛	漂浮的样子：啲死鱼喺个塘度～

续上表

读音	词语	意　义
bui^{33} saat^{33}	贝萨	菩萨
buk^{21} bin^{55}	卜辫	扎辫子
buk^{21} buk^{21} ce^{55}	卜卜车	机动车（儿语）
buk^{21} buk^{21} jin^{55}	卜卜烟	抽烟（儿语）
but^{33} lai^{53} gai^{21}	砵黎计	趾指疼挛：半夜只脚～痛醒咗
but^{33} lei^{55}	砵篱	窍门、巧妙：啲～嘢有话你知
caa^{53}	叉	插：～支竹仔入个窿
caa^{55} zek^{33} sau^{13} maai^{33} lei^{33}	叉只手埋嚟	插手进来：嗷嘅事情我唔好～
cai^{33} coi^{33}	齐菜	菜肴已上齐，指所有东西已齐全：啲材料已经～，可以上报喇
cai^{53} wai^{53}	凄威	反应夸张：你使唔使咁～呀
can^{33} coeng^{44}	趁场	凑热闹
can^{53} aam^{53}	亲唅	遇着：～你都喺度，倾埋个方案嘞
cat^{53} gwu^{13} san^{33} ki^{33}	七古神奇	荒诞奇怪：～乜都有
cat^{53} luk^{21} m^{13} cing^{44}	七六五成	一般地、大概率地：～都冇人去啦
cat^{53} sing^{53} mung^{21} sung^{33}	七星梦送	熟睡状态：瞓到～
cau^{33} gaang^{33}	臭耕	椿象
cau^{33} si^{13} mat^{21} kam^{13}	臭屎密冚	丑事、坏事不让人知道
ce^{13} fo^{13}	扯火	生气、冒火：一见佢个衰样我就～
ce^{53} saam^{53}	车衫	用缝纫机制衣或缝补：～畀个孙着
ceoi^{53} gai^{55}	吹鸡	召集、牵头：下次饭局你嚟～
ceon^{33}	巡	疯：癫癫～～
ceon^{33}	巡	看望：耐不久～下二叔公
ceot^{53} gung^{53}	出恭	去大便
ci^{53} coet^{55} gam^{33} zyun^{33}	黐□咁转	不停地快速往来（广州话有"趒车转"）：啲护士～
ci^{53} dai^{13}	黐底	食物烧焦而黏锅：因住条鱼～
ci^{55} aa^{33} m^{33} ci^{55} lei^{21}	黐牙唔黐脷	太少了：碟肠粉咁细碟，～
cik^{53} bang^{53} lang^{53}	斥崩熊	不吉利：～讲埋啲嘢嘅
cik^{53} hi^{13} diu^{33} gan^{53}	斥起条筋	提起某条神经，指出乎意料：唔知做乜～讲翻呢件事
cik^{53} mik^{53}	斥觅	利落，不显老态：八十多岁都仲好～
cing^{53} daang^{53} daang^{53}	清□□	很清的样子
co^{33} baang^{44} zi^{13}	嘈棚止	喧哗吵闹不止：呢度～我都听唔清
coeng^{13}	抢	铲：～～条鱼先得，因住黐底

续上表

读　音	词语	意　义
coeng³³ gwu⁵³ laai⁵³ sang³³	长孤拉生	过分长、冗长：件衫～唔好睇
cong³³ gaai⁵³	创街	逛街、在外溜达：成日顾住～
cong³⁵	厂	简易棚架：怕落雨就搭个～
cou⁵³ pat⁵³	粗匹	粗鲁、臃肿、不精致：个样生得好～
cou⁵³ saa⁵⁵	粗砂	砂糖
cung¹³ lik²¹ lik²¹	重力力	很重的样子
cung¹³ saam⁵³	重衫	厚重的衣服：准备几件～去东北
cung³³ hyun³⁵	虫蜎	蚯蚓
cung³³ waa³⁵	重话	口吃、结巴：明仔有啲～
cyu¹³ cang³³ cang³³	似层层	像真的一样：讲得～
cyu³³ lui³³	蹈雷	笨拙，粗糙：个蛋糕整得好～
cyun⁵³ haai³³ dap²¹ mat²¹	穿鞋踏袜	穿着整齐
daa¹³ se³³ beng⁴⁴	打蛇饼	排队的队伍一圈圈的很长：排队打针嘅人多到～
daa¹³ si⁵³ et⁵³	打思□	打嗝儿
daai²¹ geng¹³ long⁵⁵	大颈啷	甲状腺肿大的人
daai²¹ jat²¹ ge⁴⁴	大日嘅	来日：～唔认账点算
daai²¹ lap⁵³ maak³⁵	大粒瘤	官职大、地位高的人：戴眼镜嗰个实系～
daai²¹ sik²¹ jau³³ zi¹³ ji³³	大食有指意	指望他人：我～，冇谂咁多
daai¹³ wai²¹ syu²¹	大位事	共同的事情：米贵～
daai²¹ zung⁴⁴	大众	大家：有好嘢就～一齐食
daam⁵³ gi⁵³ wai³³	担基围	筑堤：以前年年都要～
daan²¹ caak⁵⁵	弹测	弹弓
daan⁵³ gung⁵³	单公	光棍汉
daan⁵³ jat⁵⁵ seng⁵³	单一声	通知一声：有好嘢就唔该～
daap³³ seng⁵³ hi³³	搭声气	带话、捎口信
daat³³ do³⁵	笪朵	亮出有身份或实力的人的名义以图获得利益或方便
dam¹³ ceon⁵³	扰春	后悔
dam⁵³ dam⁵³ caang⁵⁵	揿揿鐺	孤零零地或无力地维持，同"叮叮鐺"
dan¹³ man¹³	趸敏	形体稍矮而胖：个男仔有啲～
dang²¹ gau⁴⁴	戥九	婚礼迎亲、归宁时陪伴新郎的男伙伴
dap⁵³ ce⁵³	耷车	减速：转弯位要～慢行
dap⁵³ mau⁵⁵	耷踭	寒碜：咁～嘅地方冇人嚟嘅
dap⁵³ zan⁵³ di⁵⁵	嗒真的	细心品味食物；认真领会别人的弦外之音

续上表

读　音	词语	意　　义
dat⁵³ gaam⁵⁵	凸监	坐牢
dau³³ dong³³	斗档	主动游说别人接受：～唔值钱
dau³³ jan³⁵	头人	头头、领头人
dau³³ sau³³	斗仇	吵架：两兄弟成日～
dei²¹ bong⁵⁵	地梆	锄头
dei²¹ bou²¹	地埠	地址
dei²¹ daam¹³	地胆	土生土长的本地人
dei² dau³⁵	地豆	花生
dei²¹ do³⁵	地朵	地方人物：有～带住就唔怕荡失路
dei²¹ haang⁵⁵ baang³³	地坑棚	简易棚架
dei²¹ taan⁵⁵ fo³³	地摊货	地摊所卖的货品，低档品。
deng⁵³	钉	死了：个衰公已经～啦
deng⁵³ sei¹³	钉死	干掉：～两个特务
deu³⁵ sei¹³ gau¹³	掉死狗	半途而废：搞唔掂卒之～
di¹¹ di³⁵	啲啲	鸭子
di⁵³ deu⁵³	啲掉	小女孩爱说话表现自我：～妹
di⁵⁵ ge⁴⁴	啲嘅	这些
dim²¹ dong³³	惦当	妥当
din⁵³ au³³ ceon³³ maa¹³	癫牛秦马	疯疯癫癫
din⁵³ din⁵³ ceon³³ ceon³³	癫癫巡巡	疯，言行怪异
din⁵³ din⁵³ laau³³ laau³³	癫癫挠挠	不正经，言行怪异
din⁵³ sik³⁵	颠食	不顾后果的狂吃：个女今晚～嘅嘛
ding⁵³	丁	踢：～佢一脚
ding⁵³ ding⁵³ caang⁵⁵	叮叮鐣	孤零零地或无力地维持：得几个人喺间厂度～
dit⁵⁵	啲	短暂走去：舅先～翻屋企换件衫
diu³³ goek³³ fu³³	吊脚裤	长度不够的长裤
diu³³ him³³ seoi¹³	吊盐水	仅仅维持生存：靠救济金～
diu³³ seoi¹³	吊水	不给饲料只以活水维持鱼的生命：经过～一个月嘅鱼特别好食
do¹³ seoi¹³ lai³³	捣水泥	浇注混凝土：听日二楼～
do³³ dang²¹	到邓	言行迟滞不便：伯父近来好～
do³³ saa⁵³	到沙	淘沙：以前洗米要～，因为啲米有沙粒
do⁵³ saang⁵³ zyu⁵³ zai⁴⁴	多生猪仔	多余的，额外的

续上表

读　音	词语	意　义
do^{53} si^{33} man^{33}	多时闻	啰嗦：叫你做就做啦，咁～做乜哩
dok^{33} sou^{33}	铎数	算数：我畀你阿三百蚊唔～嘅咩
dong^{33} dyun^{33}	当锻	当作主食：今晚我哋食粥炒粉～
dong^{33} lei^{44}	塘梨	蜻蜓
dong^{33} seoi^{13} gwan^{13} dong^{33} jyu^{33}	塘水滚塘鱼	自家人赌博
dong^{44} sou^{33}	当数	算数了、了事：阿三百蚊～啦
dou^{21} deng^{35}	度掟	那儿
dou^{21} jan^{33} sing^{53} sin^{53}	渡人升仙	引诱别人走上歪道
dou^{21} wai^{35}	度位	那儿
duk^{21} waai^{21} syu^{55}	读坏书	枉读诗书
duk^{33} mei^{13}	督尾	最后：我住喺～阿间屋
duk^{53} gwai^{55}	督龟	签名：等老细～
dung^{21}	洞	带（小孩）：成个假期都喺度～孙
dung^{21} lei^{13} sei^{13} gwo^{33}	同你死过	与你拼命：唔还翻畀我就～
dung^{53} dung^{53} seng^{53}	咚咚声	忽然：琴晚～痛起上嚟
dung^{55} dung^{55}	东东	东西：唔知乜～
dyun^{21}	段	（刀剪等利器）钝：张刀好～
e^{21} e^{21} se^{21} se^{21}	□□射射	磨磨蹭蹭：～唔知做乜
en^{13} mei^{33} mo^{33} coeng^{33} gwo^{33} bin^{55}	眼眉毛长过辫	达到目的要等太久了：咁多文件都要逐个字校对，真系～嘞
en^{53} gung^{21} gung^{21}	烟共共	烟气缭绕：个厨房～
et^{21}	□	挪、移动：将张台～开啲；拖延：～咁耐都唔走
et^{44}	□	苹叶角（叶夹糯米糍）
et^{55}	□	弯：转个～就到喇；结：打个～
eu^{33} ceon^{53} tin^{55}	拗春天	执意与别人无理争执
eu^{53}	拗	挠、搔：～脚板底；叫：你走就～埋我啦
eu^{53} laan^{21} goek^{44}	拗烂脚	敲诈勒索
faa^{53} baan^{53} baan^{53}	花斑斑	表面受损或涂污：块玻璃～
faa^{53} luk^{53} luk^{53}	花碌碌	花里胡哨：油到间屋～
faai^{33} faai^{33} sau^{44}	快快手	快点儿：～食完饭去睇电影
faan^{13} sen^{53} zai^{44}	玩𡳞仔	玩耍：小朋友一齐～
faan^{21} gwui^{33}	饭瘽	饭盖

续上表

读　音	词语	意　　义
faan²¹ zeu⁵³ gon⁵⁵	饭焦干	干的锅巴
faan²¹ zeu⁵³ zaa⁴⁴	饭焦茶	煮过的水泡锅巴
faan²¹ zyu⁵⁵	饭珠	小而结实的饭团
faan⁵³ dau⁵⁵	翻兜	植物移栽后成活：要等两日先至～
faan⁵³ gwun⁴⁴	翻馆	上学
faan⁵⁵ bat⁵³	番笔	铅笔
faan⁵⁵ gen⁴⁴ fan¹³	番枧粉	洗衣粉
faan⁵⁵ got⁴⁴	番葛	沙葛
faat³³ heu³³	发姣	女性发情、轻佻、骚里骚气，显摆
faat³³ laan²¹ zaa¹³	发烂鲊	蛮不讲理，破罐破摔
fan¹³ coeng⁴⁴	粉肠	外强中干、临阵退缩之人：唔使理呢条～
fan³³ san⁵³	瞓身	亲力亲为全力以赴：王总～埋去搞培训
fan⁵³ coeng⁴⁴	分长	着眼长远来安排：留翻以后～使用
fe¹³	啡	（织物）松弛变形：件衫已经～嗮
fei⁵³ faat³³ caak⁵⁵	飞发测	理发剪
fei⁵³ fung⁵³ maang¹³ dek³³	飞风猛趯	飞快跑
fo¹³ hoek²¹ jan¹³	火药引	导火线
fu¹³ dyut³³ dyut³³	苦夺夺	很苦
fu¹³ gip³³ gip³³	苦涩涩	苦涩
fu¹³ gwo³³ di¹¹ di³⁵	苦过啲啲	十分苦：无依无靠～
fu⁵³ gwat⁵³ wan⁵³ jik²¹	枯骨瘟疫	不怀好意：个衰公～，因住呀
fui³³	回	陪伴：～埋我去啦
fui³³ bei³³	回皮	买卖时交回包装物；买卖时扣除包装物的重量；秋后算账：到时候搵你～就知衰
fun¹³	款	反、掀开：～起张毛巾被
fun¹³ zyun³³	款转	反转：～件衫嚟着
fun⁵³	欢	返
fun⁵³ gwai⁵³	欢归	回家
fung³³	冯	放：～学，～工
fut³³ pe¹¹ pe¹¹	阔□□	过分的阔
gaa³³ gaa³³˙ji⁴⁴	假假意	假意
gaa⁵⁵ haan⁴⁴	家闲	现在
gaa⁵⁵ si⁴⁴	家时	现在

续上表

读　音	词语	意　义
gaak³³ dau³³	隔头	墙柱子
gaak³³ he²¹ fung⁵³ lou⁴⁴ ceoi⁵³ dak⁵³ zoek²¹	隔夜风炉吹得着	气喘吁吁：跑完二百米就～
gaan⁵³ ci⁵³	奸黐	奸诈
gaang⁵³ dim²¹	耕惦	处理妥当：件事我已经～
gaap³³ peng³³ gaap³³ zin²¹	夹平夹贱	贱卖：将近收档就～卖嘅佢
gai²¹	计	冲压，用尖硬物体挤压：舅先界嗻大石～亲只手指
gai⁵³ bo³³	街婆	从商妇女（旧称）
gai⁵³ gwen⁵³	鸡关	鸡冠
gam³³ hing⁴⁴	咁庆	这样
gan²¹ bong²¹	近磅	比较接近、差不多：你哋两个嘅思路～啲
gang¹³ gai⁵⁵	梗鸡	必然的，固定不变的：食完饭～食口烟
gat²¹ tang¹³	趷腾	刁难、麻烦：有乜～就界话我知
gau¹³ dau²¹	狗窦	水渠排水口：坑渠～
gau¹³ ji³⁵	九二	对半分：如果有赚我哋两个～
gau¹³ laa¹³	狗嬲	女人对骂时咒骂对方像母狗那样随便乱性
gau¹³ sei¹³ gau¹³ sat⁵³ si¹³	狗死狗虱死	唇亡齿寒，同归于尽
gau³³	够	累：行咗成日只脚好～
gau³³ pok⁵⁵	够扑	够胆、有胆量：～你就试下
gem²¹ zyu²¹	□住	逼着、不得已：冇散钱，～界张十蚊纸佢。gem 也有读53调的
geu⁵³ dak⁵³ hang¹³	交得肯	能交差：嗷嘅效果就～嘞
geu⁵³ m³³ hang¹³	交唔肯	不能交差
get²¹	挟	用胳膊夹着
gi¹³ lang⁴⁴	几能	何时才能：咁多人排队，～先至轮到我吖
gi²¹ gi⁵⁵	忌己	自己
gik⁵³	激	凝结：～埋一嚯
gik⁵³ do³³ me⁴⁴ fai³³	激到咩肺	气坏了
gip²¹ sip³³	劫摄	狭窄
gip⁵³	唚	挤：出尽力～上车；插队、加塞儿：～队买票
giu⁵³ kiu³³ lau¹³ ling²¹	骄乔扭另	扭捏，意见飘忽或诸多要求：佢～唔知想点
go⁵³ dang³³	高凳	高脚长条凳
goek³³ gan⁵³ ce¹³	脚筋扯	脚抽筋

续上表

读 音	词语	意 义
gon⁵³ fui³³ bo⁴⁴	干回婆	事情没干却谎报已干的人：正式～，千祈咪指意佢
gon⁵³ jang¹³ jang¹³	干□□	干涩的样子。也有说"干憎憎"
gong¹³ zok⁴⁴	讲作	讲法：你嘅～即系唔想做嘛
guk⁵³	谷	满到溢出来：～～满一碗粥
guk⁵³ haai³³ guk⁵³ mat²¹	谷鞋谷袜	穿着整齐
guk⁵³ wun¹³	谷碗	大饭碗
gung¹³ bung⁴⁴	拱埲	彩虹
gung²¹ gung³⁵ gung³³	共拱贡	到处穿行：喺餐厅度～
gung⁵⁵ zai⁴⁴ beng⁴⁴	公仔饼	用动物形象的饼模制作的饼
gwaa¹³ maa¹³ bo⁴⁴	寡马婆	寡妇
gwaa⁵³	瓜	屁股
gwaa⁵³ dau³³	瓜头	该庄重而不庄重，干不该干的事情（多用于女性）：你睇佢几～，讲嗰啲嘢出嚟
gwaa⁵³ han³³	瓜痕	坐不住而惹事：你真系～嘞，掉咗佢啲嘢
gwai¹³ gan⁵⁵ mei³⁵	鬼跟尾	中邪；酒：饮咗两杯～就乱噏
gwai¹³ gwet³³	鬼刮	被鬼欺负而不满：成日～咁声
gwai¹³ gwet⁵⁵	鬼刮	鬼
gwai¹³ maak³³ hau⁴⁴	鬼擘口	大声嚷嚷
gwai¹³ mou³³ sing⁵³ seoi²¹	鬼无星瑞	古怪：啲衣服着到～嘅
gwai¹³ saat³³ gam³³ seng⁵⁵	鬼杀咁声	大声嚷嚷
gwai¹³ sik³⁵ lai³³	鬼食泥	诸多怨言
gwai¹³ zaa⁵³ lang⁵⁵	鬼揸能	被鬼欺负（而大声叫嚷）：一话要加班佢就～嘅
gwai¹³ zing¹³	鬼整	被鬼欺负、中邪：～，唔记得买票添
gwai³³ gaa³³ je¹³	贵价嘢	昂贵的东西
gwai³³ hau⁴⁴	贵口	贵重：呢支酒家闲就～啰
gwai⁵³	归	家：支酒家闲喺～嚟
gwan¹³ fung⁵³ jit²¹ laat²¹	滚风热辣	很热：生滚粥～
gwan¹³ gwan⁴⁴ git²¹	滚滚杰	搞事，胡闹：你咪喺度～
gwat⁵³ cek³³	骨赤	经济方面的心疼：十蚊一碗饭，真系～
gwat⁵³ sap⁵³	骨湿	吝啬：孤寒～
gwat⁵³ zan³³	骨震	肉麻，恐惧：企喺咁高嘅地方做嘢，睇见都～
gwet³³	刮	批评、揍：整到咁大镬，你等住界老细～都得嘞

续上表

读　音	词语	意　义
gwet³³ bui⁵⁵	刮杯	斟满酒，以致筷子刮过杯口能粘上酒液：够胆就同我饮杯～
gwet³³ dak⁵³ gwo³³	刮得过	算起来可行
gwet³³ fu²¹ dau⁴⁴	刮芋头	男人去理发。
gwet³³ gwaa⁵³	刮瓜	批评、捹：整到咁大镬，你等住界老细～得嘞
gwet³³ m³³ gwo³³	刮唔过	不合算而不能干：工期咁长，～
gwik²¹	隙	敲：～～洞门；较量：～过先知
gwo³³ gwet³³	过刮	鱼塘水面漫出塘基，满泄：连续咁多日大雨，因住个塘～
gwo³³ jan¹³	过瘾	有意思：呢个人好～
gwo³³ sau¹³	过手	转让：将部车～畀我
gwu⁵³ bo⁴⁴	姑婆	寡妇；自梳女
haai³³ maak²¹ maak²¹	𪘐麦麦	口感粗涩，表面不平滑。"麦"也可读33调
haai³³ saak²¹ saak²¹	𪘐塞塞	口感粗涩，表面不平滑
haai³³ zaai³³	𪘐柴	口感粗涩，表面毛糙
haak⁵³ bei³³ ze⁴⁴	黑皮蔗	表皮黑色的甘蔗（果蔗）
haak⁵³ maan⁵⁵	黑晚	晚上。"晚"也可读33调
haam²¹ gau²¹	咸嚅	整块儿
haam³³ fung⁵³ lin³³ gam³³ loi²¹	咸丰年咁耐	时间太久远：～嘅嘢，都唔记得啦
hai³⁵ goi³³	喺盖	在这
hai³⁵ gwai⁵³	喺归	处在：本书～餐枱嚓
han³³	痕	睡觉
han³³ laan²¹ geu³³	痕烂觉	睡眠中被弄醒后不舒服：妹猪一味扭计，肯定系～嘞
han³³ zuk¹³ geu³³	痕续觉	睡着了：琴晚两点钟都仲未～
hap⁵³ mou²¹	恰务	欺负、骗人：货不对板，简直系～
hau⁵³ hau⁵⁵ mong²¹	瞴瞴望	不住地张望打探：个仔～以为有乜嘢食
he²¹ maang⁵³ maang⁵³	夜鳐鳐	晚上黑暗貌
he³³ sing⁵³ dau⁵⁵	椰升兜	椰子壳做成的瓢，也指像椰升兜的发型
heng⁵³ kwing⁵³ kwing⁵³	轻□□	很轻的样子
heng⁵³ sing⁵³ sing⁵³	轻星星	很轻的样子
heu³³ dan³³ dan³³	姣拕拕	骚里骚气
heu³³ heu³³ saau³³ saau³³	姣姣哨哨	轻佻，自我表现，多此一举：个妹丁～摆晒啲嘢出嚓
hi⁵³ lung⁵³ lung⁵³	稀窿窿	太稀

续上表

读 音	词语	意 义
hin¹³	演	允许：旧寨塔～旧不～漏
ho⁵³ ham³³	呵含	索取便宜：到处～人哋
hoe¹³	靴	是啊，表示对事实的肯定
hoeng⁵³	香	死：佢～咗啦
hoeng⁵⁵	香	用在"噉"前面表示极度：冻到～噉；用在谓词后面表示说话人否定的态度：识～佢咩
hoi⁵³ bei³³	开皮	长肉：食极都唔～
hoi⁵³ do⁵⁵ haa⁵³ ceon⁵³	开刀虾春	蝇头小利也斤斤计较的人，吝啬鬼
hoi⁵³ gaai⁵³	开街	通过驳艇上船
hoi⁵³ gi⁵³	开基	下地（下田）：～摘荔枝
hoi⁵⁵ hoi¹³	开海	化为泡影：以为有得赚，点知～
hom³³ bin⁵⁵	磡边	岸边
hon¹³ dei²¹ aap⁴⁴	旱地鸭	不会游泳的水乡人
hon¹³ di³⁵	旱嗲	不会游泳的水乡人
hon²¹ zyu⁵³ lau³³ dai³³	汗流珠淅	大汗淋漓
hou¹³ lai¹³	好礼	热情，好礼貌：二叔婆好～
hung²¹ hung²¹ dung²¹ dung²¹	哄哄洞洞	凑近：成班人～等住老细派利是
hyun³³ gwu⁵³ muk²¹ luk⁵³	圆轱木辘	轱辘似的圆鼓鼓：～嘅身形
hyut³³ gik²¹ gik²¹	血极极	鲜血滴滴流出；损失惨重：输到～
ing³³	应	回答、应：只猫唔～人嘅
ing³³ zeoi¹³ ing³³ sit²¹	应嘴应舌	不住反驳（贬义）：个仔～唔知点教
ing⁵³	□	拿、端：～只碗嚟
jaa⁵³	吧	嚷嚷：成班人～起身就麻烦嘞
jaa⁵³ jaa⁵⁵ seng⁵³	吧吧声	大声嚷嚷：你知就算喇，唔好～呀
jam¹³	饮	引诱：揾粒糖嚟～～个细蚊仔
jam¹³ go⁵⁵	饮歌	个人唱得最好的歌：唱支～嚟听听
jam¹³ saam⁵³	饮衫	个人最得体的服装：呢件系二叔婆嘅～，平时唔着㗎
jan¹¹ jan³⁵	人人	祖母
jan¹³	引	牵、挽：～住二叔婆慢慢行
jan²¹ maak³³ maak³³	韧麦麦	食物太韧难以嚼烂
jan²¹ si⁴⁴	刬时	那时候：食饭～我讲过啦
jap²¹ gwai¹³ wan²¹	入鬼运	倒霉
jat⁵³ ji²¹ gok⁴⁴	一二角	角落：收埋喺～

续上表

读　音	词语	意　义
jat^{55} aa^{53} syu^{21} zi^{55}	一吖树枝	一枝树枝
jat^{55} bei^{13} syu^{21} zi^{55}	一髀树枝	一枝较大的树枝
jat^{55} bung^{21} kiu^{33}	一埲桥	一座桥
jat^{55} cau^{53}	一抽	一袋
jat^{55} daat^{33} wai^{35}	一笪位	一个座位
jat^{55} dai^{13} go^{55}	一底糕	一盘糕
jat^{55} dip^{21} zaai^{53}	一碟斋	一团糟
jat^{55} doeng^{13} mo^{35}	一口帽	一顶帽子
jat^{55} doeng^{13} waa^{53}	一口花	一朵花
jat^{55} dung^{21} mun^{33}	一洞门	一扇门
jat^{55} gaan^{55}	一间	待会儿
jat^{55} go^{33} lik^{21} cik^{53}	一个力斥	一下子
jat^{55} gung^{55}	一公	一个人
jat^{55} gwun^{13} zam^{53}	一管针	一根针
jat^{55} hom^{13} fu^{21} dau^{44}	一砍芋头	一穴芋头
jat^{55} kaa^{13}	一卡	一份（样、件等）
jat^{55} kuk^{21} syu^{21} zi^{55}	一曲树枝	一簇树枝
jat^{55} kuk^{53} jat^{55} luk^{53}	一曲一碌	跌跌撞撞：二叔公行路～
jat^{55} kwaak^{53} laak^{53}	一口嘞	全部
jat^{55} lai^{13} zyu^{53} juk^{21}	一礼猪肉	一刀猪肉（长条状的带皮肉块）
jat^{55} ling^{33} kwing^{33}	一宁口	一古鲁儿：～搞掂晒
jat^{55} lo^{55} lei^{35}	一箩篱	全部：部车十万蚊～搞掂
jat^{55} maang^{53}	一猛	手掌最大长度
jat^{55} puk^{53} bou^{33}	一仆布	一幅布
jat^{55} puk^{53} coeng^{33}	一仆墙	一堵墙
jat^{55} sing^{11} gwun^{53} coi^{33}	一盛棺材	一口棺材
jat^{55} tong^{33} wun^{13}	一堂碗	一套碗（十只）
jat^{55} wang^{21}	一宏	一串
jat^{55} zaai^{21}	一寨	一片
jat^{55} zam^{13} syu^{21}	一枕树	一丛树
jat^{55} zam^{21} jan^{33}	一朕人	一群人
jat^{55} zek^{33} zik^{55} gam^{44}	一只积咁	工作疲累不堪的样子
jat^{55} zi^{53} seoi^{13}	一支水	一千元

续上表

读 音	词语	意 义
jat^{55} zoeng^{35} dang^{55}	一掌灯	一盏灯
jat^{55} zoeng^{53} geu^{33} zin^{13}	一张铰剪	一把剪刀
jau^{13} dui^{21} jau^{13} sui^{44}	有队有碎	结伴儿：几个人去～先至好玩
jau^{35} gyu^{33} laa^{53}	由佢啦	算了吧（客气话）：几蚊嘅，～
jau^{35} lei^{13}	由你	由得你、任由你：去唔去～
je^{33} ge^{53}	耶嘅	不伦不类：笑得好～
jeng^{13}	嬴	依赖、推卸：家姐喺度佢～得就～
jeot^{53} tyun^{13}	□断	折断：～支竹仔
ji^{33} sin^{55}	而先	不若先前（干某事）：～攞多啲嚟
ji^{53} aa^{33} sung^{53} gong^{21}	伊牙崧讲	龇牙咧嘴，说话（贬义）：佢一味～，讲埋啲唔等使嘅嘢
ji^{53} jaa^{53}	伊吔	嚷嚷：你咪噉讲，免得大家～
ji^{53} jaa^{53} co^{33} bai^{33}	伊吔嘈闭	大声嚷嚷：啲多事就～
ji^{53} jaa^{53} man^{33} dai^{33}	伊吔文渧	诸多说话：成班老嘢～，意见多多
ji^{53} jaa^{53} sang^{33} dang^{21}	伊吔擤邓	诸多意见：一味～唔做嘢
ji^{53} jeoi^{55}	伊锐	小孩：顾住个细～
jing^{33}	应	严重、厉害、尽：今次伤得～喇
jit^{21} joeng^{44}	热旸	阳光
juk^{21} ji^{53} juk^{21} gan^{33}	肉依肉紧	紧张、着急：睇佢噉我就～
juk^{21} ze^{33}	玉蔗	表皮黄绿的甘蔗（果蔗），有写作"肉蔗"
juk^{53} sung^{53}	喐松	动摇，使变化：方案已经定咗就咪再～佢喇
jung^{13} seoi^{44}	湧水	游泳：去桂畔海～
jyu^{21} bat^{53} si^{44}	遇不时	经常
jyu^{33} ceng^{55}	鱼青	鲜鱼肉经刀刮而成的肉糜
jyu^{33} kau^{44}	鱼球	鱼肉细条搅打成胶状再捏成的小球
jyun^{13} lam^{21} lam^{21}	软腍腍	很软的样子
jyun^{13} pet^{21} pet^{21}	软坺坺	软乎乎
jyun^{53} gwai^{13}	冤鬼	坏蛋
kaa^{13} ge^{44}	卡嘅	那东西：～系乜嘢嚟呢
kang^{33} go^{55}	揩哥	厉害的人、有本事的人
kap^{53}	扱	上锁：～好洞门
kat^{53} koe^{53}	咳□	麻烦：工程有啲～，停咗几日工
kau^{21} lau^{35}	舅扭	刚才：～先至翻嚟
kau^{21} sin^{55}	舅先	刚才

续上表

读　音	词语	意　　义
kau^{53} kau^{55} lyun^{21}	抠抠乱	混杂、调乱：～都唔记得喇
ke^{33} gok^{33} maa^{35}	骑角马	骑在别人肩膀上
kek^{21} lek^{53} dai^{13}	剧叻底	胳肢窝
kek^{44} goek^{33}	剧脚	随处都可碰到的，表示多：工夫多到～
keu^{11} leu^{55}	□撩	说话绕口、难听，刁钻：张工啲话好～
kim^{33}	钳	爬：～上树
kit^{33} syu^{53}	揭书	翻书
kiu^{13} hi^{13} sau^{13}	跷起手	一时间：～唔记得添
kiu^{13} maai^{44} lung^{33}	跷埋龙	绕成一团，搅成一锅粥
koe^{53} loe^{21}	□□	繁琐、不干脆：佢咁～，慢慢等啦
kuk^{21}	曲	倒扣、反盖：～转只碗
kuk^{21} siu^{53} zyu^{55}	曲烧猪	俯卧（多指婴儿）
kuk^{53}	曲	跌：～低
kuk^{53} gaai^{53} baai^{33} hong^{21}	曲街拜巷	跌跌撞撞
kwan^{33} laat^{53} fu^{33} dit^{33}	裙甩裤跌	狼狈、困苦、陷入窘境
kwik^{53} fo^{13}	□火	点火
kwik^{53} m^{33} gwo^{33}	□唔过	不合算：尼单生意～
kwik^{53} syun^{33} bon^{33}	□算盘	打算盘
laa^{13} maai^{33} fung^{53} sap^{53}	捌埋风湿	捕风捉影：系组织安排嘅，你咪～
laa^{13} sam^{53} laa^{53} fai^{33}	捌心捌肺	心痛，过于刺激
laa^{13} zan^{33}	捌震	紧张：唔使～，有我喺度
laa^{44} je^{13}	捌嘢	摊上事儿：今次你～喇
laai^{53} bei^{21} hon^{21}	拉鼻鼾	打呼噜
laai^{53} saam^{53} mei^{35}	拉衫尾	借力顺便做某事：你哋去交易会阿阵，我～都得啩
laak^{21}	勒	扎：～喺单车尾
laak^{21} lang^{55}	勒能	打结
laak^{21} taai^{55}	勒呔	打领带
laak^{53} jyu^{44}	勒鱼	捕鱼
laam^{13} daai^{21} saa^{53} paau^{33}	揽大沙炮	不自量力去做某件事情：尼个工程耗资咁大，你就咪～啦
laam^{21} daam^{33} bou^{33}	缆担布	围裙
laam^{33} fung^{53} daai^{21} gwat^{53}	南风大骨	暖和的南风天气：～仲着咁多衣服
laam^{33} so^{53} laam^{33} lung^{35}	摘疏摘拢	以一定的间隔、稀疏地（安排）：～锯锦一啲树
laan^{21} caan^{53}	烂餐	狠狠的一次：唱～歌

续上表

读　音	词语	意　义
laang¹³ kaang¹³	冷□	麻烦：工程有啲～，停咗几日工
laap³³	奻	被鞭打的红色伤痕
laat²¹ si¹³ goek³³	捺屎脚	扁平足
laat³³	燞	短时间的煎烤：～过条鱼先至滚汤
laat³³ ceng⁵⁵	燞青	挨边：部车～经过，好彩冇事
laat⁵³	甩	玩一下、过一下瘾：佢咁钟意就畀佢～多阵啦
laat⁵³ dau³³	甩头	粗枝大叶、冒冒失失
laat⁵³ to⁵⁵	甩拖	失约，跟不上队伍
laat⁵³ zat⁵⁵	甩质	做事有疏漏，遇到麻烦、处于困境：今朝真系～嘞，部车有电开唔倒
laau³³	挠	言行怪异不正经：佢有啲～～哋
lai¹³ si¹³ gan⁵³	扼屎根	按在地上反绑双手
lai¹³ waang³³ kuk⁵³ zik²¹	戾横曲直	颠倒是非
lai³³ he³³	犁□	匆促、匆猝：唔使咁～，仲有时间
lai³³ lai⁴⁴ he³³	犁犁□	匆促的样子：～赶嚟；呆不住、性急：佢个人～，唔会坐好耐嘅
lai³³ pok⁵⁵	泥扑	泥巴：小朋友喺度玩～
lam⁵³ lam⁵³ syun⁵⁵	冧冧酸	不解馋，欲望尚未满足：只得两碟鱼生，食到～
lang²¹ jang³³	能□	行动不爽快、不利落：咁～，唔想同埋佢去街
lang³³ wai⁴⁴	能为	想不到，竟然：嗷丢架嘅事～佢做得出
lang⁵⁵	能	结节：块木板有两个～
lang⁵⁵ dang³⁵	能等	繁文缛节：咁多～，有排都未搞掂
lap⁵³ gwong⁵³ lap⁵³ haak⁵⁵	粒光粒黑	落日余晖将尽时：～阿阵先至收工
lau¹³ lyun²¹	扭乱	混乱
lau¹³ si¹³ fat⁵³ faa⁵⁵	扭屎忽花	诸多意见，有意为难别人：呢个人最钟意～
lau²¹ daai²¹ waa²¹	漏大话	侃大山
lau²¹ gaa³³ caang⁵³	陋架罉	不可靠或劣质的东西：以为实掂啦，点知系～
lau²¹ lau²¹ bei²¹ tai⁴⁴	流流鼻涕	流着鼻涕的样子
lau²¹ lau³⁵ dai³³	漏漏渧	滴漏的样子，也形容太满太多：二叔公银纸多到～
lau²¹ zap⁵⁵	漏汁	遗漏
lau³⁵ cat⁵³ gam³³ lyun²¹	扭七咁乱	十分混乱
lau⁵³ jan³³ mui²¹	𡃁人妹	少女。"妹"也可读35调
lau⁵³ lau⁵³ zau⁵³ zau⁵³	褛褛周周	装扮凌乱：个相影到我～

续上表

读　音	词语	意　　义
lau^{53} pei^{55}	褛披	网兜：搵个～装住啲水果
lei^{21} dei^{21}	利地	灵验、有效：呢种药好～㗎
lei^{33} bok^{44}	尼驳	这段时间：～冇听讲过
lei^{33} bung^{44}	尼埲	这段时间：～冇听讲过
lei^{33} laa^{33}	离喇	匆忙：唔使咁～，仲有时间
lei^{55} gaa^{55} haan^{44}	呢家闲	现在
lek^{33} maai^{33}	叻埋	隐藏、躲起来：只猫～喺沙发底
lem^{13}	□	舔，蘸
leoi^{21} leoi^{21} seoi^{21} seoi^{35}	累累睡睡	恍恍惚惚即将入睡：正话～畀你嘈醒咗
leot^{21} ci^{55} zi^{13}	律黐止	心怀希望、钟情：一话唱K，佢～
leot^{21} zyu^{21}	律住	强烈希望、要求：～去睇电影
leot^{53} zeot^{53}	律卒	麻烦：想唔到件事情咁～
leu^{21} seu^{21}	撩□	实质内容、合意东西：今晚餐饭冇乜～
li^{53}	哩	接触、黏连：我间房～住厨房
lin^{21} ji^{53} fuk^{21}	炼衣服	缝衣服
ling^{21} dau^{33} sai^{53} gai^{33}	另头筛髻	连续摇头
ling^{21} laang^{35} gam^{33} zi^{13}	另冷咁止	快快地：一落课就～冲去厕所
ling^{21} zyun^{33}	另转	调换过来：～你都唔制啦
ling^{55} ling^{55} caa^{11} caa^{35}	铃铃喳喳	工具、道具：执好啲～
ling^{55} ling^{55} caa^{11} caa^{35} do^{55} deu^{35}	铃铃喳喳都掉	干不下去：开开下会有电，～
lit^{53}	裂	拔、剥、撕、摘：～开个榴莲
liu^{33} gaai^{53} dau^{33} hong^{21}	撩街斗巷	到处滋事寻衅
liu^{33} gwan^{53} faan^{21} se^{33}	撩君犯舍	到处滋事寻衅
liu^{53} lang^{55}	了能	特别的、不常见的：有乜～嘢食
lo^{13} aak^{21} aak^{21}	老额额	很老的样子
lo^{21}	怒（音同懦）	骂：逐老细～
lo^{33} baak^{21} caak^{44}	萝卜册	咸萝卜片干
lo^{33} gwik^{55}	萝隙	枇杷
lo^{33} ji^{13} paak^{33} lo^{33} ji^{13}	箩耳拍箩耳	放在一起好比较
loeng^{13} gung^{53} caang^{55}	两公蹚	夫妻俩
loet^{53} seoi^{13}	□水	敲诈，吃回扣
loi^{21} bat^{53} si^{44}	耐不时	偶然

续上表

读　音	词语	意　义
$lok^{21} zyu^{21}$	落箸	下箸夹菜：啲扣肉咁肥，我都有～
$long^{13} long^{44} gung^{33}$	朗朗贡	打晃儿
lou^{33}	泸	随水漂浮：块木板～走咗啦
$lou^{13} bok^{44}$	噜驳	前段时间：～翻过嚟
$lou^{13} bung^{44}$	噜埲	前段时间：二叔～嚟过
$lou^{13} go^{33}$	噜个	那个
$lou^{13} sui^{53} m^{33} zyun^{33}$	撸腮唔转	咀嚼不过来：多嘢食到～
$lou^{13} wan^{21}$	噜运	那一次
$lui^{33} lui^{44} gung^{33}$	雷雷贡	到处乱闯
$luk^{21} gwu^{55}$	鹿轱	婴儿笼
$luk^{53} dai^{53}$	碌低	跌倒
$luk^{53} luk^{53} kuk^{53} kuk^{53}$	碌碌曲曲	跌跌撞撞
$lung^{33} dau^{33}$	龙头	忙乱的样子：做到～噉，唔得闲理你喇
$lung^{53}$	窿	合围骚扰：蚁多～死象
$lung^{53} lung^{53} caang^{55}$	窿窿蹬	一两个人悠然做饭给自己吃
$lung^{53} lung^{53} gung^{21} gung^{21}$	窿窿共共	窜来窜去：一放假就～揾人打麻雀
$lyun^{21} ho^{53} ho^{53}$	嫩呵呵	很嫩的样子
$m^{33} gau^{33} baan^{55}$	唔够班	不够资格
$m^{33} geu^{33} jan^{33}$	唔教人	行事毫无章法而让人反感
$m^{33} gwet^{33} lei^{13}$	唔刮你	不理会你，不与你同谋：要我打头阵？我～
$m^{33} laai^{13} gaa^{33} bou^{21}$	唔乃架步	不懂门路
$m^{33} maai^{33} dak^{53} mei^{13}$	唔埋得尾	不能完成预定计划，尤指资金出现缺口
$m^{33} mou^{33} laa^{33}$	唔无喇	不了
$m^{33} sau^{21} seoi^{13}$	唔受水	不怎么吸收水分（一般指白米）：呢只米～嘅
$m^{33} seng^{53} m^{33} seng^{53} haak^{33} lei^{13} jat^{55} geng^{53}$	唔声唔声吓你一惊	不动声色中做出惊人之举
$m^{33} seon^{21} ciu^{55}$	唔顺超	不服气，不遂意
$m^{33} zai^{33} gwo^{33} lei^{13}$	唔制过你	不放过你：今日唔还钱我就～
$maa^{13} liu^{21}$	马尿	泪水：激到佢即刻流～
$maa^{13} man^{33}$	马文	其中的事实、缘由等：唔知乜～
$maa^{33} dong^{35}$	麻糖	糖果
maa^{53}	孖	以脏话骂人：～人老母

续上表

读　音	词语	意　义
maa⁵³ dau³³ dyun⁴⁴	孖头锻	相隔时间太短的两顿饭：食完糖粥冇几耐又食晚饭，～点食得落啊
maai²¹ zing²¹ ze³³	卖剩蔗	卖不出去的、没人要的东西，大龄未嫁的妇女
maai³³ gaai⁵³	埋街	通过驳艇靠岸；因不敌而退出比赛：咁高度数嘅白酒一杯我就～啦
maai³³ hau¹³	埋口	伤口愈合；经济损失得到恢复、债务还清：旧年炒股输咗好多，家闲都仲未～
maai³³ hom³³	埋磡	靠岸
maan²¹ mo⁵³	慢么	慢吞吞
maang⁵⁵ caang⁵⁵	鱴鳟	相距很远：一个喺东，一个喺西，～咁远
mai¹³ gwai³³ daai²¹ wai²¹ syu²¹	米贵大位事	共担风险的事情，个人无能为力：大部制系～，管得咁多咩
mang¹³ si²¹	盟是	耍脾气：唔界啲佢，佢实会～
mang⁵³ zang⁵³ juk²¹ gan¹³	盟憎肉紧	紧张、急躁、着急：睇佢噉我就～
mat²¹ cyu¹³ zyu¹³ jan³³ jing³³	物似主人形	通过物品就能看到主人样貌：正所谓～，睇睇佢张枱就知道佢几马虎嘞
mat⁵⁵ mat⁵⁵ sing²¹ sing²¹	乜乜盛盛	这样那样的、什么什么的：讲咁多～我都冇耳装
me⁵³ fei⁵⁵	祺非	背黑锅、负责任：呢件事我唔想～
mei¹³	尾	看：个方案帮手～一下都好啩
mei²¹ hoi⁵³ dau³³	未开头	未开始使用：几百万身家～
mei⁵³ mo⁵⁵	尾么	微小的、零碎的
meng³³	俞	未曾
meu²¹	猫	匆匆或偷偷地看一下：个方案我稍为～咗下
meu⁵³ gwet³³ gam³³ seng⁵⁵	猫刮咁声	像猫儿求偶时那样吵闹
mi⁵³ maa⁵³ caak³³ haai¹³	□吗拆蟹	满口脏话：佢一味～，唔听人讲嘅
min²¹ au²¹ sam⁵³ zeng⁵³	面吽心精	表面愚笨实则精明
mit⁵³ cit⁵³	搣切	狗眼看人低
miu⁵⁵	瞄	匆匆或偷偷地看一下
mo²¹ mo²¹ zyun²¹ zyun²¹	磨磨转转	磨磨蹭蹭：～唔知做咗乜
mo³³ mun²¹	磨闷	折腾：又话要整过，唔知～到几时
mok⁵³	剥	计算：我～过喇，三万蚊先够
mok⁵³ saam⁵³	剥衫	脱衣服
mou¹³ en⁵³ loi³³	冇烟来	距离事情的发生还有很长时间：～搵心普

续上表

读　音	词语	意　义
mou^{13} jam^{53} loi^{33}	冇音来	距离事情的发生还有很长时间：～搵心普
mou^{13} lam^{11} zeon^{33}	冇淋进	没有分寸：阿芳都～嘅，煮咁多饭
mou^{13} lei^{33} gwai^{33} gaak^{33}	冇厘贵格	档次低，烂泥扶不上壁
mou^{13} waan^{55} zyun^{33}	冇弯转	没有回旋余地，不能变通
mou^{33} lei^{33} saa^{33} laa^{33}	无厘沙喇	无意义的、莫名其妙的
mou^{35} ji^{33} gin^{33}	冇意见	无可奈何以致不愿提出意见：翻工三次喇，整到我～
mui^{53}	煤	煨：～番薯
mun^{21} can^{33}	闷衬	戏弄：唔买就咪～人啦
mung^{21} do^{13}	梦倒	望到：就喺对面楼顶，你～嘛
mung^{44}	（到）懵	（到）极：件衫烂到～
mung^{55} cat^{53} gam^{33} zo^{13}	蒙漆咁早	很早：～就去排队
ng^{13} lo^{53} gaap^{33} zaap^{21}	五捞夹杂	糅杂：支部队啲服装～
ng^{13} si^{13} faa^{55} luk^{21} si^{33} bin^{33}	五时花六时变	经常改变主意
ng^{13} zong^{21} miu^{35}	五脏庙	肠胃、肚子：搵咁多食咁多，挤晒落个～
ng^{13} zyu^{53} luk^{21} mei^{21}	五滋六味	有滋有味：瞓到～畀你嘈醒
o^{33} o^{33} ap^{21} ap^{21}	奥奥噏噏	晃动，不稳定：张椅～，整整佢啦
o^{53} go^{11}	珂个	讲究繁文缛节：佢个人好～㗎
o^{53} liu^{21} zyun^{44} fung^{53}	屙尿转风	突然发生变化
oe^{11}	□	好的（应答语）
oi^{21} fu^{35} soeng^{33}	外父相	将来做岳丈的男人
oi^{21} gaa^{33} beng^{33}	外嫁柄	（从娘家取物的）外嫁女，也读"外家柄"
oi^{33}	爱	唉（应人声）
ok^{33} sai^{21} sai^{21}	恶誓誓	凶狠的样子
paang^{35} saak^{53}	棒塞	数量多至充满：～咁多书
pan^{13}	牝	厚：张纸唔够～
pan^{33}	喷	说话（贬义）：乱咁～
pe^{53} pe^{53} fu^{55}	□□呼	醉乎乎：琴晚个个都饮到～
pei^{53} fung^{55}	纰锋	物体破损的边缘、毛边：因住啲～鎅亲手
pek^{33} lan^{13}	劈□	古怪、喜欢捉弄人：二叔公好～㗎，成日闷衬啲细佬哥
pek^{33} lan^{13} zok^{35}	劈□凿	古怪或喜欢捉弄人的人
pet^{33}	坺	泄气、瘪：车辘有啲～，要打气先得
po^{33} laa^{35} sou^{33}	婆嫲数	原始、简单的计算方法，即叫婆数
pou^{33} dau^{33} zai^{44}	铺头仔	小店、小卖部

续上表

读　音	词语	意　义
puk⁵³ mon¹³ fui⁵³ can³³	仆满灰尘	灰尘满布
saai¹³ si¹³ fu³³	洗屎裤	收拾烂摊子
saai³³ lung¹³ dai¹³	晒槓底	亮出所有东西，尤指身家财富
saak⁵⁵ gaak³³	塞格	数量多至充满：啲书多到～
saan⁵⁵ zai⁴⁴	山仔	外来工
saang⁵³ gop³³ to³³ sei¹³ gop³³	生蛤佗死蛤	好的被坏的拖累而不能正常运转
sai³³ gwu¹³ m³³ do³³	世估唔到	怎么也想不到
san¹³ diu³³ diu³³	肾吊吊	植物煮熟后爽硬而失去应有风味；该成熟而不成熟：几十岁都仲～
san¹³ muk²¹ muk²¹	肾木木	植物煮熟后爽硬而失去应有风味：啲番瓜～
san¹³ zai⁴⁴	肾仔	呆头呆脑不成熟的男青年：个～乱咁噏
san²¹ lung²¹ caa²¹	神农茶	破旧的机器、设备：你部车正一系～，个个星期都要整整
san⁵³ ceot⁵⁵	新出	新事物；新难题（用于埋怨别人刁难）：你真系～嘞，叫大家日日写心得
san⁵³ jau¹³ si¹³	身有屎	做过坏事而带有污点，或有把柄落在别人手中
sap²¹ haa¹³ sap²¹ haa³⁵	拾下拾下	做来做去不靠谱：佢喺度～，唔系真系做工夫嘅
sap⁵³ san⁵³ mo³³ hik²¹	湿身毛翼	身体湿了：畀雨淋到～
sap⁵³ seng⁵⁵	湿腥	没有阳刚气的教书先生
sap⁵³ zet²¹ zet²¹	湿□□	很湿的样子，尤其指地面的潮湿
sap⁵⁵ haa¹³	湿下	给一点：帮你做咁多嘢，～都得啩
sat²¹ dik²¹ dik²¹	实敌敌	很硬实的样子：个仔生得～
sat²¹ gwik²¹ lik²¹	实隙历	很硬实的样子：个面包～，好难食
sat²¹ gwu¹³ sat²¹ zok²¹	实鼓实凿	真真实实（广州话有"实斧实凿"）
sat²¹ jat⁵³ jat⁵³	实一一	很结实或者很硬
sat²¹ wai³⁵	实位	肯定：老张～未嚟
sau¹³ gan¹³	手紧	手头资金不足
sau⁵⁵ mai¹³ bou³⁵	收米簿	死亡：个衰公上个月～啦
se²¹	射	处：仲有几～未去
sei¹³ ding⁴⁴	死顶	不自量力地坚持：唔得就咪～
sei¹³ gwu¹³ baan¹³ guk²¹	死古板局	死板
sei¹³ waai²¹	死坏	加在人的称谓前以作骂人：啲嘢畀～明仔掉嗮
sei¹³ waai³⁵	死坏	坏蛋：个～掉嗮我啲嘢

续上表

读　音	词语	意　义
sei¹³ zin²¹ laan²¹ zin²¹	死贱烂贱	十分贱、不值钱：今年啲桔～
sei¹³ zyut²¹	死绝	糟糕、遇着麻烦：～，唔记得落铁闸添
sei¹³ zyut³⁵	死绝	全家唯一未死的人（骂人话）：你个～，害得我咁惨
sei³³ faa⁵³ ng¹³ lou²¹	四花五路	四面八方
sek³³ do³³ lung⁵³	锡到窿	宠坏：个孙畀佢～
sen⁵³ seoi¹³ zai³³	闩水制	关水龙头，停止财物供给
sen⁵⁵ dei³⁵	闩地	墓地：体育中心原来系～
seng⁵³ gan⁵⁵	腥跟	身边：有你喺～我就唔怕嘞
seng⁵⁵	腥	先生、老师、医生
seoi¹³ gwai¹³	水鬼	潜水作业的人
seoi¹³ gwai¹³ zin²¹ daai²¹ dau³³	水鬼缠大头	溺水者死死缠着救援者不放
seoi¹³ gwai⁵³ seoi¹³ lou²¹	水归水路	粥、汤等液体不黏稠、固液明显分离
seoi¹³ mo¹³ mo¹³	水摸摸	心中无数、估摸着：点样去我都～
si¹³ gap⁵³ hoi⁵³ haang⁵³	屎急开坑	事情紧急时才做准备
si¹³ taap³³ om⁵⁵	屎塔庵	墓园
si³³ man³³ doi³⁵	时闻袋	说话多得没完没了
sik²¹ co³³ hoek²¹	食错药	言行出现错乱
sik²¹ saak⁵⁵	食塞	饮食习惯：北方人啲～唔同我哋
sik²¹ seoi¹³	食水	缺斤短两、截留、贪污：呢个档口～好深㗎
sik²¹ zyu²¹ soeng¹³	食住上	顺势而为，趁机往高处上
sik³⁵ aa¹³ hoek²¹	食哑药	哑口无言
sik³⁵ fo¹³ hoek²¹	食火药	脾气暴躁、火气很大
sim¹³	闪	走开，一般指悄悄离开：一睇唔对路就即刻～啦
sin⁵³ gwat⁵⁵ jyu⁴⁴	仙骨鱼	身长而廋、头大而宽的鳙鱼
sin⁵³ heng³³ hau²¹ dan³³	先赢后扷	先赢后输
sin⁵³ zang³³	先曾	才：食完饭～去
sing⁵³ sin⁵³	升仙	死：二叔公琴日～喇
sip³³ leng³⁵	摄鲮	闪电
sip³³ zo³³ laa³³	揳灶罅	无处安置，指"剩女"
siu⁵³ zyu⁵³ mei¹³	烧猪尾	比喻缺少了就不完整，但没有什么实际作用的人或物
siu⁵⁵ fe¹¹ fe³⁵	烧啡啡	炮竹燃着但没爆炸，形容不成功：亲啱疫情，个旅游计划～

续上表

读　音	词语	意　义
so^{53}	挲	摩挲、摩擦：～热只手
so^{53}hi^{33}	疏气	泄气：气球～喇，吹过啦
so^{53}laang^{53}kwaang^{53}	疏冷框	稀疏零落的样子
soeng^{21}hing^{53}	尚兴	时尚，喜欢，着紧：唔去就算，你估好～你咩
soeng^{44}lei^{33}	上嚟	中邪、鬼魂附体：好似～噉乱咁跳
soeng^{53}gim^{53}dau^{33}zaang^{35}	相兼斗挣	相互对立不相容：咁多人走入去～，点睇得清噃
sou^{53}zeoi^{13}	骚嘴	挑食：老张好～喫，换过啲餸啦
sou^{53}zim^{53}duk^{53}gwat^{21}	搔尖督掘	要求反复不定，令人无所适从：二叔公～，我都唔知点做
suk^{21}lam^{21}lam^{21}	熟淋淋	（果实）很成熟的样子
suk^{53}bang^{53}bang^{53}	宿崩崩	很馊臭
suk^{53}duk^{33}	缩督	老年身高降低，退缩，缩小：个公司越嚟越～
suk^{53}fu^{35}	叔傅	倚老卖老的男人
suk^{53}gwat^{53}daai^{21}dau^{33}	缩骨大头	身短而肥壮、头大而宽的鳊鱼
sung^{44}dou^{21}mei^{13}	送渡尾	刚刚迟到一步而错失机会
sung^{53}ding^{13}	松顶	放弃，离开：坐阵间就～啦
sung^{53}dung^{21}	松洞	宽余：会议室坐十个人仲好～
sung^{53}peu^{53}peu^{53}	松泡泡	松软不结实的样子
syu^{21}dau^{33}go^{55}	士头哥	头顶上的小辫子
syu^{33}gwu^{53}mou^{33}jing^{13}	殊孤无影	不见踪影：等咗成个钟都～
tai^{13}jan^{44}	睇人	对不同的人有不同的态度，多指眼角高、看不起人：老张未必答应，～啦
tan^{53}hau^{13}seoi^{13}hoeng^{13}meng^{21}	吞口水养命	忍气吞声、逆来顺受、委曲求全
tang^{33}	腾	等：～我执埋啲书先
tang^{33}sin^{13}man^{53}zyu^{53}juk^{21}	藤蟮焖猪肉	长辈鞭打小孩子：个哇鬼打烂个花樽，今晚等住～都得咯
tek^{33}saa^{53}	踢沙	拍拖：琴晚去边度～呀
tek^{44}goek^{33}	踢脚	随处都可碰到的，表示多：～咁多工夫
tek^{53}tek^{53}haai^{44}	踢踢鞋	趿拉：～去散步
teng^{53}dai^{13}	厅底	厅堂
teon^{13}	盾	大吃、狂吃：成碟猪肉畀佢～晒
tik^{53}	惕	放：～啲书喺书柜嚟
tik^{53}dai^{53}	惕低	放下：～袋嘢就走咗咯

续上表

读　音	词语	意　义
tik⁵³ maai³³	惕埋	存放：唔知将啲钱～喺边度
tin³³ gai⁵⁵ tin³³ tam³⁵	田鸡填氹	补缺，拆东墙补西墙
tin⁵³ dau³³	天头	天气：咁冻～就咪出去啦
ting³³	停	等
ting³³ dong³³	停当	处理妥当：执拾～就出去散步
ting⁵⁵ oi⁵³ lin³³	听哀年	明年
tiu³³ tiu⁴⁴ zaat³³	跳跳扎	活蹦乱跳、躁动的样子
tiu⁴⁴ mou¹³	跳舞	手足无措、乱了分寸：激到你～
tou³³ tou³³ mou⁴⁴ mou⁴⁴	吐吐模模	模糊
uk⁵³ long²¹	屋浪	随波浪涌动；人为制造波浪
waai²¹ gwai¹³	坏鬼	生病：琴日开始有啲～，都冇食饭
waai²¹ gwai¹³ syu⁵³ sang⁵⁵	坏鬼书生	枉读诗书的人
waai²¹ san²¹	坏肾	坏的、不能正常运转：个～钟整唔好㗎喇
waak²¹	划	快速扫（地），快速写（几个字）：你～几个字畀我，以便去开证明
waak²¹ gwai⁵⁵	划龟	签名：等老细～
waak³³ gai⁵³ daan³⁵	划鸡蛋	搅打鸡蛋浆
waak³³ waak⁴⁴ gung³³	划划贡	晃来晃去：捉住支竹仔～
waang³³ ap²¹	横噏	不同意：呢个方案老细肯定～
waang³⁵ tung¹³	横桶	有固定横木作抓手的桶
wai²¹ deng³⁵	位掟	那儿
wai³³	围	计算：我～过条数喇，三万蚊先够
wai³³ bok³³	围壆	堤围
wan²¹ dan⁵⁵	运墩	附近：喺～行下
wan²¹ mei¹³ sau⁵³ lung³³	运尾收龙	半路离场、原路返回，意指半途而废
wan⁵³ jik²¹	瘟疫	下流，糟糕，怪异：乜佢咁～唔出嚟嘅哩
wang²¹	宏	摇晃：成揪锁匙～～下
we¹³	□	用手（爪）抓、抓取：只猫～烂个窗帘
wet⁵⁵	滑	叫唤：～埋明仔去啰
wi⁵³ waa⁵³ cat⁵³ zan³³	□哗七振	大声嚷嚷：佢做乜喺度～呀
wi⁵³ wi⁵³ wet⁵³ wet⁵³	□□滑滑	吵吵闹闹：成班人～话唔公平嗰
wik²¹	域	丢：～咗啲嘢
wing⁵³ waa⁵³ fo¹³ lyun²¹	永花火乱	乱七八糟：啲孙仔孙女翻晒嚟整到～

续上表

读　音	词语	意　　义
wo⁵³ doe²¹	窝□	圆箕：个月光好似～咁大
woi³³	□	喂（招呼用语）
wu⁵³ lung⁵³ cek³³ haak⁵³	乌窿赤黑	很黑：煎到啲萝卜糕～
wu⁵³ zi⁵³ gwai⁵³ jau¹³	乌支归有	不知不觉中散失无存
wu⁵⁵ syu³⁵	乌鼠	猥琐的样子：快啲洗个面啦，～咁样
zaa⁵³ cat⁵³	揸七	抓锄头，比喻干农活：做知青阿阵喺顺峰山～
zaa⁵³ dau⁵⁵	揸兜	乞讨
zaak³³ doi³⁵	责袋	放点东西在袋里，不要让其空无一物：畀封丽是～
zaak³³ gip⁵³ gip⁵³	窄噏噏	狭窄的样子
zaak³³ laam⁴⁴	责篮	放在送礼来的空篮子里的回礼利是
zaak³³ san⁵³	责身	随身带上备用钱：搵几蚊鸡～
zaang⁵³ bang⁵³ dau⁴⁴	争崩头	争抢到头破血流，形容争抢踊跃：一话有名额个个都～
zaap²¹ bat⁵³ lang⁵⁵	杂不能	难以拼凑的杂件：将啲～放埋一边
zai³³	制	关住：再扭计就～你入黑房
zang³³ waa²¹	争话	正话，刚才：～先讲过
zat²¹	窒	打断别人说话，质问：人哋讲嘢唔好～住嗮
zat²¹ dau³³ zat²¹ sai³³	窒头窒势	通过语言不让别人言行顺利进行：～好乞人憎
zat⁵³ sei¹³ meu⁵⁵	质死猫	冤枉：明明系～，但冇人敢出声
zau¹³ pin⁴⁴	走片	同一时段赶往不同地方：今晚有两射喜酒，要～先得
zau⁵³	周	小住：放假就嚟～几日啦
zau⁵³ bat⁵³ si³³	周不时	经常
ze²¹ gai⁵⁵	谢鸡	结局不好，半途而废，枯萎
zek³³ cau⁵⁵	只抽	单对单比赛：～就～，怕你咩
zem²¹	蚕	虫蛀：件衫畀虫～成噉，点着呀
zeng³³ zyu⁴⁴	正主	主菜：啲～都仲未出嚟
zeoi²¹ zeoi²¹ haa³⁵	聚聚下	渐渐地：～间房装满书
zeoi²¹ zi⁵³ daa¹³ kuk²¹	坠枝打曲	果实多而重，致使树枝下垂
zeoi³³ mung²¹	醉梦	做梦：～都话去广州。也说"载梦"
zep⁵⁵ sou¹¹	煠数	着数、利益、好处：要我参加，有乜～先
zi³³ gaa⁵³	置家	结婚、成家：威仔三十岁都仲未～
zik⁵³	即	侧面，歪、倾斜：张画挂得～～哋
zik⁵³ san⁵³	即身	侧身：个门洞好窄，要～先至过得去
zik⁵³ si³³	即时	顿时：一听佢噉讲，二叔公～跳起嚟

续上表

读　音	词语	意　　义
zik^{53} zik^{53} bok^{44}	即即膊	推卸责任：一出事佢就话去出差，趁机～走啦
zin^{53} taat^{21} taat^{35}	煎塌塌	煎饼：今晚～当饭食
zing^{13} can^{53}	整亲	弄伤：～只手
zing^{13} sik^{53} zing^{13} seoi^{44}	整色整水	装模作样：打开个笔记本～
zing^{13} zing^{13} gung^{21} gung^{33}	整整共贡	做来做去折腾、磨叽：攞住个灯泡～都未装上去
ziu^{55} bong^{21}	蕉磅	作绳子用的干的蕉树皮：搵条～绑住啲菜
zo^{33} gaa^{33} loeng^{44}	做架梁	出头做和事佬或抱打不平而出手、发声
zo^{33} gwaa^{53}	做瓜	干掉、消灭：～个汉奸
zo^{33} hau^{21} syu^{21}	做后事	办丧事
zoeng^{21}	象	想象：我～佢都未收工
zok^{21} daai^{21} go^{33} si^{13} en^{13}	凿大个屎眼	夸大：佢边有资格吖，～嘛
zong^{35} ceon^{33}	撞巡	遇着疯癫、中邪了：～咩，咁耐都未翻嚟
zong^{35} din^{53}	撞癫	遇着疯癫、中邪了：～咩，咁耐都未翻嚟
zong^{35} pan^{33}	撞喷	遇着粪便、中邪了：～咩，咁耐都未翻嚟
zou^{13} can^{53}	祖亲	四肢拄撑而受伤：咁高跳落嚟因住～脚
zou^{13} gaa^{55}	祖家	籍贯所在地：我哋～喺番禺
zou^{13} gwaai^{13} zoeng^{44}	祖拐杖	拄着拐棍：二叔公今年开始要～喇
zou^{13} sui^{55}	祖腮	拄颊（以手支颊）：～个细佬哥好老即
zuk^{21}	逐	被、遭到：～雷劈
zuk^{21} gi^{55}	续己	自己
zuk^{33} wu^{53} gwai^{55}	捉乌龟	玩扑克
zung^{13} gik^{21}	总极	老是：～都唔听话
zung^{44} gyu^{33} baa^{13} hau^{44}	中佢把口	被他说中：～真系落雨添
zung^{53} siu^{53}	中烧	菜肴：今晚有乜好～
zyun^{21} zyu^{21}	转住	缠着：只猫成日～只脚
zyun^{33} et^{55}	转□	转弯
zyun^{33} hau^{21}	转后	回来：等阵～再讲过
zyu^{53} mei^{53}	珠眯	谨小慎微、装模作样、不够大器：呢个人好～

第八章 顺德话的发展

语言是一种社会现象，随着社会的发展而不断地产生变化。社会变革强度越大，语言的发展变化越明显。人们在相互交流中不仅吸收彼此的词语，而且在声韵调上也逐渐磨合，以适应交际的需要。顺德话也一样。

第一节 20 世纪的顺德话

顺德话古代的语音难以考究，但清末以来的情况有一些文献的记载，更重要的是老人寿命的不断延长，让我们对 20 世纪顺德话的发展过程有较为直观的了解。

一、新中国成立前

新中国成立前的顺德话，可以说是老派顺德话。那时的顺德几乎是纯色的农业，绝大多数的人一生围绕着祖宗留下的土地，每天面对的都是沾亲带故的乡里乡亲，说着的是祖宗口口相传的乡音。

一方面，顺德是河网地区，大小河流成为人们交往的天然屏障。被河流分割而成的同一地块的人们同舟共济，交往频密，形成自己特色的区域方音；河流对岸的人群又有不同的语言特色。在与以水患为主的自然灾害的搏斗中，河堤在增高加固的同时也在不断地联结以扩大拱卫范围，不太宽阔的河流的对岸地块通过涵闸的建设变成同一河堤之内的相邻村庄，彼此共同维护河堤的安全，相互称为"围内人"。风平浪静时，以舟楫联络，互通有无，甚或架起桥梁，相互渗透；一旦遇到洪灾，地不分南北，人不分老幼，走上河堤同心协力抵御狂澜，维护共同的家园。长期的交往，使"围内人"渐成一体，语言交融，差距缩小。但是，比较宽阔的河流在当时的条件下难以为实现联围而在其两端建设水闸，而且这些河流还承担着分洪的重任，因而也成为两岸人民日常交往的障碍。据《顺德县志》，新中国成立前的顺德共修筑过大小堤围 287

条，河堤围成的各个"小岛"在顺德大地形成"大珠小珠落玉盘"的景象。相对封闭的"小岛"也造成彼此之间语言差异较大，各自保持浓重的乡音。

另一方面，《顺德县志》载，"鸦片战争以后，顺德加速了商品性农业和工业化的进程，成为我国最早出现民族资本主义经济的地区之一"，至1890年代，"拥有6万多产业工人，超过了当时上海和天津产业工人的总和"，20世纪初第一次世界大战前后"缫丝工人多达20余万"。工商业的繁华带动了农村人口向圩镇的聚集，也吸引了许多外地人来"淘金"，从而产生语言的融合，因而顺德境内的方言总体上相比其他县较为一致。

此外，作为对外经济较为活跃的地区，民间交往中吸收了不少西方外来语，如"士担"（邮票）、"威也"（钢丝绳）、"燕梳"（保险）、"波裇"（球衣）、"的士"（出租车）、"士巴拿"（扳手）等音译词汇流行于百姓口中。

二、改革开放前

改革开放前的顺德话，表现出新老交替的明显特征。

新中国成立后，顺德改天换地，整个社会注入了崭新的文化气息，新派顺德话跃然而起，主要表现在以下几个方面。

（一）新词语迅速替代旧词语

新社会涌现许多新事物，即使是传统的事物也在变革的环境中被赋予新的表述。比如称谓，1950年以后出生的人鲜有称呼父母为"阿大""伯爷""阿家"等，代之以通行世界的"爸爸""妈妈"；"老师""医生"取代了"先生""腥"，"服务员"取代了"伙计"；等等。许多旧式词语只存在于农村的老人口中，并逐步退出人们的记忆。

（二）书面化语言显著增多

现代汉语逐步普及，人们传递信息、表情达意较多地通过文字方式，在现代汉语语法的影响下，说话时也不自觉地运用了书面化的语言。比如有音无字的词语逐渐少用，"食饭唔曾?"被"食饭未?"所替代，等等，说与写之间的差距逐步缩小。

（三）一些声母、韵母发生变化

一是受广州话的影响，一些声母、韵母逐渐向广州话靠拢。比如声母方面，"已""药""圆""羊"等从 h 转为 j，"甜""铜""婆""盖""墙""船"等从不送气转向送气，"花""快""辉"等从 w 变作 f，"换""活""凰"等从 f 改为 w；韵母方面，"主"与"子"、"刀"与"多"等有了区分，e（/ɛ/）系韵母的使用逐渐减少，"鹃""权"等的-un 变为-yun；等等。

二是声母 n 和 l，ng 和零声母，自成音节的鼻音韵母 m（/m̩/）和 ng（/ŋ̍/）的界限越来越模糊，n 声母和 ng 声母濒临脱落。

（四）城乡语言逐步融合

农村的口音不再像以前那么浓重，不同公社（镇）之间语音的差异逐渐缩小。例如"糖""康""黄"等的韵母读作-oeng，"袖""臭""手"等的韵母读作-ou 的地方和人群渐渐减少。

以上几点变化，除了政权更迭、社会变革的大环境因素外，很大程度上在于文化教育、传播的深入和居民交往范围的扩大。

一是 20 世纪 50 年代开展土改、扫盲等运动，大批知识青年和外地干部深入农村，在开展识字教育的同时，为广大民众带来新的信息和语言习惯。60 年代中期以后，顺德农村接纳了为数不少的原属城镇的上山下乡知识青年，其中不乏从广州等城市来顺德"投亲靠友"者，这些年青一代的语言对当地农民产生一定的影响。

二是在校学生迅速增加，规范化的语言通过学校传递到社会。据《顺德县志》，民国时期在校学生最多的是 1949 年春，有小学生 4.4 万人，初中生约 500 人；至 1958 年，小学生达到 8.6 万人，中学生增至 3000 人。学校教育采用现代汉语规范化的语言，促进了学生书面化语言习惯的形成，并影响了家庭和社会交往。50 年代南下干部带来了普通话，60 年代学校教育也增加了汉语拼音，本地语言受到普通话的辐射。

三是交通条件大为改善，使人们离开本乡、与外面接触方便得多，为语言融合提供了很好的机会。《顺德县志》介绍，1952 年冬顺德开始实施联围，至 1957 年，新建水（船）闸 51 座，把 217 条小围联成 13 条护卫面积万亩以上的大围；1951 年，广湛公路和广中公路沿线渡口设渡车船，结束了汽车分段行驶的历史，至 1962 年基本完成公社与公社间的公路修筑。小围变大围，也就扩宽了"围内人"的范围；公路和渡车船方便了人们的出行，与围外的人群有更广泛的交流。

四是广播和宣传为民众带来广府话的标准音。改革开放前顺德人民听到的播音语言基本上都是广州话，包括广东人民广播电台、广州人民广播电台以及群众私下收听的香港电台，甚至本地的县广播站、公社广播站，都是用广州话播音的，文艺团体、宣传队在城乡演出时也以广州话为标准语言。人们浸润在广州话的传播环境中，慢慢地摒弃自身语言中一些明显的"土味"，以适应更多的交际需要。

这一时期，顺德境内老派顺德话和新派顺德话混杂，新中国成立后出生的、长期在圩镇生活的、接受过较多学校教育的人基本上以新派顺德话为主，出生年代越后，其新派特征越明显。

三、世纪之交前

改革开放，顺德人像打开了大门，迎面飘来南来北往的新鲜空气，多元文化熏陶之下，顺德话发生了不少的变化。

（一）受香港粤语的影响，出现大量的港式词汇

顺德有众多乡亲在港澳，1978年顺德就陆续有港澳同胞从外面带回电视机，许多家庭竖起了鱼骨天线（VHF/UHF宽波段行波定向接收天线），收看香港电视节目。香港电视采用粤方言播音，语言生动活泼，与顺德百姓的生活十分贴近，因而颇受欢迎，尽管上级三令五申禁止收看，群众依然我行我素，看得津津有味，港式粤语词汇悄然进入百姓的口中。后来港澳乡亲纷纷回乡捐资做慈善、投资设厂，顺德人直接面对港式粤语。对于内地当时还没有相应词语的新鲜事物，人们固然按港澳语言来表述，如"雪柜""冷气""面包车"等；对于本来已有的一些词语，人们也会顺从或者模仿港澳同胞的语言习惯而作出改变，如"差佬""公干""司仪""维他命"等。顺德吸纳港式词汇比广州及附近县市更早，影响之深在改革开放初期也十分显著。这个时期，香港粤语比广州粤语对顺德话的影响更大。

（二）市场经济和改革的词汇日新月异

改革开放不久，顺德人就从港澳媒体、港澳商人口中学习了许多与计划经济时期大不一样的经济词汇，从而较早就对市场经济有所认识，并将这些词汇逐步应用于生产生活之中，也促使顺德成为实行经济体制改革的先行区。"老细""工仔""开海""上岸""转制""挂靠""大耕家""德安"等词语在 20 世纪八九十年代不绝于耳，既有"五子登科""靓女先嫁""识做、搞掂、坚嘢""搬神拆庙""另起炉灶""船小好调头，船大好冲浪""搏一搏，单车变摩托"等的经验之谈，也有"先行先死""衰先""领导面红红，年底有分红""搞得好起楼，搞唔好跳楼""得就得，唔得就翻顺德"等的调侃之言。

（三）城乡语音差别大幅减少

改革开放后，市场经济环境下人群流动频繁，大多数农民洗脚上田，在工厂接触不同村落的乡音；文化事业兴旺发达，城乡居民接受外来信息的机会相差不大，市区、镇区的学校接纳了大量的农村学生，城乡一体化成为顺德区别于周边其他地区的城市形态。多种因素共同作用下，整个顺德的语言交融达到空前的强度，浓厚的乡音只留存在很少出门的农村老人中。

（四）出现顺德话与广州话的混搭形式

一是顺德话较多的声母、韵母为广州话所同化，新派顺德话逐渐成为主流。年轻一代的语音除调值保持顺德特色外，与广州话的差异已经很小。尤其是 1980 年后出生的城区人群，声母送气与不送气、声母 w 和 f、声母 j 和 h 都基本上遵从广州话，e 系韵母和生僻韵母明显减少，-om 和-op 也在他们的口中消失了。

二是一些从边远农村走出来的人出现操广州口音的情况。均安、龙江等地农村的乡音较为特别，与大良话、广州话差别相对较大，一些人出门在外，若仍然使用家乡话，有时会产生尴尬现象，干脆改用广州话与人交流。

三是出现通过简单变调缩短与广州话距离的情况。顺德话与广州话最大的分别在于调值，其中最明显的是阳平声第 4 声的调值基本上都归并为阴去声第 3 声，成为顺德话的主要特征。改革开放后顺德人广泛接触港澳及附近城市操广州话的人，不少人为方便对外交流，简单地将第 4 声调值从 33 降低至 21，以接近广州话。这种情况还常见于一些正式场合，如一些机构的会议，即使并无以广州话为母语的与会者，有些顺德人发言时也会不自觉地实行简单变调。

（五）普通话开始通行

20 世纪 50 年代有一批南下干部为顺德带来普通话，但普通民众与他们接触不多，对普通话还是感到很陌生。改革开放前期这批干部大多已经退休，干部队伍里面以在顺德成长者为主，大小会议很少能听到普通话了。当时港澳文化影响颇大，尽管顺德从外省引入了一些人才，但普通话仍然淹没在广府话的海洋之中。顺德率先开展的企业产权制度改革吸引了许多省外人才和务工人员，20 世纪 90 年代中期起，讲普通话的人在顺德迅速增加。顺德市人口普查办公室《跨世纪的顺德人口》[①] 载，顺德外来人口 1990—2000 年间年均增速高达 24.48%，占总人口的比重从 7.97% 上升至 40.56%；2000 年流入人口来源地中，省外所占比例高达 79.14%。同时，接受过普通话教育的顺德人也成长为经济社会建设的中坚力量。而顺德人又有一个显著的特点，一群人当中有人操普通话时，其他人很自然地也用普通话交流，尽管说得很费劲、很蹩脚，以尊重群内不懂广府话的人。至 90 年代末，顺德的大型会议已开始尝试使用普通话，许多公共场所都能听到普通话。

第二节　新世纪的顺德话

进入 21 世纪，大环境发生了很大的变化，2010 年中国成为世界第二大经济体，顺德处在全球最发达的经济区域之一——珠江三角洲的腹地，时刻感受着发展脉搏的跳动，顺德话也在跟随着节奏而发展。

---

① 顺德市人口普查办公室：《跨世纪的顺德人口》，暨南大学出版社 2003 年版。

一、新世纪初顺德的话音

从 2000 年到如今，短短的 20 年，顺德大地的话音不知不觉中以前所未有的速度发生演变。

（一）城乡语音差别不很明显

一是人员流动更加频繁，居住地的迁移加速了城乡语音的融合。2000 年左右大良出现现代化高层住宅小区，吸引了其他镇（街道）的居民，勒流、杏坛、均安等地许多人来到大良置业居住。随着城区配套完善的新型住宅小区的迅速增加，优质学校的不断涌现，大量农村人口向区、镇（街道）城区迁移，农村中许多房屋都出租给外地人，传统的村落形式、居住方式差不多被彻底打破。

二是城与乡之间、村与村之间区域界限越来越模糊，无论新型小区还是农村住宅区的居民都来自四面八方，城区中顺德人的口音固然向着以大良口音为代表的新派顺德话发展，农村中原籍本地人越来越少，固守老人的口音不仅难以流传下来，而且也在悄悄地向新派顺德话过渡。

三是本地老人逐渐老去，操传统口音者数量越来越少，老派顺德话逐渐退出。从《顺德年鉴 2020》可知，顺德 2019 年总人口中，60 岁以上者只占 7.7%，其中包含近年从外地迁来的，以及长期在城区居住已习惯使用新派顺德话的，依然保持浓重乡音者已经很少。

（二）普通话广泛使用，顺德话传承乏力

一是外来人口越来越多，普通话成为大家的共同语，大大地稀释了顺德话甚至是广府话的通行强度。《顺德年鉴 2020》载，顺德 2019 年总人口为 350 万人，其中户籍常住人口只有 151 万人，外地人口所占比例高达 56%。户籍人口中不乏从外地迁来购房入户者，这部分人也多是不以广府话为母语的。

二是在校教师多为外地说普通话者，在校学生中父母为近年从省外迁入的比例也很大，加上推广普通话的教育要求，在中小学校乃至幼儿园已经很难听到顺德话，以致家庭原籍本地的学生也有许多人说不好广府话，回家后依然习惯用普通话与家人沟

通，父母听之任之，甚至也用普通话回应。

（三）受普通话的影响加大，大量使用现代汉语书面词汇和说话方式

随着国家综合实力的增强，内地文化对顺德的影响力大大超越香港文化，原来风行一时的香港粤语词汇渐渐退却光芒，人们越来越多地使用现代汉语书面词汇，如"雪柜"改为"冰箱"，"冷气"改为"空调"，"灯胆"改为"灯泡"，"巴士"改为"公交"，等等。

许多公共服务的从业者都使用普通话，其中来自省外者也在积极地学习广府话，外地人与本地人相互之间慢慢适应，其结果是使用粤方言俚语的少了，使用现代汉语说话方式的多了，传统广府话的句法特点也受到影响。例如"放工"改为"下班"，"车大炮"改为"吹牛"，以"我先走"取代"我走先"，以"你比我高"代替"你高过我"，等等。

（四）刻意简单变调接近广州话的情况大为减少

香港文化影响力的下降和珠江三角洲以外地区流入的人口增多，使得广州话的传播力大不如前，顺德人广泛接触的外地人都以说普通话的为多，所以为适应讲广州话的人士而将第 4 声的调值降低至 21 的情况不再多见。

（五）广府话中顺德话的比例降低

一是顺德以外的广府人进入顺德后所说的广府话基本上都是广州话，毕竟广州话是广府话的共同语音，容易学也容易沟通；二是广府以外地区的人移居顺德后，若想学习广府话，基本上都会从电视中学习广州话；三是移居顺德的外地人的新生代学习广府话时，也以广州话为多，少年儿童说顺德话的仅以本土家庭孩子为主。

（六）青少年的英语词汇、网络语言增多

随着中小学英语教育水平的提高，互联网的普及，以及经济全球化的迅猛发展，大量的英语词汇、网络语言在青少年群体中传播，而且词语更新换代的速度相当快，

青少年与老年人的语言代沟越来越显著，传统地方语言难以口口相传。这种情况全国各地都是一样。

二、未来的顺德话

从近百年的发展过程来看，顺德话具有明显的开放包容、与时俱进的性格，但又又不失自己独特的风格。

环顾珠三角乃至广府民系各个城市城区的广府话，已经向着广州话的口音集结，区别越来越小。主要表现在：一是声、韵、调逐渐向广州话靠拢；二是声母 n 归并为 l、声母 ng 归并为零声母、鼻音韵母 m 和 ng 混用成为共同的趋势；三是地方特色词语逐渐减少，现代汉语词汇显著增加。这是城市化发展的必然结果，顺德处在其中，而且与广州近在咫尺，理所当然遵从共同的发展规律。

问题是，经历了这么多年的发展，顺德话阳平第 4 声的调值始终坚持在 33 的位置，顽强地不向广州话的 21 调值靠拢，显示出其区别于广州话的突出标志。尽管 20 世纪后期曾有不少人着意改变这种情况，甚至在正式场合中广泛地将第 4 声读作 21 调，但总是不能形成习惯，踏入新世纪后这种与广州话套近乎的说话方式竟然渐去渐远。未来，顺德话这个特征还会坚持下去吗？还能坚持多久？

要回答这个问题，看来不是那么简单，这或许需要专家学者对广府话阳平第 4 声的调值开展更多的研究。

阳平的调值是 33 的地方不独顺德及与顺德接壤的地区，肇庆市的高要蚬岗、回龙和清远市佛冈的一些地方也有这种情况。白云《广西疍家话语音应用研究》[①] 列出桂北 5 个点疍家话的调值，阳平都是 33。如果再深入调查，估计还有更多的地方有类似的情况。除了顺德及周边外，这些地方的城市化程度还不高，受城市语音的影响比顺德要少。高要的蚬岗村、刘村，如今还是比较传统的农村地区，对外交往不多，村民的语音与顺德话相差不大。这或许反映出同源的关系，不排除这样的可能——广府最先发展是肇庆、广州地区，原来的语音并无阳平 21 调，城市中心吸纳了大量外地移民，经过长期演变渐渐分化出阳平 21 调，但边缘区域如高要、南番顺等基本保持了原样。后来移民从肇庆、广州扩展至其他地区，也把阳平 21 调带到其他地区的城镇。例如，佛山城区周边特别是南部地区都是通行顺德话，原来作为南番顺重镇的佛山也没

---

① 白云：《广西疍家话语音应用研究》，上海师范大学博士学位论文，2002 年。

有阳平 21 调，后来因为与广州城联系密切，且有大量人口迁入，导致其语音几乎为广州话所同化。番禺市桥靠近广州，市桥话阳平声则是 31 调，介乎广州话与顺德话之间。顺德与广州城的联系不如佛山、市桥紧密，且自身经济、社会、文化的实力较强，因而使其方言中最基本的语音调值能够留存至今。

粤港澳大湾区的发展轰轰烈烈，顺德与广州的联系必然加强，语言的同化也必将加速。但是，顺德人如能继续保持"团结拼搏，求实创新"的精神，在改革开放的大潮中始终争当排头兵，使顺德继续保持经济社会发展的强劲势头，让顺德本土文化仍然闪闪发亮，顺德话的特征就能较长时间地持续下去。

附　录

波乃耶《顺德方言》摘译

翻译：Josh Ye

【按】波乃耶（James Dyer Ball，1847—1919），英国汉学家、来华传教士，曾在香港、广州等地传教。他于 1900—1901 年担任《中国评论》（*The China Review*）主编。① *The Shun Tak Dialect*（《顺德方言》）一文用英语写作，在 1900 年底和 1901 年初分两次刊登在双月刊《中国评论》第 XXV 卷中。全文共 33 页，前半部分在介绍了顺德的地理风情之后，描述了顺德话的一些基本特点，包括声韵调和某些词语；后半部分着重介绍顺德话与广州话之间的音节对比。这里摘录的是有关顺德话概括性描述的几段文字。正如作者所言，要研究一个地方的语言，需要长时间深入的观察，波乃耶虽然出生于广州，自小操流利的粤语，② 对广州附近的方言有很多的研究，但未必能够有很真切的体会，所以《顺德方言》一文难免存在错谬之处。为尊重原作，这里按原文照译。

我们目前能够找到的有提及到顺德方言的资料，就只有卫三畏的《英华分韵撮要》。该书在第 XIX 页提到："在顺德地区，某些韵母……变为 èn，譬如说间 hèn，板 pèn，咸 kèn……等等。"

…………

语音差异

从我们目前所能发现的情况来看，顺德话和香山话、东莞话、新会话等其他邻近的方言都不同。南海话与其最相近，但是民间通俗的说法是，南海话比较硬而顺德话比较软，因而认为顺德话比较悦耳。譬如说，即使顺德人可能在吵架，但是听起来并不像。据说外人会拿顺德人开玩笑说，顺德夫妇通宵吵架听起来也只是好像他们在闲

---

① 黄畅：《英国汉学家波大也与中国宗教研究》，http：//lls. cssn. cn/ztyj/ztyj_hwzgx/202012/t20201224_5236380. html。该文将波乃耶按其英文读音翻译为波大也，另外也有人译作詹姆斯·戴尔·鲍尔（见甘于恩《汉语南方方言探论》，世界图书出版公司 2014 年版）。

② 片冈新：《"香港政府粤语拼音"：一个乱中有序的系统》，《中国语文通讯》2014 年 1 月。

聊而已。

南海话是佛山、石湾、西樵等地的通用方音。纯正广州话和南海话的主要区别在于下平调，以及南海话的喉音。现在的石啃村，虽然坐落于顺德地区内，但因为临近佛山这个重镇，一般会说佛山话。此外，据说小榄作为一个在澳门地区坐拥 30 万居民的大镇，当地的方言带有顺德话的口音，当然也有人说跟顺德话不太相似。

大良是顺德的中心城区，所以当地的口音可算是标准的顺德话。本文介绍的主要是陈村口音，因为陈村话有浓厚的方言色彩，使我们可以领略到顺德话的一些特色，从而客观公正地了解此方言。

据我们目前所知，如上所述，顺德话大概可以分为三个区域：大良、两龙（龙江和龙山）和陈村，三个地方的话覆盖的范围相差无几。或许可以作出更细致的划分，但是这三个片区是最为明显的。即便是顺德这样的小地方，要想记录所有的下一级的方言和土话，也需要长时间的非常仔细的研究，通过数年时间的比较来发现每一个地方方言的不同之处。例如，我们通过某些情境下大良话与广州话和陈村话的比较来分析不同地区语音的特点，譬如说老母 ʿlo mò²[①]，意为母亲，大良话和广州话、陈村话都不一样，以 lo 取代了 lò，而陈村话是 lòmú。还有其他类似的情况，如蚕虫的蚕字从 ts'ám 变成了 tsöm。

与广州话的比较

顺德与其他一些地方相比，其方言和省城标准的广州话没有什么太大的差别，但是两者的不同还是足以让我们把顺德话和广州西关的语言分开。正如卫三畏所指出的，其中一个最突出的特点就是短 a 变成了 e，但是这个变化也不是绝对的，因为短 a 只是在某些时候才会有这种情况，有时则会变成长 a。还有就是广州话里面的 éi 普遍变成了 i，这是非常有特色的。顺德话有一种趋势是某些字音的声母用 w 或者送气的 p 来取代 f，个别字音的 sh 会变成 ch。有些时候 f 会取代 w，很多字眼上 yü 会变成 hü，yün 会变成 hün，yüt 会变成 hüt，这些都反映了顺德话自己的特色。除此之外，顺德话喜欢用双元音来代替单元音作为韵腹，譬如说用 öü 来代替 ü，还有一两个这样细微改变的例子。而且，声调也让顺德话与广州话有所不同，虽然两者之间区别不大，但是顺德话的两个平调都有异于广州话，跟广州话相比，顺德的上平声较低但是下平声较高。

---

①　波乃耶使用卫三畏《英华分韵撮要》的声调标注方式，lo 左上角的符号是阳上声（第 5 声）的标注，mò 右上角的符号是阳去声（第 6 声）的标注。

············

前人总结说广州话有780个音节。在此基础上我们经过研究和比较，总结得出广州话有758个音节。跟广州话相比，顺德话少了21个音节但又多了39个，一算下来，顺德话总共有776个音节，相较于758个音节的广州话多了18个。广东各地方言的音节很少会比广州话本身多。澳门话跟广州话相比少了80个，跟顺德话相比就差了上百个，而东莞话的音节大概有600个。顺德话超过六分之一的音节与广州话不同，如果把一些有细微差别的和特别的音节也计算进去的话，则数量上还要翻一番，也就是说大概有三分之一是不一样的。就东莞话而言，有十分之一左右的音节和广州话不同；在新宁，大概四分之三是不一样的；在新会，大约有三分之一；在香山，约略也是三分之一。这样来看，顺德话、香山话和新会话与广州话偏离的程度都差不多，处于中间的位置，而东莞话和新宁话代表了两个极端。如上所述，广州话只有很少那么一到两个音节，在顺德话里我们找不到相对应的音节，除非我们考虑把短 a（发音像 u）也列入其中，则这个数量会多得多，因为在很多情况下这个 a 会被拉长成为一个长的意大利式的 a: ，这样的话，本该是两个截然不同的两组音会被揉合在顺德话的一组音里。这种 a 音的扩充和拉长其实在广东方言里并不罕见，东莞话也有相类似的情况。比较奇怪的是 a 音在顺德话中并非总是这样作出改变，什么时候才会出现这样的变化，我们至今还没有找到相关的规律，当然，这种东西其实往往是约定俗成的。

············

声　调

依笔者目前所能体会到的，顺德话的声调跟广州话的声调非常相像，但是顺德话的两个平声却跟广州话不同。对于比较高的上平声，顺德话比广州话要低一点，而对于比较低的下平声却要比广州话要高一点，这甚至可以被称作"去声"，因为其声调处在两个去声的中间，比上去声更低但比下去声更高，音长也较长。顺德话这两种与广州话的不同之处，让我们这些习惯了广州声调的人总是觉得他们的话好像还没有说完。其余的声调听起来跟广州话无异，音变情况和广州话也差不多。例外的情况有两个，其中之一是关于下平声，当处于声调更低的音节后面的时候，音变情况和广州话不一样，广州话一开始就表现为降调，但顺德话不会，相反声调会往上升，音长会更短，而且声调比广州话的上上声更高，不像广州话那样有重读的感觉。另一个是上上声的音变，声调一开始就比广州话高很多，但比上平声稍低，音长比广州话短，从平缓开始，最后突兀地上扬。